汽车四轮定位仪妙用手册

第 2 版

常红涛　主编

机 械 工 业 出 版 社

本书分为三个层次：如何调整四轮定位、四轮定位设备原理、现代汽车底盘控制原理。这样的设置可满足四轮定位调整技术有关的不同层次人群的不同需求。本书主要内容包括：运用四轮定位仪的注意事项，四轮定位参数在常见悬架结构中的体现，汽车四轮定位的调整妙招，汽车四轮定位故障诊断与案例分析，四轮定位相关参数，转向系统与四轮定位的关系，前轮振摆机理与车架、车身的振动，四轮定位检测调整的专用组件，四轮定位仪的测量原理，四轮定位仪的结构，四轮定位仪的品牌状况，汽车类型及汽车行驶基本原理，汽车操纵稳定性及行驶平顺性，典型底盘电控系统及其设定等。书中列举了大量的与四轮定位相关的汽车故障的分析和排除案例，使读者能充分了解汽车四轮定位的重要性。第 2 版还新增了与四轮定位有关的汽车轮胎的知识，及作者在实践工作中的经验。

本书可作为汽车维修人员学习汽车四轮定位仪的专业用书，也可供相关专业师生参考使用。

图书在版编目（CIP）数据

汽车四轮定位仪妙用手册/常红涛主编 . —2 版 . —北京：机械工业出版社，2014.5（2024.8 重印）

ISBN 978-7-111-46470-9

Ⅰ.①汽… Ⅱ.①常… Ⅲ.①汽车 – 车轮 – 定位 – 手册 Ⅳ.①U463.34 – 62

中国版本图书馆 CIP 数据核字（2014）第 078897 号

机械工业出版社（北京市百万庄大街22 号 邮政编码 100037）

策划编辑：连景岩 责任编辑：连景岩 贺贵梅

版式设计：赵颖喆 责任校对：佟瑞鑫

封面设计：张 静 责任印制：单爱军

北京虎彩文化传播有限公司印刷

2024 年 8 月第 2 版第 7 次印刷

184mm×260mm · 11.75 印张 · 284 千字

标准书号：ISBN 978-7-111-46470-9

定价：39.80 元

前　言

随着汽车新技术的发展和国内汽车保有量的增加，对汽车维修从业人员提出了更高的技术要求，而且要求相关人员能够熟练使用汽车维修仪器和设备。汽车四轮定位仪是所有汽车维修企业必备的维修工具，其品牌众多，且各品牌的使用方法和功能有差异，但基本工作原理是相同的。由于很多维修工对汽车四轮定位仪的使用方法、步骤和功能知之甚少，因此，四轮定位仪的技术发展和相关知识的普及对于维修企业的技术人员是十分必要的。

本人从事过汽车电路和机械维修，也作过面向汽车维修技工的关于汽车检测诊断设备应用的培训、面向汽车检测诊断设备售后技术人员的有关设备维修方面的培训，对汽车检测诊断设备的结构原理及其在汽车维修中的应用等有较为深入的了解，并积累了许多经验，也熟知相关读者对四轮定位技术的需求，故编成本书希望能帮助维修人员提高使用四轮定位仪的技能。

参加本书编写的还有张东招、陈敏、李亚军、李振、周德臻、郁渊、刘松柏、樊武云、张志强、喻东、樊琦。

由于水平有限，书中难免会有不当之处，请广大读者批评指正。

编　者

目　　录

第 一 章

四轮定位调整妙招

目前，汽车解码器已成为汽车维修企业的标准配置，这已是不争的事实，那么四轮定位仪在当代汽车维修企业中是否就可有可无呢？

从整体结构（图1-1）来看，汽车主要由车身、发动机、底盘（图1-2）、电器设备四部分组成，发动机的电控系统肯定是离不开汽车解码器的，而四轮定位仪在汽车底盘维修中也发挥了重要的作用。在构成底盘的四大系统中，转向系统（图1-3）引起的轮胎偏磨损、高速转弯时发出的尖锐声、转向盘发抖，传动系统（图1-4）引起的车身发抖，制动系统（图1-5）

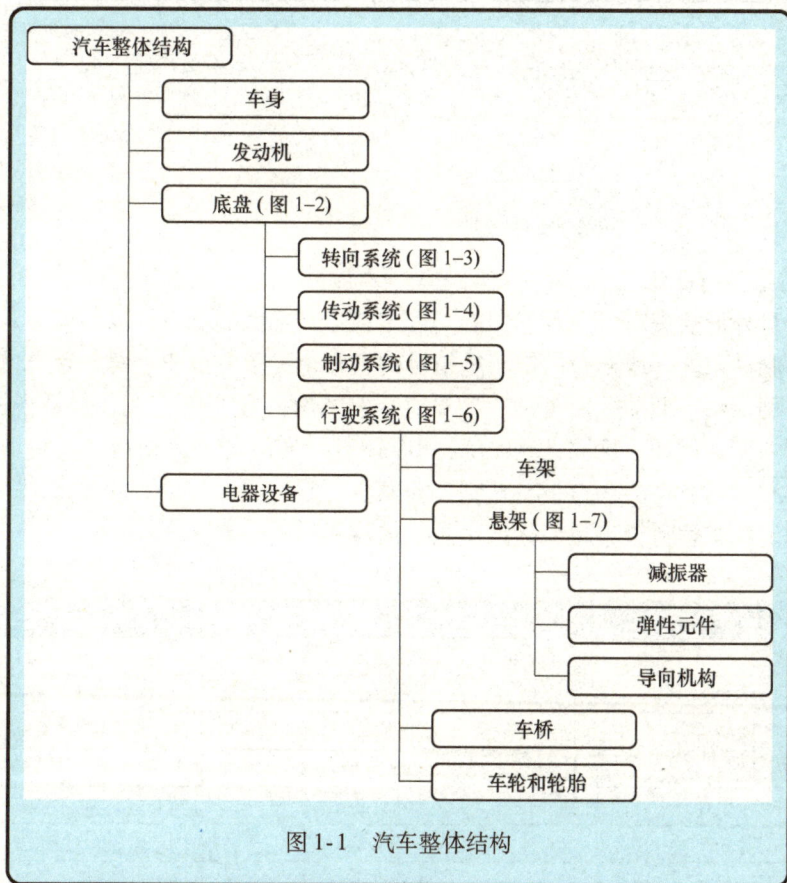

图 1-1 汽车整体结构

引起的跑偏，行驶系统（图1-6）相关配件的更换，还有汽车底盘的异响等都无不与四轮定位息息相关。这就为汽车底盘故障的排除增加了难度，而四轮定位仪则可有效地检测出四轮定位是否合乎要求，并依据显示的数据进行调整，从而为缩小故障点范围提供了有力的手段。这样也就能够快速准确地定位故障部位，大大提高了故障排除的准确性和维修效率。因此，若从发动机维修的角度来说，汽车解码器是汽车维修企业中必不可少的标准配置的话，那么从底盘维修的角度来看，四轮定位仪也应当是汽车维修企业中必不可少的维修工具。

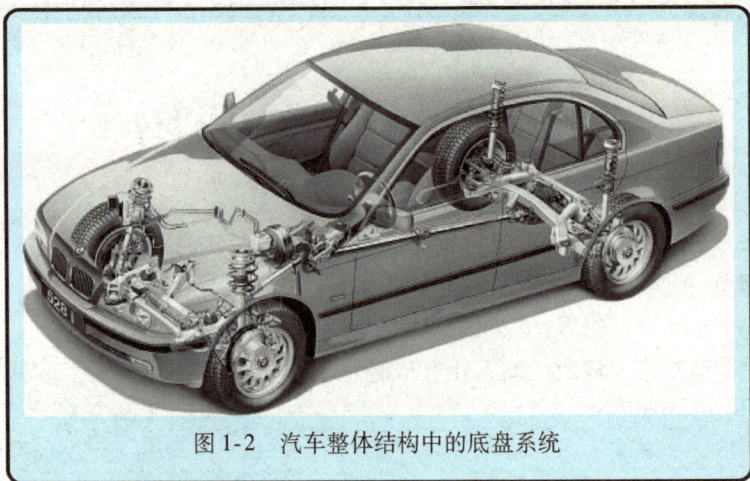

图 1-2　汽车整体结构中的底盘系统

第一节　运用四轮定位仪的前期注意事项

一、车身注意事项 ▶▶

1. 车身尾部不同标记

对同一车身外形的汽车，发现它们的车身尾部却有不同的标记，这一般表示它们在发动机、变速器、制动系统，或车身内饰、座椅音响、安全配置方面不一样，也有的是为了区分基本型、舒适型、豪华型的。而车身、车架和悬架结构一般变化不大，这是指一般情况下。而有些较高档的车，例如，德国大众帕萨特 B5 还有标准底盘、运动型底盘和坏路面底盘之分，前轮驱动和四轮驱动的底盘也有差别，大家在实践中应注意留心这些区别。

表 1-1 是上海帕萨特轿车尾部标记对照，供参考。

表 1-1　上海帕萨特轿车尾部标记对照

发 动 机	变 速 器	尾 部 标 记
电子喷射 ANQ	5 档手动	GLI
电子喷射 ANQ	4 档自动	GSI
电子喷射 AWL	5 档自动	1.8T
电子喷射 AWL	5 档手动	1.8T
电子喷射 BBG	5 档自动	V6
电子喷射 BFF	5 档手动	2.0
电子喷射 BFF	4 档自动	2.0

2. 车身高度

在进行四轮定位之前，要先检查车身高度，前轴附近的车身高度和后轴附近的车身高度一般是不一样的。但无论是前轴附近还是后轴附近，车身左右高度的高度差都不应超过十几毫米，否则易使弹簧疲劳甚至断裂，并有跑偏倾向。测量左右高度差时，一般是测量沿通过车轮转动中心的铅垂线上从车轮转动中心到轮眉边缘的距离，或前后门槛下面车身裙部到地面的距离，或下摆臂缓冲胶顶部到悬架止动点之间的距离等，可根据不同的车型结构采用不同的方法。若高度差别太大，能调整的则先行调整，不能调整的则检查悬架系统弹性元件，必要时进行更换（参考本章本节三中 5. 汽车悬架注意事项）。

二、发动机注意事项 ▶▶

> 发动机总成和车架一般是通过缓冲胶弹性连接的，这是为了消除在汽车行驶中车架的扭转变形对发动机的影响，以及减少传给底盘和乘员的振动和噪声。若缓冲胶开裂，则起步或换档的过程中会感觉车身有振动感，应加以注意。

一般而言，根据受力情况的差异，横置发动机的前后两缓冲胶易开裂，而纵置发动机的左右两缓冲胶较易开裂。

三、底盘各系统注意事项 ▶▶

1. 转向系统注意事项

(1) **转向系统结构**　图 1-3 所示为转向系统。当转向中间轴 3 与整体式转向器 10 的配合记号对正，转向盘 1 与转向轴 2 的配合记号对正，左右转向横拉杆的长度一样时，才能保证在转向盘摆正的情况下，向左右两边转向转到底时，转向盘转动的角度相等。

(2) **转向盘摆正与前轮摆正的区别**　转向盘摆正是指转向盘横辐与组合仪表下缘保持平行的状态，前轮摆正则是指前轮左右单独前束相等的状态。一般而言，汽车在不跑偏的情况下，保持直线行驶时，左右前轮的单独前束总是处于相等的状态，此时转向盘也是摆正的。若此时转向盘歪斜，则称为转向盘不正故障。

(3) **行驶跑偏故障**　汽车在平直良好的路面上，驾驶人松握转向盘，以 80～100km/h 的车速直线行驶 100m 左右，直线行驶方向向左或向右偏离在 2m 之内，则视为汽车直行性良好，否则视为汽车行驶跑偏故障。

转向横拉杆 8 内外球头间隙过大，则有可能造成在一定车速时转向盘左右摆动故障。转向节臂 7 变形弯曲，会造成转向 20° 前展角超过 2°，则车辆在转弯时轮胎会发出尖锐声，但前束设定是正确的，而轮胎仍有明显的羽毛状磨损。

一个典型的例子是，采用循环球式转向机构的三菱帕杰罗的转向系统中的随动转向臂的橡胶衬套老化开裂造成松旷，则会使车辆在转弯时轮胎发出尖锐声，同样也是转向 20° 前展角超标所致。

2. 传动系统注意事项

传动系统如图 1-4 所示。传动轴动平衡问题：传动轴在高速旋转时，任何质量的偏移都

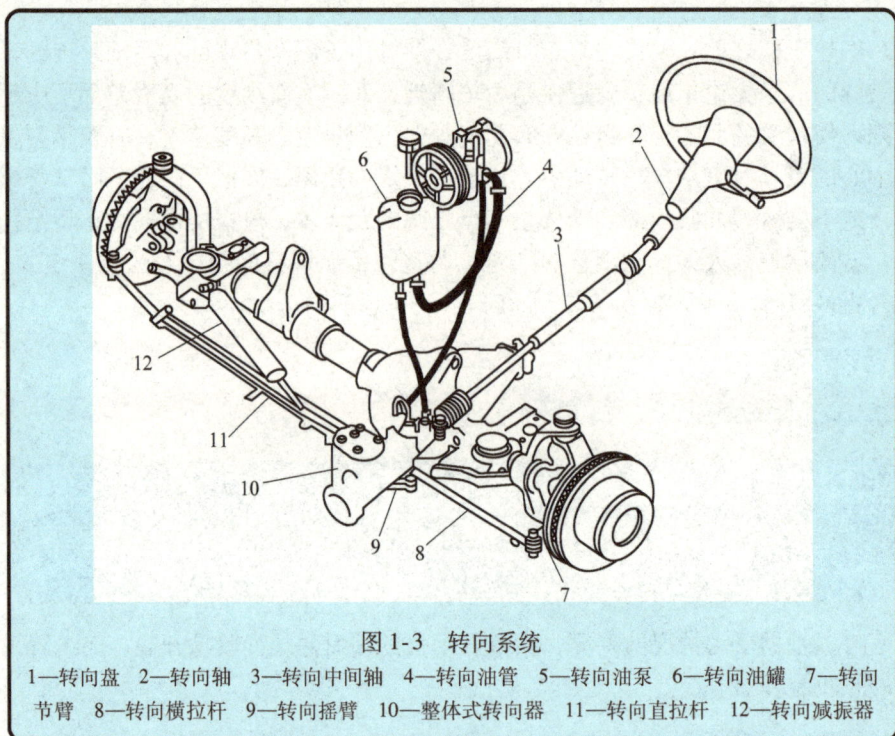

图1-3 转向系统

1—转向盘 2—转向轴 3—转向中间轴 4—转向油管 5—转向油泵 6—转向油罐 7—转向节臂 8—转向横拉杆 9—转向摇臂 10—整体式转向器 11—转向直拉杆 12—转向减振器

会导致剧烈振动。生产厂家把传动轴与万向节组装后，都要进行动平衡。经过动平衡的传动轴总成两端一般都点焊有平衡片，在拆装时要注意在传动轴和万向节上做对正记号。

传动轴或半轴因碰撞或其他原因导致变形或弯曲，则会造成汽车速度为 100km/h 左右时，整个车身振抖。

万向节和传动轴连接处间隙过大，则会造成起步或制动时，车身振抖并发出异响。

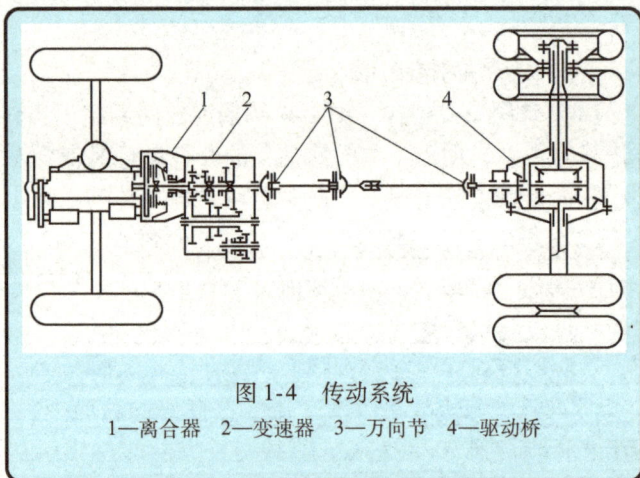

图1-4 传动系统

1—离合器 2—变速器 3—万向节 4—驱动桥

3. 制动系统注意事项

制动系统如图1-5所示。若某个制动钳或制动蹄回位不良，则会造成行驶跑偏。当前轮两个制动轮缸和车架制动管路相连接的制动软管老化程度不一时，就会造成车辆制动时行驶跑偏。当两前轮制动盘加工不良造成横向跳动量过大时，则会造成制动时转向盘左右摇摆，制动踏板有振动感。

4. 行驶系统注意事项

行驶系统如图1-6所示。事故车或经常在坏路面上行驶的车或比较老旧的车的车架可能变形，这样会造成原本四个车轮构成矩形或等腰梯形的情况变成不规则形状，为行驶跑偏和轮胎偏磨损埋下隐患。

车轴前移或后移同样会造成四个车轮构成不规则形状，也会造成行驶跑偏和轮胎偏磨损。

> 注意：悬架的胶套老化、开裂、磨损都会造成四轮定位失效，即使做过四轮定位，故障也无法排除。

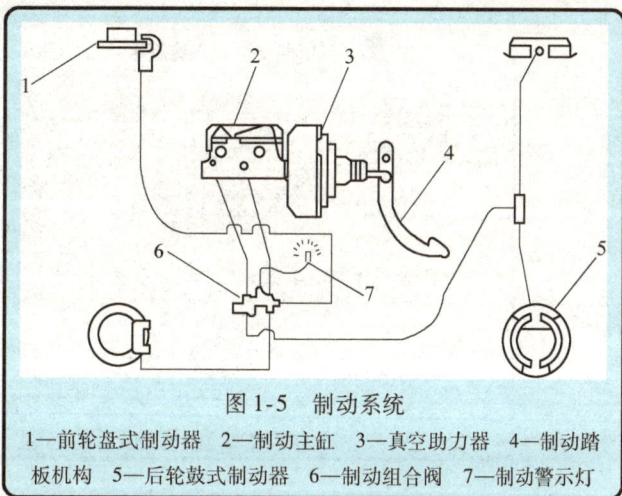

图1-5　制动系统
1—前轮盘式制动器　2—制动主缸　3—真空助力器　4—制动踏板机构　5—后轮鼓式制动器　6—制动组合阀　7—制动警示灯

同传动轴一样，车轮的动平衡也很重要，特别是以100km/h左右的速度行驶时，若前轮动不平衡，则会造成转向盘振抖，四轮动不平衡则会造成车身振抖。

车轮（俗称钢圈）和轮胎的均匀性包括质量均匀性（即我们常说的动平衡）、尺寸均匀性（包括横向跳动量和纵向跳动量）和刚度均匀性等。质量均匀性或尺寸均匀性超标过大均会造成高速时转向盘或车身振抖。即使是新轮胎，也有可能因各个轮胎刚度差异而造成轮胎的大小胎情况，且与气压不一致而导致的大小胎的情况相似，还有可能是在受到载荷时成为锥形轮胎，这些情况都会导致行驶跑偏。

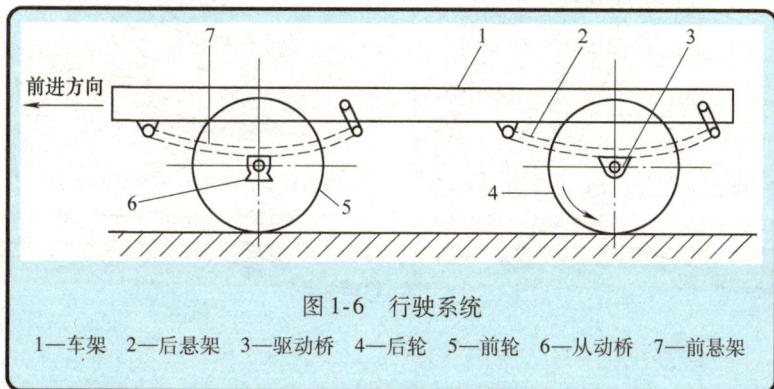

图1-6　行驶系统
1—车架　2—后悬架　3—驱动桥　4—后轮　5—前轮　6—从动桥　7—前悬架

5. 汽车悬架注意事项

汽车悬架结构如图1-7所示。弹性元件的老化、疲劳、损伤、屈服变形会造成左右车身高度不一致，为行驶跑偏和其他故障埋下隐患。如果弹簧表面有凹陷或细微纹理，那么弹簧可能会因应力集中而变形甚至断裂。

减振器漏油、失效等会引起弹性元件早期损坏，造成异响、舒适性降低等。

导向机构长期经受撞击、高速冲击等，工作条件比较恶劣，易引起导向机构向后变形，从而引起两车轴不平行，最终导致轮胎偏磨损和行驶跑偏。这也是造成左右两前轮主销后倾角相差过大的主要原因，从而造成的行驶跑偏严重。

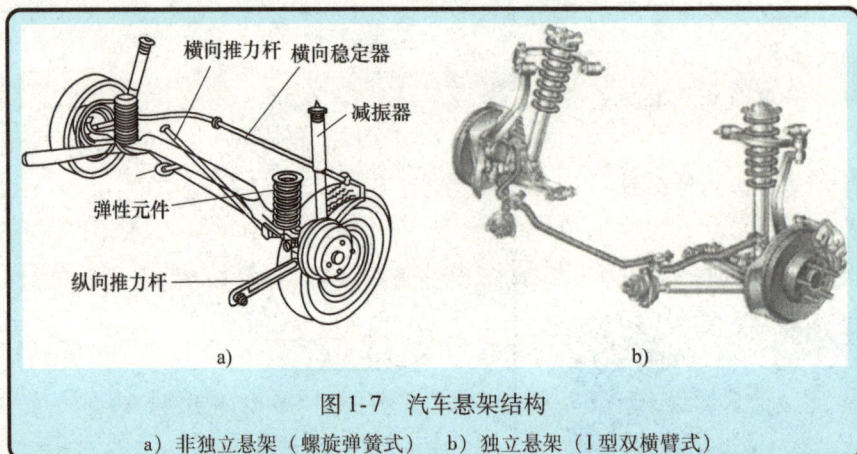

图1-7　汽车悬架结构
a）非独立悬架（螺旋弹簧式）　b）独立悬架（I型双横臂式）

横向稳定器是弹性元件的辅助元件，主要作用是减少高速转弯时的横向偏摆和横向角振动。注意检查各胶套是否失效，若失效，则易引起坏路面上轮胎抓地力减弱、车身振抖严重等故障。

对于双横臂式独立悬架（图1-8）的弹性元件，有的并不是采用螺旋弹簧，而是采用扭力杆式弹性元件。一般而言，这种车型的车身高度可以通过扭力杆来调整。如何调整？只要注意观察扭力杆结构便容易获得答案。

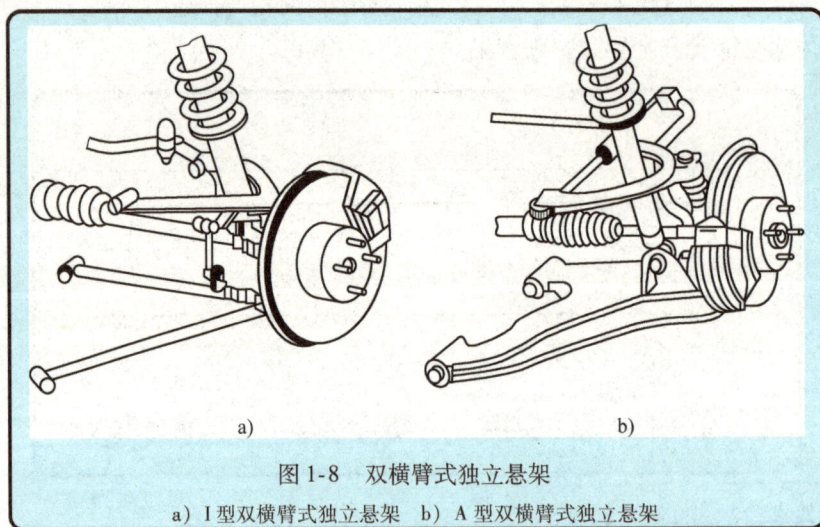

图1-8　双横臂式独立悬架
a）I型双横臂式独立悬架　b）A型双横臂式独立悬架

对于滑柱摆臂式独立悬架（图1-9），若滑柱上端的转轴轴承不良，则会造成所谓的转轴磨损的记忆偏行。其现象是，当汽车向右转，汽车会向右跑偏；当汽车向左转，汽车会向左跑偏，如同汽车有记忆一样。排除方法是更换转向轴承。

四、其他应知应会

世界汽车品牌归属见表1-2。

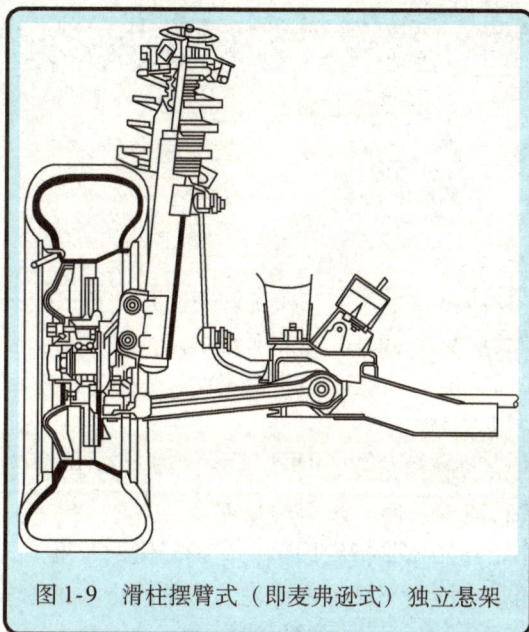

图1-9　滑柱摆臂式（即麦弗逊式）独立悬架

表1-2　世界汽车品牌归属

宝马集团	宝马、Mini、劳斯莱斯
克莱斯勒集团	克莱斯勒、道奇、吉普
戴姆勒集团	迈巴赫、迈凯轮、奔驰、Smart、福莱纳、塞特拉
菲亚特集团	阿尔法、罗密欧、法拉利、菲亚特、蓝旗亚、玛莎拉蒂、依维柯
福特集团	福特、林肯、Mercury
通用汽车集团	别克、凯迪拉克、雪佛兰、大宇、GMC、霍顿、五十铃、奥兹莫比尔、欧宝、庞蒂亚克、土星、沃克斯豪尔
现代起亚集团	现代、起亚
MG罗孚汽车集团	MG、罗孚
宝腾控股有限公司	宝腾、莲花
标致雪铁龙集团	雪铁龙、标致
雷诺–日产联盟	英菲尼迪、日产、雷诺、达西亚
丰田集团	大发、雷克萨斯、赛恩、丰田、斯巴鲁、日野
大众集团	奥迪、宾利、布加迪、兰博基尼、保时捷、西雅特、斯柯达、大众、斯堪尼亚
本田技研工业株式会社	本田、讴歌
塔塔汽车	纳努、捷豹、路虎、Lanchester
prodrive	阿斯顿·马丁

第二节　四轮定位参数在常见悬架结构中的体现

一、四轮定位及其四要素 ▶▶

1. 四轮定位含义

以当前路上行驶的多数四轮轿车为例，轿车的转向轮、转向节和前轴三者之间的安装具有一定的相对位置，叫做转向轮定位，也称为前轮定位；而后轮与后轴之间的安装也同样具有一定的相对位置，称为后轮定位。这样，前轮定位和后轮定位总起来说就是四轮定位。

2. 四轮定位四要素

（1）主销后倾角　主销后倾角是指上球头或支柱顶端与下球头的连线（转向时，车轮围绕其进行转向运动的转向轴线）向后倾斜的角度。

（2）车轮外倾角　车轮外倾角是指轮胎偏向车辆外侧的角度。

（3）前束角　前束角是指同一车轴上两车轮向车辆前方收束的角度。

（4）主销内倾角　主销内倾角是指转向轴线向内倾斜的角度。

（5）综合

1）主销后倾角和主销内倾角是转向轴线（上球头或支柱顶端与下球头的连线）的二维空间角度。

2）车轮外倾角和车轮前束角是车轮滚动轴线的二维空间角度。

3）主销后倾角和主销内倾角能够保证汽车稳定直线行驶，以确保汽车的操纵稳定性。

4）车轮外倾角和车轮前束角的恰当配合能够保证车轮每个瞬时的滚动方向接近于正前方，以防轮胎出现边滚边滑现象，从而很大程度上减轻和消除了轮胎的偏磨损。

二、悬架和车轴 ▶▶

悬架和车轴都属于行驶系统的范畴，而目前汽车的悬架又可分为独立悬架和非独立悬架两种类型，那么与之相匹配的车轴就被分为断开式车轴和整体式车轴两种类型。因为四轮定位反映的是车轮与车轴之间的位置关系，而采用哪种类型的车轴则是由悬架的类型来决定的，因此汽车采用了什么类型的悬架结构也就一定程度地决定了汽车的四轮定位关系。所以，有必要先了解一下汽车不同类型悬架的结构。常见汽车悬架的类型如图1-10所示。

汽车采用什么类型的悬架，与发动机和传动系统的布置形式有很大关系，也与汽车的用途有关。

1）发动机纵置后轮驱动的面包车、小型载货汽车前轴大都采用I型双横臂式独立悬架（图1-8a），而后轴一般采用钢板弹簧式非独立悬架，如金杯海狮、中兴皮卡。

2）发动机纵置后轮（或四轮）驱动的MPV（多用途）车前轴一般采用A型双横臂式独立悬架（图1-8b）。后轴一般采用钢板弹簧式非独立悬架，如东南富利卡；也有后轴采用螺旋弹簧式非独立悬架，如丰田路霸；后轴也有采用相当于双横臂式独立悬架的变型结构，如三菱帕杰罗V73等。

3）发动机横置前轮驱动的中、小型轿车前轴悬架大都采用滑柱摆臂式独立悬架（图1-9）。后轴有的采用拖曳臂式半独立悬架（图1-11），如捷达、桑塔纳等；也有采用滑柱摆臂式独立悬架的，如夏利；也有采用相当于双横臂式独立悬架的变型结构，如北京现代等。

三、独立悬架中主销后倾角与车轮外倾角的调整思路

1. I型双横臂式独立悬架

I型双横臂式独立悬架如图1-8a所示。

（1）主销后倾角调整思路　调整纵向推力杆的长度，使下球头向前或向后移动，则可达到调整主销后倾角的目的。若在上摆臂与车架之间的前端加垫片而后端减垫片，或前端减垫片而后端加垫片，则可使上球头向前或向后移动，从而达到调整主销后倾角的目的。

（2）车轮外倾角的调整思路

1）在上摆臂与车架连接处的前、后端都加或减同样厚度的垫片，则可使下球头向内或向外移动，从而达到调整外倾角的目的。

2）向外或向内推下摆臂，则可使下球头向外或向内移动，从而可达到调整外倾角的目的。

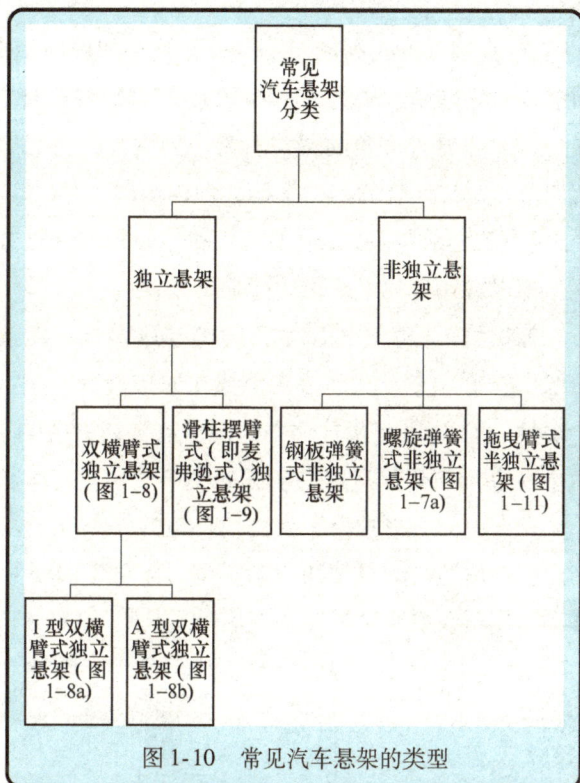

图1-10　常见汽车悬架的类型

2. A型双横臂式独立悬架

A型双横臂式独立悬架如图1-8b所示。

（1）主销后倾角调整思路　向内或向外推下摆臂的长臂，使下球头向前或向后移动，则可达到调整主销后倾角的目的。若在上摆臂与车架之间的前端加垫片而后端减垫片，或前端减垫片而后端加垫片，则可使上球头向前或向后移动，从而达到调整主销后倾角的目的。前加1.5mm，后减1.5mm，约改变1°。

（2）车轮外倾角的调整思路

1）在上摆臂与车架连接处的前、后端都加或减同样厚度的垫片，则可使下球头向内或向外移动，从而达到调整外倾角的目的。同时加0.5mm垫片，约改变0.5°。

2）向内或向外推下摆臂短臂，则可使下球头向外或向内移动，从而达到调整外倾角的目的。

3. 滑柱摆臂式独立悬架

滑柱摆臂式独立悬架如图1-9所示。

（1）主销后倾角调整思路

1）由于这里的主销轴线是滑柱顶端与下球头的连线，因此，滑柱顶端向前或向后移动，则可达到调整主销后倾角的目的。

2）向前或向后移动与下摆臂相连接的发动机托架的一端，则相当于下球头向前或向后移动，从而达到调整主销后倾角的目的。

3）向前或向后移动与下摆臂相连接的横向稳定器（图1-7a）的一端，则相当于下球头向前或向后移动，从而达到调整主销后倾角的目的。

（2）车轮外倾角的调整思路　向内或向外移动下摆臂；向内或向外移动下球头；拧松转向节与滑柱摆臂的连接螺栓，向内或向外移动轮胎上部；向内或向外移动滑柱的顶端。

4. 拖曳臂式半独立悬架前束和外倾角的调整方法

拖曳臂式半独立悬架如图1-11所示。

拧松后车轴与轮毂轴承轴销的连接螺栓，在上边两个螺栓加0.2mm垫片，则车轮外倾角改变0.2°左右。在前边两个螺栓加0.2mm垫片，则前束角改变0.7°左右。在后上边的一个螺栓上加0.2mm垫片，则外倾角改变0.1°左右，前束角改变0.35°左右。

5. 相对具有副车架的车型的主销后倾角与车轮外倾角的调整思路

向左或向右摆动副车架可使一边的外倾角变大，而另一边的外倾角变小；把整个副车架向前或向后移动，可使两边的主销后倾角变大或变小；而若使副车架一边向前、另一边向后移动，则可改变主销后倾角左右的差值，可在一定程度上补偿跑偏。

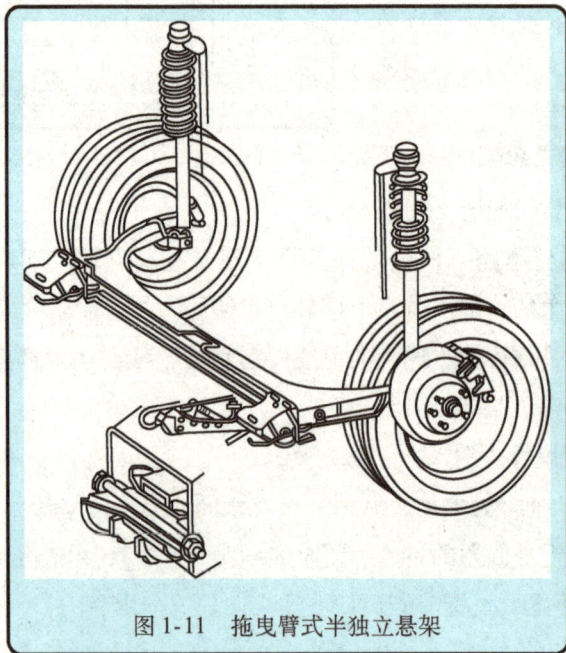

图1-11　拖曳臂式半独立悬架

第三节　运用四轮定位仪的其他注意事项

1. 车轮前束和车轮外倾的配合

车轮外倾的产生使两侧车轮有向外滚开的趋势，车轮将在地面上出现边滚边滑的现象，从而增加了轮胎的磨损。

而单就车轮前束而言，它使两侧车轮有向内滚进的趋势，车轮也会在地面上出现边滚动边滑动的现象，也会增加轮胎的磨损。

但车轮外倾的缺陷可以由前束的恰当配合来补偿。因外倾的向外滚开趋势可用前束的向内滚进趋势来抵消，最终保证车轮在每一瞬时滚动方向接近于向着正前方，以达到减小轮胎磨损及滚动阻力的目的，如图 1-12 所示。

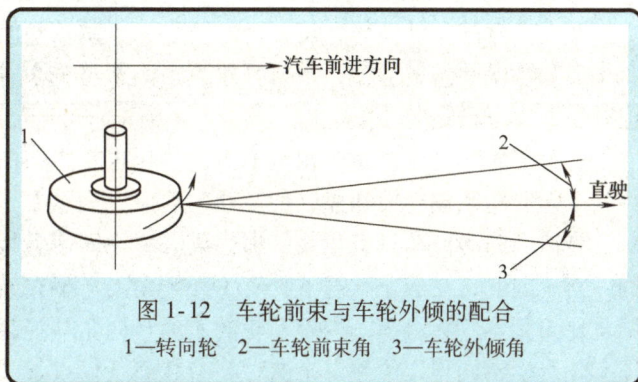

图 1-12　车轮前束与车轮外倾的配合
1—转向轮　2—车轮前束角　3—车轮外倾角

然而，不难理解，另一种情况将是，当前束失准或外倾角失准时，将不能保证车轮在每一瞬时滚动方向接近于向着正前方，这样便会造成轮胎磨损及滚动阻力增大的不良现象。

那么相对而言前束失准与外倾角失准造成的危害哪一种更严重呢？下面就来谈谈这个问题。

2. 前束失准与外倾角失准造成的危害对比

图 1-13 所示的两条曲线分别表示了外倾角失准和前束失准对轮胎磨损的影响。横坐标表示前束和外倾角，纵坐标表示相对磨损率。

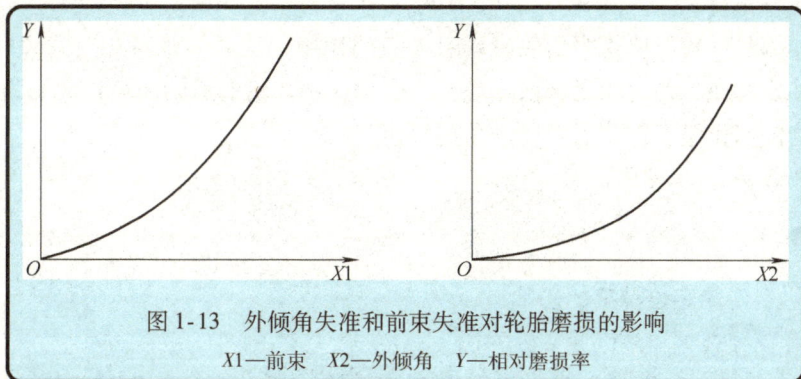

图 1-13　外倾角失准和前束失准对轮胎磨损的影响
X_1—前束　X_2—外倾角　Y—相对磨损率

结合图 1-13 及其他研究可以证明：

1）在相同的时间里，前束失准状态下轮胎磨损曲线比外倾角失准轮胎磨损曲线上升得要快，相对磨损率要高。

2）外倾角不当磨损的是轮胎胎冠的一侧，而前束不当磨损的是遍布整个轮胎胎面，且胎面磨损呈锯齿状。

3）轮胎磨损与前束设定误差成递增比例。若一个轮胎只有 3mm（0.3°）的偏差，则每行驶 1km 轮胎就侧滑 2m 左右。看起来数值好像不大，但轮胎会因此寿命减半。

这证明前束失准造成的轮胎磨损比外倾角失准更为严重。

二、轿车车轮定位的发展趋势疑问解答

1. 为什么轿车的后轮外倾角大都设计为负值，且前轮外倾角也较小？

对于传统的设计思想，设置外倾角是为了掌控轮胎车身重量压力点，以适应汽车载荷的变化，减小轮胎的偏磨损，并减轻轮毂紧固螺母的负荷，防止该螺母滑丝飞出而酿成事故。这对于大型车辆是必要的。

而对于轿车来说，载荷相对不大且变化也较小，而车速却越来越高，这样，解决因高速行驶引起的轮胎偏磨损和操纵稳定性问题便更为重要。

高速转向时汽车具有很大的惯性离心力，即使悬架具有横向稳定杆，车身也会自然向外侧倾斜。因此，在静止状态下具有正外倾角的车辆在转向时外倾角更大，造成外侧车轮的侧偏角比内侧车轮大得多，内外车轮的实际转向角与纯滚动时的转向角差距较大，从而引起内外车轮产生不同程度的侧滑。这种拖滑状态不仅增加了轮胎的不正常磨损，还使轮胎与地面的附着力减小，降低了车身的横向稳定性。

基于上述考虑，车轮具有负外倾角，即车轮在静止状态下向内倾斜，在转向时车轮外倾角趋于零，从而减小转向时的磨损和提高转向时的横向稳定性，防止高速行车时出现的"激转"及危险的自动转向现象。

2. 为什么有的轿车前轮正外倾可用负前束来配合，而后轮负外倾可用正前束来配合？

这种情况一般是发生在前置发动机前轮驱动且后轮也是独立悬架的轿车上。

汽车在前轮牵引力矩作用下，由于转向杆系存在间隙和弹性变形，前轮前端发生了绕主销向内的靠拢滚动，因而这种车辆设置的前束值都比较小，有的甚至为负前束，以给前轮一个恰到好处的修正量。

而后轮作为从动轮，要克服后轮滚动阻力矩的作用，因后轴杆系存在间隙和弹性变形，后轴将产生一定弯曲，使后轮出现前张现象，因而这种车辆的后轮前束角大都为正值，以给后轮一个恰当的修正量，即使后轮外倾角为负值。

三、举升机水平度对四轮定位测量精度的影响

1. 举升机对四轮定位精度的影响

（1）举升机分类　举升机通常分为以下三类：

1）通用举升机。此类举升机平板的水平度依赖于制造和装配的精度等，水平误差是 10mm 或更大。

2）标准测量举升机。此类举升机能够保证在地面和预订工作位置的水平，在其他位置

不能保持水平，标准测量举升机的误差是2mm或更小。

3）精密测量举升机。除了地面和举升位置的水平外，能够保证在第三位置的水平，误差小于0.5mm。

（2）举升机对外倾角和前束角的测量影响　举升机对车辆产生的影响有车辆倾斜和悬架高度变化引起的轮胎水平变化。

1）车辆倾斜。如果举升机的两平板不在同一水平面上，则将使车辆向一边倾斜。这将直接导致外倾角测量值发生变化，假定车辆的轮距是1450mm，车辆向一边倾斜引起外倾角的变化见表1-3。

表1-3　车辆向一边倾斜引起外倾角的变化

平板水平差	外倾角变化		平板水平差	外倾角变化	
	用度表示	用分表示		用度表示	用分表示
0.5mm	0.02°	1.19′	5mm	0.20°	11.85′
2mm	0.07°	4.47′	10mm	0.40°	23.71′

2）轮胎水平变化。举升机平板的水平度变化同样使轮胎悬架发生变化，悬架高度的变化同样使前束角和外倾角发生变化，见表1-4。

表1-4　举升机平板水平度的变化使前束角和外倾角发生变化

举升机两平板的水平差	外倾角变化		前束角变化	
	用度表示	用分表示	用度表示	用分表示
0.5mm	0.01°	0.36′	0.00°	0.24′
2mm	0.02°	1.44′	0.02°	0.96′
5mm	0.06°	3.60′	0.04°	2.40′
10mm	0.12°	7.20′	0.08°	4.80′

从以上分析结果可看出表1-5所示不同的举升机对相应角度的影响。

表1-5　不同举升机对相应角度的影响

举升机类型	相当于举升机平板的水平差	外倾角变化		前束角变化	
		用度表示	用分表示	用度表示	用分表示
通用举升机	10mm	0.52°	30.91′	0.08°	4.80′
标准测量举升机	2mm	0.10°	6.18′	0.02°	0.96′
精密测量举升机	0.5mm	0.03°	1.55′	0.00°	0.24′

（3）结论　相对而言，举升机水平度对四轮定位测量精度的影响主要是外倾角，对前束角影响较小。

1）若举升机平板水平差为10mm，则外倾角变化约0.5°（即30′），前束角变化不到0.1°（即6′）。

2）若举升机平板水平差为2mm，则外倾角变化约0.1°（即6′），前束角变化不到0.02°（即1′）。

3）若举升机平板水平差小于0.5mm，则对测量精度影响很小，可认为几乎无影响。

4）通用举升机不适合用来作四轮定位。为了达到较高的测量精度，在安装四轮定位仪用举升机时要求其水平差为 0.5mm。

2. 四轮定位仪对测量平台的要求

举升机一定要按照要求安装。应把重点放在对测量平台的检查上（表1-6），最好使用专业的水平仪。支撑所有车轮的点（转角盘、后滑板）应在同一水平面上（图1-14）。

表1-6　平台的允许高度偏差

左右	±0.5mm	对角线	±1mm
前后	±1mm		

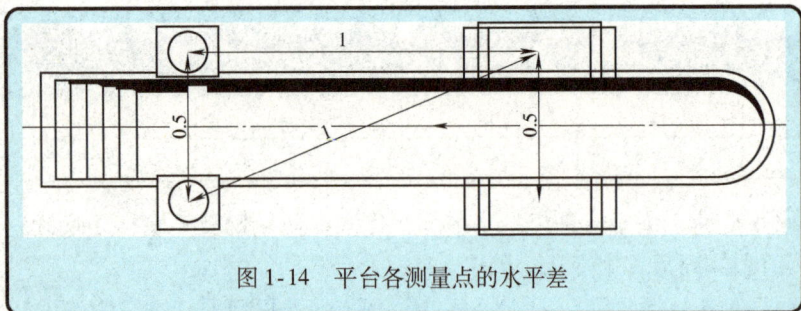

图1-14　平台各测量点的水平差

配合使用的举升机，应在保证位于最低锁孔位置（测量工作面）和升起锁孔位置（调整工作面）的情况下保持水平。

四、偏心补偿的必要性 ▶▶

大家注意到，探杆在工厂标定时相当于把探杆放在了车轮的旋转轴线上进行标定的。而在实际测量中，在车轮的旋转轴线和探杆间多出了钢圈和轮夹，因钢圈和轮夹偏差以及轮夹的安装错误，必将导致安装探杆的轮夹中心轴的轴线和车轮的旋转轴线不重合，这称为偏心，这样就会导致测量误差。为了最大限度地消除这种偏心造成的测量误差，在软件中设置了偏心补偿程序，但这个过程往往较为烦琐，若钢圈变形不大，轮夹保存良好，则基本上可不用偏心补偿。

五、为什么在测量主销参数时一定要安装制动板固定架 ▶▶

在测量主销参数时，很多操作工图省事，只拉上驻车制动器，把车轮用枕木挡住，认为车辆不会从举升机上滚动下来就行了，至于是否安装制动板固定架并不重要，其实这种观点是错误的。

根据测量原理，主销参数是通过转向轮转过一定角度时，随转向轮一起摆动的探杆中的倾角传感器相对于转向轮摆正时倾斜的角度计算出来的。即使转向轮只有轻微的滚动，也会造成较大的失准。而由于主销内倾角的存在，当转向轮转过一定角度时，势必使车身升高，而此时整个车辆是放在处于自由状态的机械转盘和侧滑板上，若不安装制动板，则在重力作用下转向轮就会轻微滚动，导致主销参数测量不准。

六、要爱惜探杆和轮夹 ▶▶

在这里要强调的是爱惜轮夹的重要性，轮夹在出厂时都要在专门的轮夹测试仪上进行检测，要求轮夹中心轴的径向圆跳动量不能超过 0.04mm。这样才能最大限度地保证轮夹正确安装到轮辋上后，轮夹中心轴的轴线和车轮旋转轴的轴线接近重合。若操作粗暴，则由于轮夹中心轴的结构特点，最有可能会使轮夹的中心轴弯曲，造成即使安装到变形不大的轮辋上，轮夹的中心轴线也远远地偏离了车轮的旋转轴线。如果不作偏心补偿，则势必会造成测量失准，而作偏心补偿又较烦琐，因此爱惜轮夹非常重要。

工厂对探杆的标定相当于确定了探杆的零刻度基准，而传感器是安装在探杆里边的。探杆摔碰等会使传感器松动或易位、探杆扭曲变形，这样都会使零刻度基准发生改变，并且四轮定位仪是高精度测量工具（精度能达到 0.01°），即使零刻度基准发生极小的改变，也会导致测量失准。因此，探杆必须轻拿轻放。

根据现场处理仪器测量不准的投诉案例来看，很大的原因就是使用者对探杆和轮夹的重要性认识不够，甚至连技术人员都认为轮夹看起来没事，应该不是轮夹的原因。当然判断轮夹是否摔碰变形在现场也有一套方法，这里就不讲了，之所以不厌其烦地从原理上讲述爱惜探杆和轮夹的重要性，目的是希望能够引起大家的高度重视。

第四节 汽车四轮定位的调整妙招

一、转向 20°前展角和最大转向角 ▶▶

转向前展角能够最大限度地保证汽车转向时，所有车轮均作纯滚动，以减少和消除汽车转向时路面对汽车行驶的附加阻力和轮胎的偏磨损。转向前展角的确定是由转向传动机构中转向梯形的几何参数决定的。

最大转向角决定汽车的最小转弯半径，转弯半径越小，则汽车转向所需场地就越小。

若转向节臂变形，则转向 20°前展角和最大转向角就不符合标准，会造成转弯时轮胎偏磨损并发出啸叫。

二、摩擦半径 ▶▶

摩擦半径是指内倾角线和轮胎中心线分别与路面交点之间的距离。

正摩擦半径是指内倾角线与路面的交点在轮胎中心线与路面的交点的内侧。

负摩擦半径是指内倾角线与路面的交点在轮胎中心线与路面的交点的外侧。

普通的双横臂式独立悬架通常有正的摩擦半径，也有许多前轮驱动的车辆有负的摩擦半径，负摩擦半径可使汽车在制动失灵、轮胎爆胎、路面两侧附着系数不同等情况下仍能不跑偏，方向稳定性也得到保证。

安装的轮胎或轮毂若大于制造厂的规定尺寸会使负摩擦半径变正，导致操纵稳定性降低。

三、后轮推进角

（1）后轮推进角　由车后轮总前束的夹角平分线（推进线）与车辆几何中心线（平分前后轴的直线）所成的角为后轮推进角（图1-15），其大小为右、左后轮单独前束差值的一半。

（2）产生原因

1）后桥轴线与前桥轴线不平行。

2）后桥弹簧座磨损，后桥下悬臂胶套损坏。

3）整体式后桥胶套损坏。

4）两后轮的单独前束不一致。

（3）补偿四轮定位　当后轮前束不能调整时，若后轮推进角为0.1°～0.4°，就应当用前轮前束来补偿，这叫做补偿四轮定位。

比如：某汽车右后轮前束为－0.40°，左后轮前束为0.40°，后轮推进角为（－0.40°－0.40°）/2＝－0.40°。因汽车在行进中两前轮和两后轮基本上互相平行，而汽车真正行驶的方向是推进线的方向而非车辆几何中心线的方向，因此在行驶时松握转向盘将发现车身向左歪斜，转向盘则向右偏。

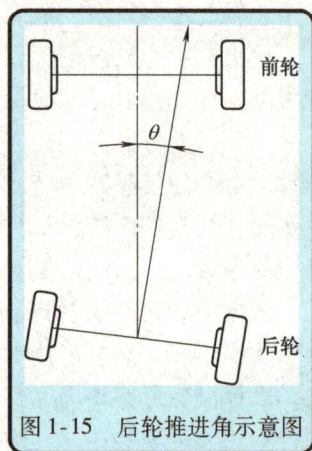

图1-15　后轮推进角示意图

假如后轮推进角为零，也就是说后轮推进线和车辆几何中心线重合，那么假如把转向盘摆正，把两前轮也调整为摆正，这时车辆的车身不会歪斜，转向盘也是正的。

但现在后轮推进线指向和几何中心线成0.4°的右方，且后轮前束不能调整，也就是不能通过调整两后轮单独前束的办法使后轮推进角为零。而汽车在行进中两前轮和两后轮又是互相平行的，这样必将导致松握转向盘时使两转向轮同时向右摆动0.4°，从而保证四轮平行行进。而转向轮和转向盘是联动的，也就导致转向盘相对车辆几何中心线偏向右方，也就是常说的转向盘偏右。

因为车辆行进的方向是推进线的方向，也就造成了在行进中车身歪向左方。因车身歪斜的角度只有约0.4°，不太容易察觉，那么粗略地计算一下，当转向轮向右摆动0.4°时，转向盘大致向右偏转多少度。

假设某车的最大转向角约为35°，而转向盘从正中位置转到最大转向角所转过的角度约为540°，假定转向轮从摆正位置摆动0.4°时转向盘转过的角度为α，则可以近似认为存在以下关系

$$\frac{540}{35} = \frac{\alpha}{0.4}$$

则可计算出α约为6°，也就是说因为不能调整的后轮推进角－0.4°的存在使转向盘相比能正常调整到后轮推进角为零的车向右偏转了6°，这显然令驾驶人倍感不舒服。

虽然现在已经把左右转向轮都调整到相对左右转向横拉杆相对对称的位置，但为了弥补因后轮推进角造成的转向盘偏右的缺陷，不得不做出一些补偿，即要首先把转向盘摆正固定，然后再调整左转向横拉杆使左转向轮向右偏约0.4°，调整右转向横拉杆使右转向轮也

向右偏0.4°。通过这样的补偿后，虽然车身向左偏了0.4°没有解决，但转向盘向右偏转6°的问题基本上解决了，况且车身歪斜不易察觉的0.4°也基本上可以接受，因此把这种定位方法叫做补偿四轮定位。

一般前轮前束补偿为0.3°~0.4°，如果推进角太大，则应考虑校正或更换后桥或后悬臂。

需要指出的是，这种补偿的方法在早期的四轮定位仪的软件技术是解决不了的，只能通过人工的方法来解决。而现在高级的四轮定位仪就可以通过软件技术来解决，即使后轮前束不能调整，只要把转向轮摆正固定，然后把转向轮左右单独前束调整相等即可。

四、用人工方法计算车轮前束的角度 ▶▶

设前束角度为α，用尺子拉出的前束值为a，轮胎的直径为D，α很小（图1-16），因此有两种方法计算前束的角度：

方法一：

$\sin\alpha = a/D$，利用计算机算出$\alpha = \arcsin(a/D)$。

方法二：

a为以D为半径的圆的弧，因此存在关系

$2\pi D/360° = a/\alpha$，则$\alpha = (180°/\pi) \times (a/D) \approx 57° \times (a/D)$。

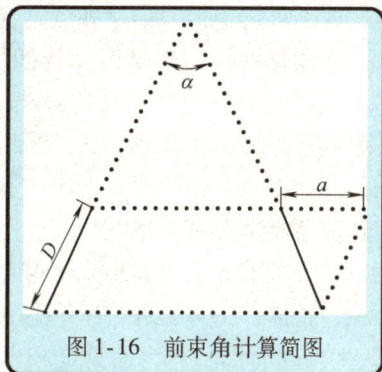

图1-16　前束角计算简图

五、用人工方法计算车轮外倾角的角度 ▶▶

通过轮胎旋转中心点放一铅垂线，量出钢圈旋转中心点垂直方向上端和下端到铅垂线的距离，设差值为b，倾角为β，钢圈直径为d，如图1-17所示。

方法一：

$\sin\beta = b/d$，利用计算机算出$\beta = \arcsin(b/d)$。

方法二：

因β很小，可以认为b为以d为半径的圆的弧，因此存在关系$2\pi d/360° = b/\beta$，则$\beta = (180°/\pi) \times (b/d) \approx 57° \times (b/d)$。

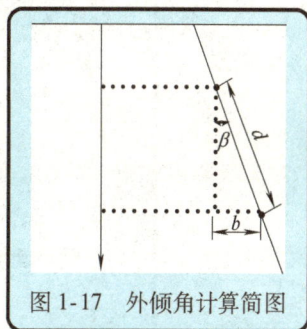

图1-17　外倾角计算简图

六、如何理解前束恒定值 ▶▶

由于奥迪A6和帕萨特B5车型的前悬架改用四连杆机构，如图1-18所示，使前轮前束角和外倾角的测量与调整就具有了一定的特殊性。因此，德国大众汽车制造公司建议奥迪A4、A6、A8和帕萨特B5车型底盘，要用专用的测量和调整工具。

1. 四连杆机构前悬架（图1-18）

四连杆机构前悬架的两个前轮分别是由四根相互独立的连杆和转向节带动，能从各个方向精确地控制车轮的跳动，前轮定位的参数基本不发生变化，从而保证主销内倾角、轮胎中心与转向管柱间距参数具有较高的精度和稳定性，避免了制动力和驱动力对转向系统的干扰。并且车轮基本上是在垂直方向上跳动，而相比之下，很多轿车的前桥采用的麦弗逊悬架虽然结构简单，但车轮在上下跳动时不可避免地要带来外倾角变化。

四连杆机构的主要设计目的之一是为了减小路面颠簸对驾驶的影响。而这

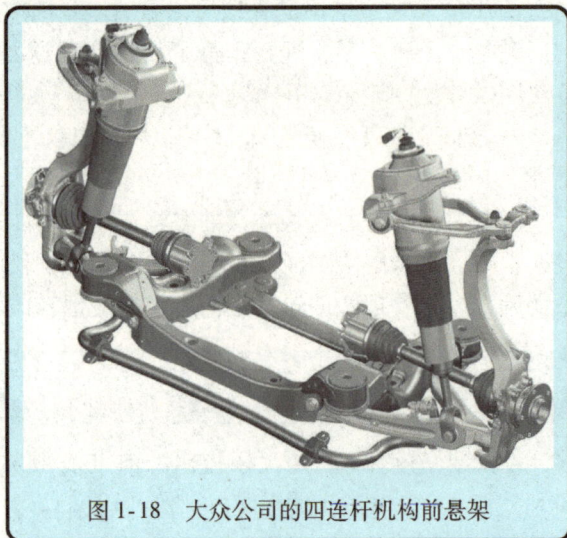

图1-18　大众公司的四连杆机构前悬架

种影响直接反映到车辆行进中前束变化上，变化太小，悬架系统将失去意义，也是不可能的；变化太大，将使驾驶难于控制。四连杆机构恰恰可以把这一变化控制在一定范围内。

2. 前束恒定值的调整

首先把前轮前束调整到标准范围内，得到一个前束1，然后以帕萨特B5的标准型底盘为例，把前轴举起放到配有专用定高接头（图1-19中2的④）的专用测量定位架（图1-19中1）上。此时前轴升起的高度相对没举升时刚好是60mm（图1-20），此时可得到前束2。

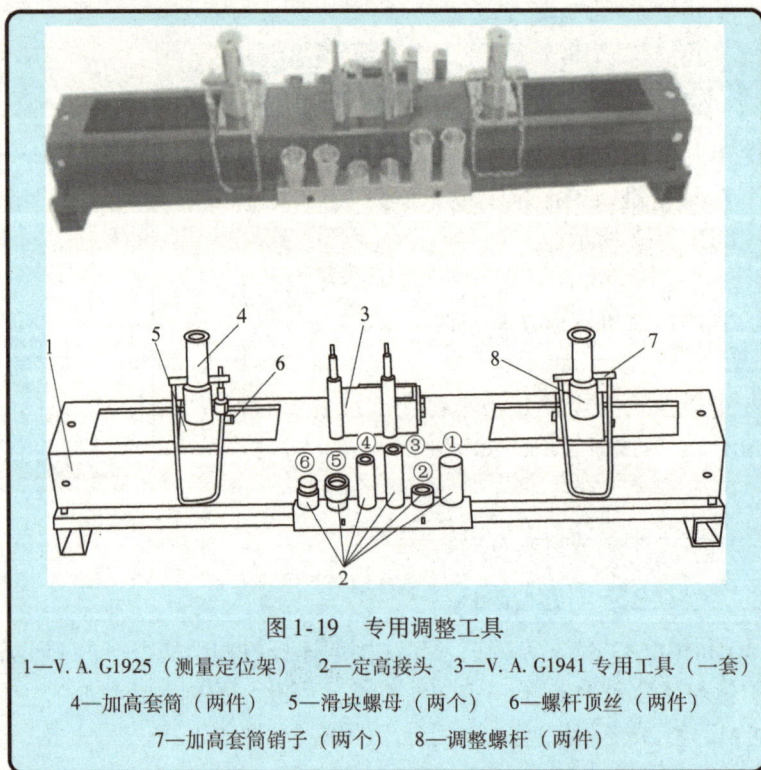

图1-19　专用调整工具

1—V. A. G1925（测量定位架）　2—定高接头　3—V. A. G1941专用工具（一套）

4—加高套筒（两件）　5—滑块螺母（两个）　6—螺杆顶丝（两件）

7—加高套筒销子（两个）　8—调整螺杆（两件）

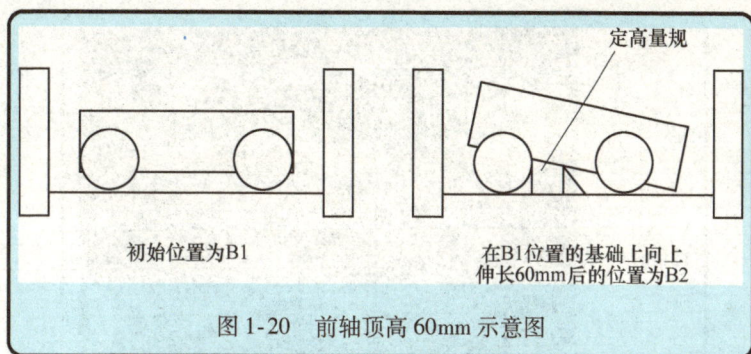

定高量规

初始位置为B1

在B1位置的基础上向上
伸长60mm后的位置为B2

图 1-20　前轴顶高 60mm 示意图

前束 2 与前束 1 的差值叫做前束恒定值。该值应在标准范围之内，如果超差应进行调整，使用的调整机构如图 1-21 所示，不同于传统前束的调整机构。调整到前束恒定值的标准值后，再把前轴放回没升高状态，再测量传统前束值，因调整前束恒定值后对传统前束值有影响，可能导致原来在标准范围内的传统前束值超差，所以有可能要重新调整该传统前束值。

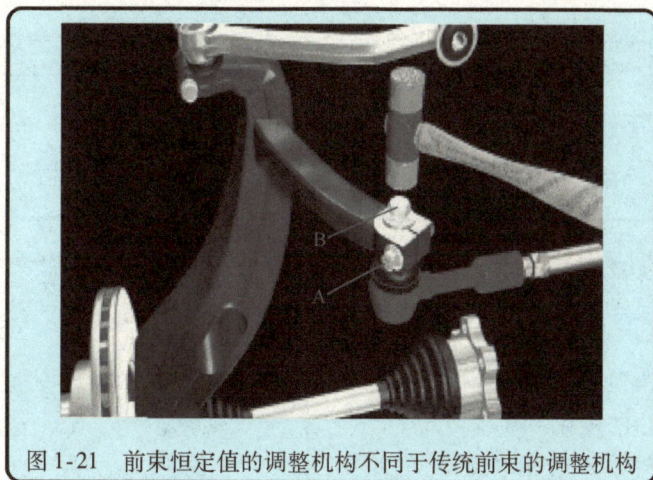

图 1-21　前束恒定值的调整机构不同于传统前束的调整机构

前束恒定值的调整方法为：松开 A→旋出 B 约 4mm→锤下 B 止挡为止→旋入 B 直到达到前束恒定值的标准值→紧固 A→紧固 B。

3. 外倾角的调整

外倾角是通过移动副车架（图 1-22）来调整的。

1）前轴无须举升。

2）拧松副车架固定螺栓。

3）把外倾角调整工具 V. A. G 1941（图 1-19）安装到副车架的指定位置。

4）转动该专用工具上的指定螺栓，达到移动副车架使一边外倾角增大、另一边外倾角减小的目的（图 1-23）。

4. 识别车辆底盘

车辆使用哪一种底盘，记录在汽车的相应 PR 数据表中，该表贴在备胎座内和服务手册中。在表中，可找到底盘类型代码（IBA 表示标准底盘、IBE 表示运动型底盘、IBB 表示坏路面底盘），根据该底盘型号，在四轮定位仪中查找相应的标准数据。

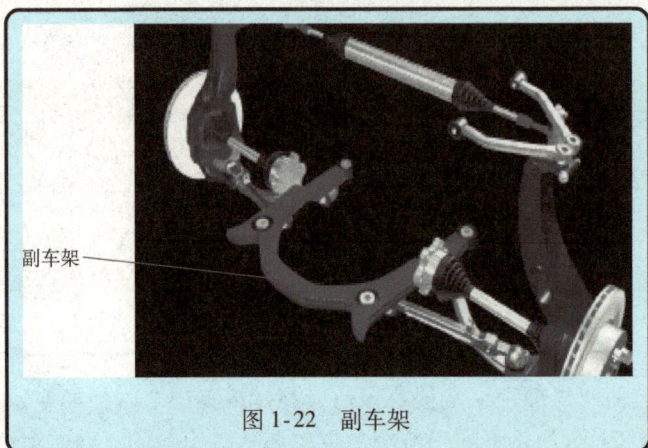

图 1-22　副车架

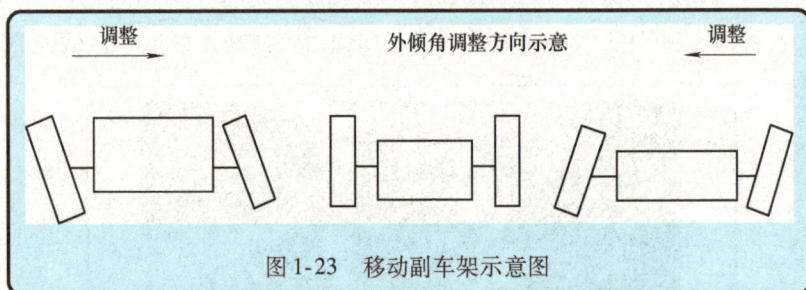

图 1-23　移动副车架示意图

5. 前轮前束的调整曲线（图 1-24）

七、常见车型的调整

这里只谈调整的位置和一些技巧。

1. 桑塔纳、捷达、都市高尔夫

这类车常见的故障现象是跑偏和后轮轮胎内侧偏磨。

桑塔纳前轮下球头为独立式，上有两个长孔，通过调节下球头伸出下摆臂的长度调整外倾角。如调到尽头仍不理想，则可把球头退回中间位置（为下次调整方便），用外倾角校正仪校到理想角度。其前束调整甚为特别，缺点是易锈死。最好备用一把小号（8in）管子钳。

捷达和高尔夫前轮外倾角调整方法相同，它们的减振器和轮毂总成用两颗螺钉连接，这里有3°左右的调整量。方法是：通过二次提升把需要调整的轮胎拆掉，将磁吸式水平仪吸到制动盘上，并调到需要的位置，拧松

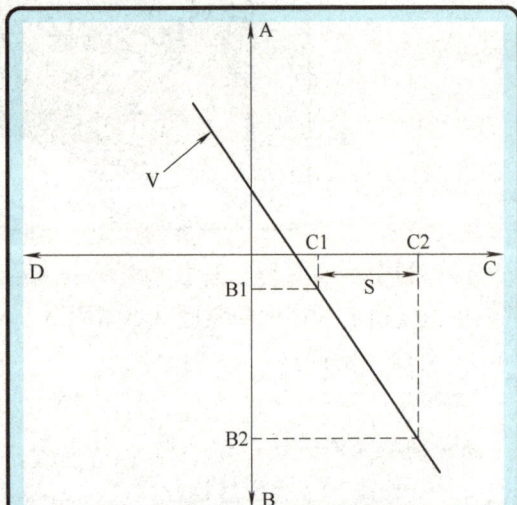

图 1-24　前轮前束的调整曲线

A—弹簧压缩　B—前悬架弹簧伸长　B1—初始位置
（具有运动底盘的汽车在此状态上再伸长 30mm）
B2—汽车相对于状态 B1，车辆悬架弹簧伸长 60mm
C—前束　C1—在状态 B1 测得的前束值
C2—在状态 B2 测得的前束值　D—负前束
V—前束曲线　S—前束恒定值

调整螺钉，但不要太松，以手推拉减振角度改变到松手后能保持为宜。调到所需角度后拧紧螺钉。它们的前束调整是最普通的。

这几款车后倾角不可调。但连接下摆臂的托梁则有少量调整位置。做法是：松开托梁四颗固定螺钉，用撬杠使它的左边或右边前移，最后拧紧螺钉即可。

它们的后桥为独立悬架。但后轮轴头与后桥为活式连接，这样就可以通过在轴头与后桥连接处的不同位置加、减垫片来进行外倾角和前束的调整。

2. 金杯、海狮、小霸王、江淮瑞风、东风风行

这几款是最典型的前束、外倾、内倾均可调的汽车。调法很简单。需注意的是车身高度，所有用扭杆弹簧做弹性元件的悬架都要注意高度平衡。车身高度会影响外倾角。

3. 丰田的士头、皇冠 3.0、三菱吉普

前束调整时和调整后注意转向盘是否处于中间位，前轮外倾角和主销后倾角通过加、减上摆臂和车架之间的 U 形垫片进行调整。方法为：垫片插装在上摆臂和车架的两个连接螺栓上，同时加、减前后两个螺钉的垫片可以改变前轮外倾角。增加后面螺栓或减少前面螺栓位置的垫片可使后倾角变大，相反则变小，对外倾角有一定的影响。

4. 本田雅阁

前轮外倾角用外倾角校正仪校正，后倾角可以在斜拉杆上想办法。后轮外倾角的调整是通过在上摆臂固定螺钉加、减垫片或直接改变上臂的长度来实现的。后轮前下摆臂与大梁连接端有偏心螺钉可调后轮前束。

5. 丰田凯美瑞

前轮外倾角同样用外倾角校正仪校正，后倾角不可调，后轮前束通过后轮后下摆臂中间的螺杆螺母调整。后轮外倾角也要用外倾角校正仪校正。

6. 丰田大霸王

前轮悬架与凯美瑞相同，后倾角不可调。如跑偏可通过调整两个前轮外倾角之间的差距来补偿，所有后倾角不可调的车都可以通过这种方法来调整。

7. 郑州日产

前轮上摆臂都有两个偏心螺栓，前面一个调整时外倾角变化比较大，后面的对后倾角影响较大。只调外倾角时一般两个同时调整相同的量。跑偏时调整后面一个效果较明显。不管调整哪个，外倾及前束都会改变，很容易出现调了吃胎却跑偏或调了跑偏又吃胎的不能兼顾的局面。建议先进行测量，对外倾角做到心中有数，再结合路试调整跑偏。

8. 丰田霸道、三菱帕杰罗 V73

与郑州日产不同的是，两个偏心螺栓是在下摆臂上。观察和两个偏心螺栓相连的连杆，一般而言，调整与较长的连杆相连的凸轮改变主销后倾角的倾向较大，较短的改变外倾角的倾向较大，其余的影响因素与郑州日产相同。

9. 奥迪 100、红旗

外倾角的调整是通过改变滑柱上端的位置来实现的。

10. 夏利、吉利

前、后轮外倾角都用校正仪，前轮后倾角通过平衡杆来控制，必要时可改变平衡杆的弯度或平衡杆座的位置。后轮前束通过后轮后下摆臂大梁连接端的偏心螺钉调整。

11. 昌河等微型面包车

因减振器与其他车辆不同，故外倾角校正仪找不到支点，只能调前束，但外倾角可以改动。做法如下：拆掉轮胎，拆掉斜拉杆与下摆臂的两个连接螺钉，如有平衡杆，则拆掉其与下摆臂的连接螺钉，最后拆掉下摆臂与大梁的连接螺钉。根据实际情况向内或向外扩长张摆臂在大梁上的装配孔。最后根据先拆后装的顺序装好。因为要考虑转向器横拉杆螺纹的长度，所以外倾角的改动量一般在 0.5°内。

12. 帕萨特、奥迪 A6

松转向器横拉杆锁紧螺母时要用另一开口卡住调整螺杆，前外倾角用校正仪。后轮是盘式制动器，但轴头一样是活装在后桥上的，如果在轴头与大梁处加垫片调整外倾角，那么轮缸支架相对位置也应加相同厚度的垫片，否则会造成"拖刹"。

13. 注意

用外倾角校正仪时，一定要循序渐进，以免汽车零件受损，改动悬架部分时，一定要考虑改动后强度够不够，最好征求车主的意见。

定位的方法多种多样，综合各种因素考虑，选用最好的方法。新车型虽层出不穷，但悬架变化却不大，注意在实践中积累经验。

第五节　汽车四轮定位故障诊断与案例分析

一、轮胎磨损过快的主要原因

1. 轮胎气压

轮胎气压是轮胎的生命，气压过高和过低都会缩短它的使用寿命。气压过低，胎体变形增大，胎侧容易出现裂口，同时产生屈挠运动，使轮胎内层受到的压缩力与外层受到的伸张力大大超过允许的屈挠极限，导致过度生热，促使橡胶老化，帘布层疲劳、帘线折断；气压过低还会使轮胎接地面积增大，加速胎肩磨损。气压过高会使轮胎帘线受到过度的伸张变形，胎体弹性下降，使汽车在行驶中受到的负荷增大，如遇冲击会产生内裂和爆破，同时气压过高还会加速胎冠磨损，并使耐轧性能下降。

2. 四轮定位

前轮定位对轮胎的使用寿命影响极大，而尤以前轮前束和前轮外倾为主要影响因素。前轮外倾主要会加速胎肩的磨损，即偏磨；前轮前束主要是加速轮胎内外侧的磨损。前束过大、过小都会引起方向发飘，影响行车安全。前束过大主要表现在外侧羽毛状磨损，前束过小主要表现在内侧羽毛状磨损。后轮定位失准也会造成轮胎成片状磨损，胎面呈波浪状，局部一块块剥落。

3. 驾驶人

驾驶人在行车中除了处理情况外，还要选择行驶路面，躲避锋利的石头、玻璃、金属等可能扎破和划伤轮胎的物体，躲避化学遗洒物质对轮胎的粘附，避免其对轮胎的腐蚀；行驶在拱度较大的路面时，要尽量居中行驶，避免和减少汽车重心偏移，减少一侧轮胎负荷增大而使轮胎磨损不均；合理的装载是驾驶人的基本常识，一般情况下，超载20%，轮胎使用寿命减少30%，超载40%，轮胎使用寿命减少50%；另外急速转弯、紧急制动、高速起步以及急加速等都将对轮胎的损坏产生影响，是驾驶人在行车中要避免的。

4. 其他

轮毂或车轴变形、弯曲、偏心，轴承松旷，使车轮转动时出现周期性的振动，会使轮胎产生不规则磨损。另外，轮胎质量问题和转向20°前展角失准也会造成早期磨损。

由此可见，轮胎的早期磨损主要源于两个方面：一是汽车底盘的技术状况，二是驾驶人本身。

二、四轮定位相关精要表格

1. 四轮定位概念及功能（表1-7）

表1-7 四轮定位概念及功能

定位角度	概念	功能
主销后倾角	由车侧看转向轴中心线与垂直线所成的夹角向后为正，向前为负	稳定转向盘、回转转向盘
车轮外倾角	由车前方看轮胎中心线与垂直线所成的角度向外为正，向内为负	掌控轮胎车身重量压力点
车轮前束角	由上方看左右两个轮胎所成的角度，向内为正，向外为负	减低轮胎磨损及滚动阻力
后轮推进角	后轴运动轨迹与汽车几何中心线夹角	转向盘不正，跑偏
主销内倾角	由车前方看转向轴中心线与垂直线所成角度	驾驶方向稳定性和车身重量着力点位置

2. 四轮定位不良引起的行驶故障（表1-8）

表1-8 四轮定位不良引起的行驶故障

定位角度	原因	故障情况
主销后倾角	太大	转向时转向盘沉重
	太小	直行时转向盘摇摆不定；转向后转向盘不能自动归正
	不等	直行时车辆往后倾角小的一边拉
车轮外倾角	太大	轮胎外缘磨损；悬架配件磨损
	太小	轮胎内缘磨损；悬架配件磨损
	不等	直行时车辆往外倾角大的一边拉
前束角	太大	两前轮外缘磨损，且整个轮胎胎面呈锯齿状磨损；转向盘飘浮不定
	太小	两前轮内缘磨损，且整个轮胎胎面呈锯齿状磨损；转向盘飘浮不定

3. 行驶故障及可能原因（表1-9）

表1-9　行驶故障及可能原因

行 驶 故 障	可能的原因
转向盘太重	后倾角太大
转向盘发抖	车轮静态或动态不平衡；车轮中心点偏心产生凸轮效应；发动机不平衡发抖；制动盘厚薄不均
偏向行驶	左右后倾角或外倾角不相等；车身高度左右不等；左右轮胎气压不等；左右轮胎尺寸或花纹不相同；轮胎变形或不良；转向系统卡位；制动片卡位
转向盘不正	后轮前束不良造成歪的推进线；转向系统不正
轮胎块状磨损	车轮静态不平衡；后轮前束不良
轮胎单边磨损	外倾不良
轮胎锯齿状磨损	前束不良
凹凸波状磨损	车轮动态不平衡；后轮前束不良

4. 四轮定位故障速查表（表1-10）

表1-10　四轮定位故障速查表

汽车的偏行	胎压不正确 定位不正确 推力角不对 不适当的车辆高度 轮胎或车轮尺寸不对 轮胎偏磨 悬架系统故障 不适当的制动间隙 损坏的或垂直度不正确的弹簧 转向轴弯曲 稳定杆损坏 动力转向阀不居中 车架变形或随动转向壁间隙太大 后传动轴不平衡	扭力偏行	车轴不等长 加速时车轴角碰巧不相等 转向轴损坏或松动 超过规定的内倾角和包容角 传动系统定位不正确
		设备问题	装备没有校正 转盘转动不灵活 滑板转动不灵活
过早的轮胎磨损或旋转时的轮胎噪声	胎压过高 不正确的轮胎定位 转向前展不对 转向系统磨损 轮胎不平衡	车辆的摆动	不正确的车轮定位 不正确的车高和垂直度 不正确的胎压 摩擦半径/车轮不平衡 转向组件磨损 轮胎不匹配或质量有问题 支撑杆或控制臂衬套磨损 悬架部件磨损 负的后倾角 弹簧损坏 碰撞过的转向系统 减振器磨损或损坏 齿条与转向小齿轮位置不对 稳定杆损坏
转向噪声或轮胎磨损严重	车辆过载/轮胎等级不对 减振器损坏 前束弧改变不等 轮胎或钢圈变形 不正确的车辆高度或弹簧高度		
记忆转向	上支柱座干涉 支撑轴承磨损或粘接 球头卡滞或过紧 动力转向不平衡	转向沉重	前轮胎压力过低 后倾角过大 动力转向缺油或传动带松 动力、转向泵损坏 转向齿轮损坏或调整不当 球头过紧或卡住 悬架损坏、转向节或支柱损坏 转向垂臂过紧

（续）

汽车前轮振摆	外倾角（不可调整）过大或过小	内倾角不准
轮胎不平衡 轮胎失圆 钢圈过度偏心 轮胎轴承过紧或磨损 转向节或悬架部件磨损 齿条、小齿轮和齿轮箱过紧 正后倾角过大 转向齿轮磨损或调整不当 转向轴连接过松或过紧		悬架高度及弹簧的垂直度不合适 控制臂或支柱弯曲 转向节和指轴弯曲 轮毂和轴承不适当的间隙

5. 用 U 形垫片调整外倾角和主销后倾角的计算方法

在多数前轮采用双横臂式悬架的车型中，主销后倾角和车轮外倾角的调整，是通过在上控制臂安装螺栓与车架之间加减垫片来实现的。那么加减多少垫片，才能达到目标值呢？

（1）理论支持

1）调整外倾角的计算举例，如图 1-25 所示。

L—上控制臂两螺栓距离；R—上控制臂球头的旋转半径；H—半轴轴线到上控制臂球头的距离。

某车，$L = 100mm$，$R = 200mm$，$H = 350mm$，同时加减 3mm 垫片，外倾角变化 C，则 $\tan C = 3/350 = 0.008$，C 约为 $0.5°$。

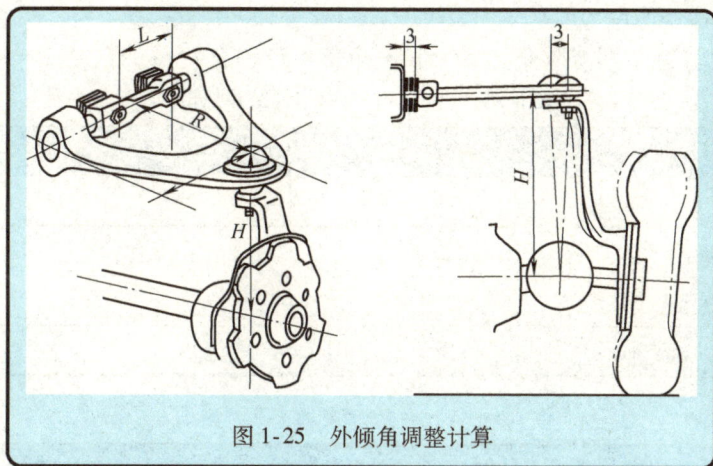

图 1-25　外倾角调整计算

2）调整主销后倾角的计算举例，如图 1-26 所示。

在两个螺栓处，前端减少 1.5mm 垫片，后端增加 1.5mm 垫片，总的调节量为 3mm 垫片，上控制臂转轴扭转的角度 A 的正切值 $\tan A = 1.5/50 = 0.03$，上控制臂球头转动的角度也是 A，它在前后方向移动的距离为 $200 \times \tan A = 6mm$，后倾角变化为 $\tan B = 6/350 = 0.017$，B 为 $1°$。

（2）实际应用　有了上面的理论背景，在实践中，可采用"经验法"来进行调整。一般而言，可参照以下数据来计算大致进行。

（3）经验值　在一个控制臂的前端或后端每改变 3mm 垫片，则外倾角改变 $0.5°$，后倾角改变 $1°$。据此，可分以下三种情况：

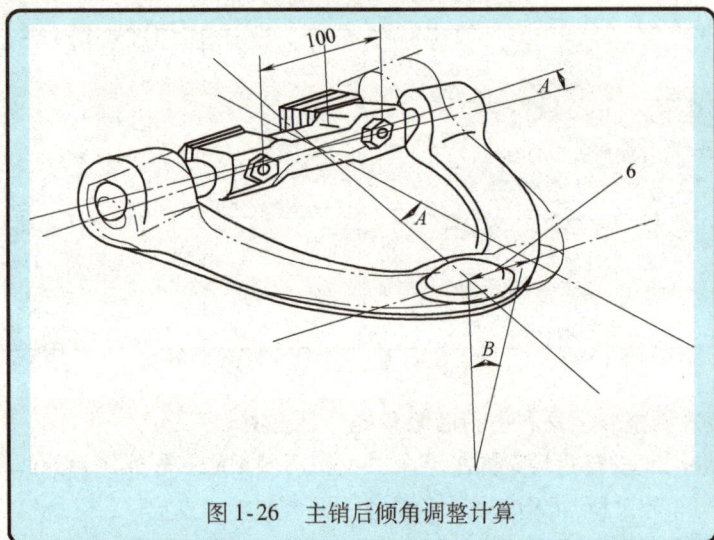

图1-26 主销后倾角调整计算

1) 如果只需改变外倾角而后倾角不变，则同时改变控制臂的前后端垫片即可。

2) 若只需改变后倾角而外倾角不变，则将垫片按厚度平均分成两份，一份加在一端，另一端取下相同的数量。

例如：要改变后倾角1°，根据经验值，可在前端或后端改变3mm垫片，而这时外倾角又改变了0.5°，这是不希望发生的，因此可在一端加1.5mm垫片，而另一端减少1.5mm垫片，这样外倾角就基本上不变了。

3) 外倾角和内倾角都需改变。举例情况见表1-11、表1-12。

表1-11 根据经验值确定的垫片厚度

	外倾角相关	后倾角相关
实际读数	1°	4°
目标数值	0.5°	1°
改变数值	−0.5°	−3°
根据经验值确定的垫片厚度/mm	3	9

表1-12 最终确定需调整的垫片厚度

	外倾角的改变	后倾角的改变	两角度同时调整
前端调整垫片/mm	增加3	增加4.5	增加7.5
后端调整垫片/mm	增加3	减少4.5	减少1.5

(4) 特别强调 以上计算方法是在上控制臂为对称臂且相对一定车型结构而言的情况下使用的，而很多车型的上控制臂是不对称控制臂且悬架结构也有差别，因此这种方法有40%的误差存在，换而言之，调整的正确性只有60%。实践证明，根据控制臂的大小和形状再参照以上方法，效果相当不错。还要提醒的是，相对于不对称控制臂而言，调整长控制臂，后倾角改变的倾向大，而调整短控制臂，外倾角改变的倾向大。

三、跑偏问题诊断流程 ▶▶

跑偏问题诊断流程如图 1-27 ～ 图 1～29 所示。

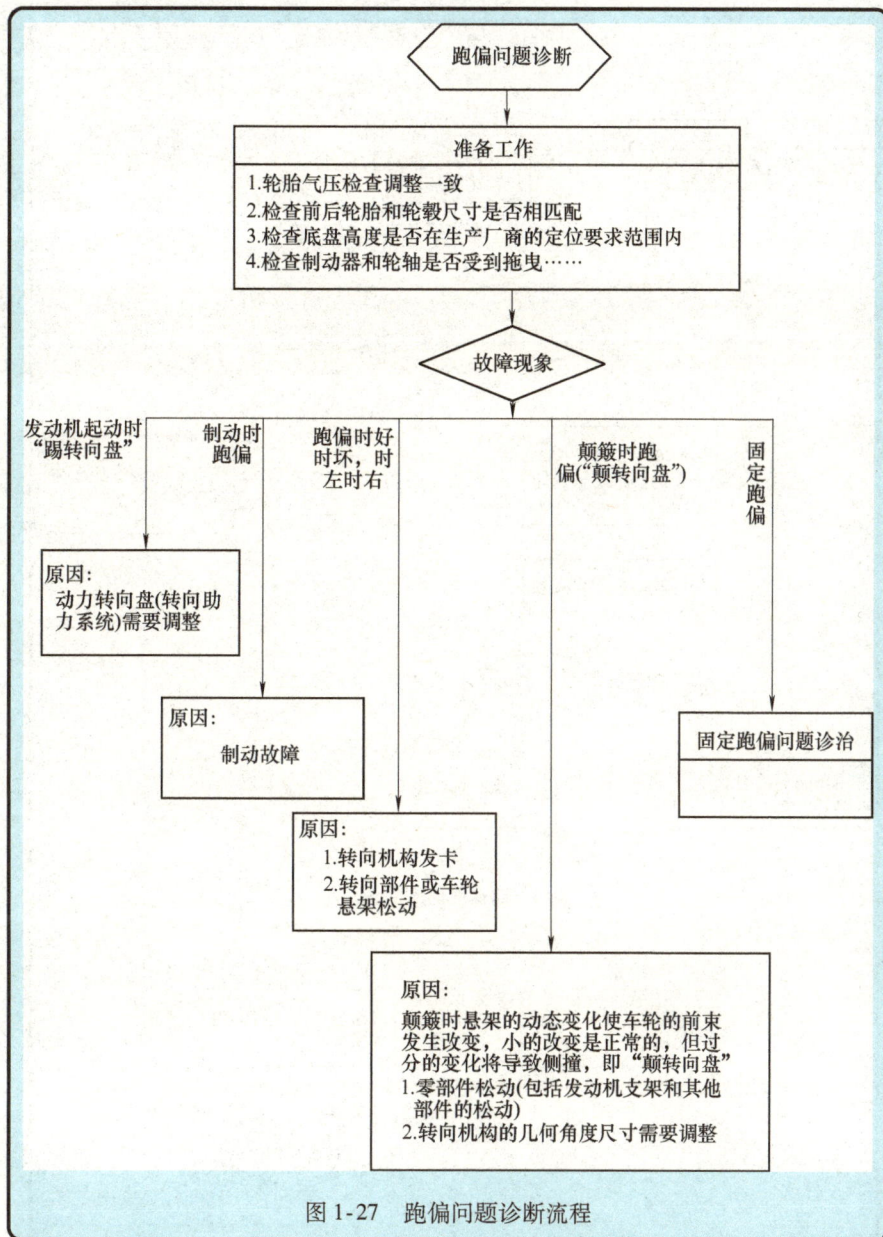

图 1-27　跑偏问题诊断流程

四、包容角与悬架的故障诊断 ▶▶▶

包容角是车轮外倾角和主销内倾角之和，在悬架系统没有损坏的情况下，内倾角增大时外倾角减小，反之亦然，但是包容角不变。

固定跑偏问题诊断

定位角是否符合标准要求?

否 → 调至标准值范围内

是 → 互换左前轮、右前轮以便判断轮胎是否有锥角(有方向性等要求的轮胎不能用此方法)

跑偏方向是否反向?

是 → 表面两前轮中至少有一个由于锥度原因导致跑偏

否 → 恢复车轮到它们原来的位置

左前轮、左后轮互换

跑偏现象是否消失?

是 → 当前左后轮有缺陷,需更换

否 → 右前轮、右后轮互换

跑偏现象是否消失?

是 → 当前右后轮有缺陷,需更换

否 → 按跑偏现象最轻的位置装好车轮

跑偏是否严重(能否容忍)

能容忍 → 过关

不能容忍 → 固定跑偏补救

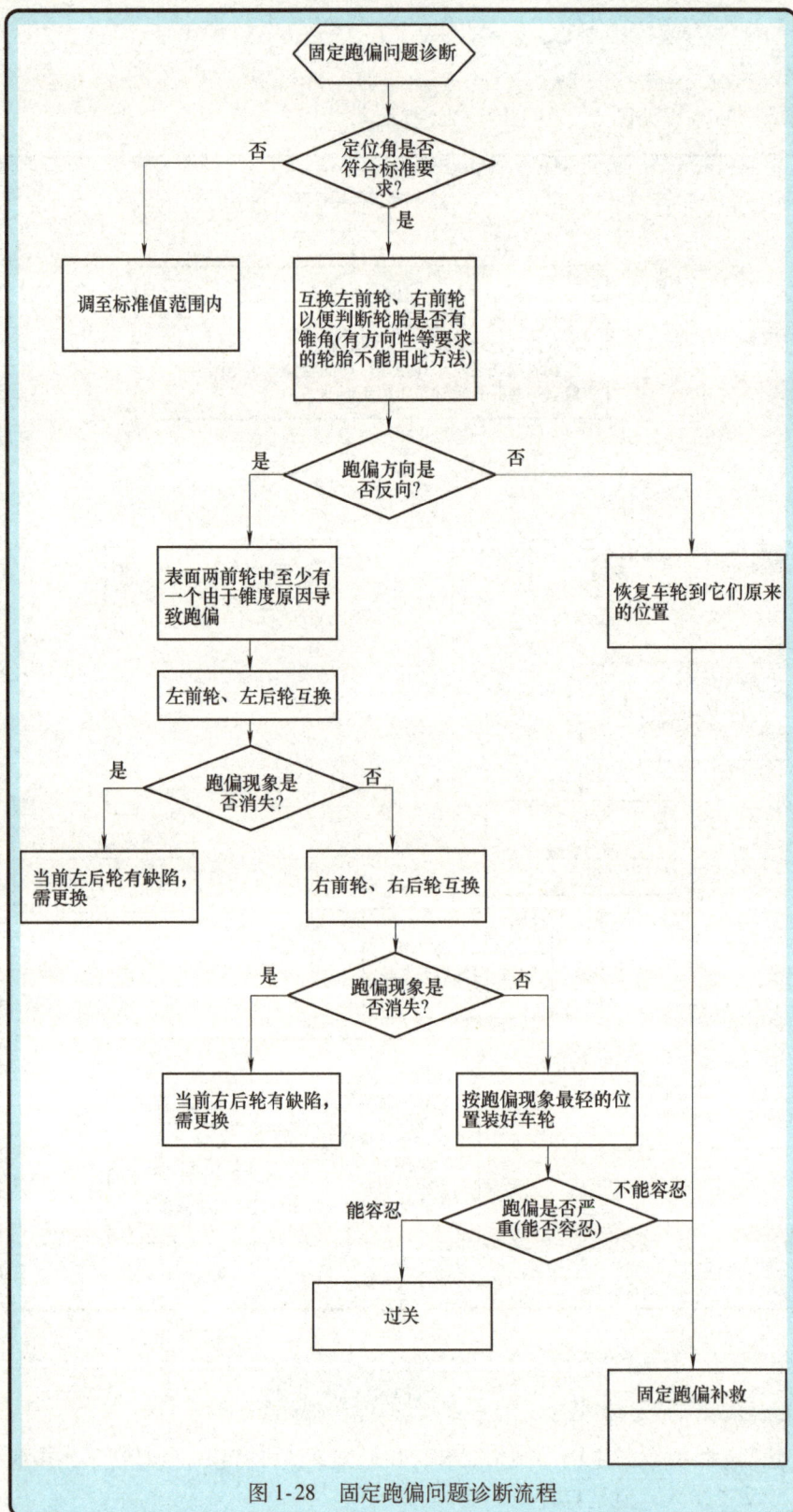

图1-28 固定跑偏问题诊断流程

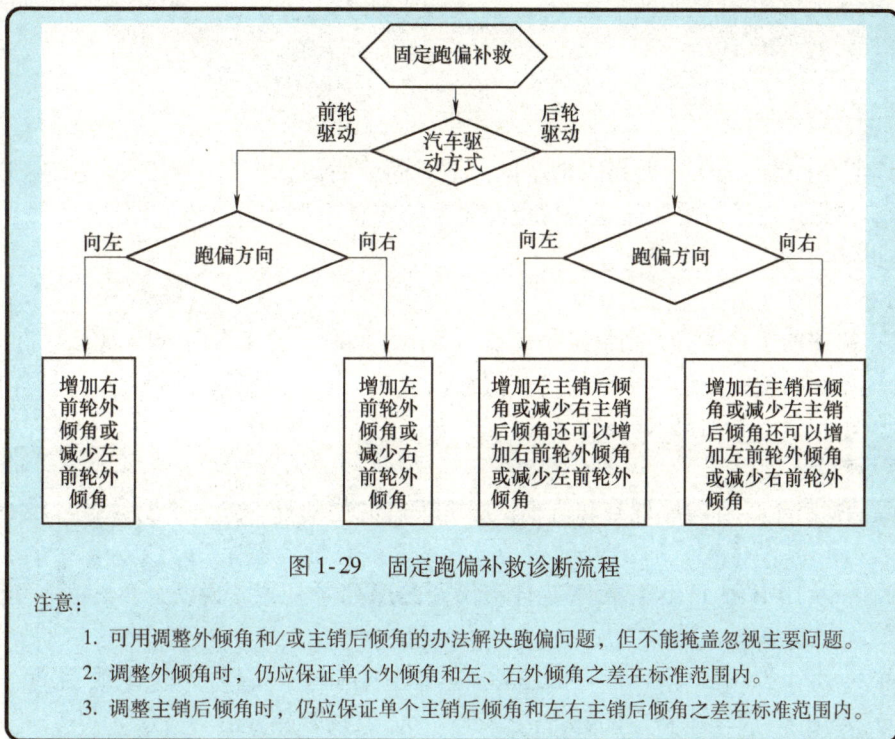

图1-29　固定跑偏补救诊断流程

注意：

　　1. 可用调整外倾角和/或主销后倾角的办法解决跑偏问题，但不能掩盖忽视主要问题。

　　2. 调整外倾角时，仍应保证单个外倾角和左、右外倾角之差在标准范围内。

　　3. 调整主销后倾角时，仍应保证单个主销后倾角和左右主销后倾角之差在标准范围内。

　　主销内倾角、包容角以及外倾角三者结合在一起，可以用来诊断车辆悬架系统哪个区域或特定部件有故障。

　　对于麦弗逊式悬架，可能的故障区域无外乎几方面：车体变形、立柱弯曲、轮轴弯曲、控制臂弯曲、发动机托架扭曲失调。麦弗逊式悬架的故障诊断见表1-13。

　　对于双摆臂式悬架，可能的故障区域无外乎以下几方面：车体变形、上控制臂弯曲、轮轴弯曲、下控制臂弯曲。为双横臂式悬架的故障诊断见表1-14。

表1-13　麦弗逊式悬架的故障诊断

主销内倾角	外 倾 角	包 容 角	可能的故障区域
正常	小于规定值	小于规定值	轮轴弯曲和/或滑柱弯曲
正常	大于规定值	大于规定值	轮轴弯曲和/或滑柱弯曲
小于规定值	大于规定值	正常	控制臂弯曲或由于车体变形使滑柱上端向外受推，或发动机托架扭曲失调
大于规定值	小于规定值	正常	由于车体变形使滑柱上端向内受推，或发动机托架扭曲失调
小于规定值	大于规定值	大于规定值	由于车体变形使滑柱上端向外受推，再加上轮轴弯曲和/或滑柱弯曲
小于规定值	大于规定值	大于规定值	由于车体变形使滑柱上端向外受推，再加上轮轴弯曲和/或滑柱弯曲
小于规定值	小于规定值	小于规定值	由于车体变形使滑柱上端向外受推，再加上轮轴弯曲和/或滑柱弯曲

表1-14　双横臂式悬架的故障诊断

主销内倾角	外 倾 角	包 容 角	可能的故障区域
正常	小于规定值	小于规定值	轮轴弯曲
小于规定值	大于规定值	正常	下控制臂弯曲或车体变形
大于规定值	小于规定值	正常	上控制臂弯曲或车体变形
小于规定值	大于规定值	大于规定值	下控制臂弯曲或轮轴弯曲

1. 问题

X531 刚买了将近一年，做完四轮定位一段时间后回访，有车主称仍跑偏或吃胎。同一辆无故障车在另一台较好的四轮定位仪上测量基本正常，而在该 X531 上测量，则所有数据几乎都不正常。

2. 分析

若客户描述的情况属实，则肯定是仪器本身出了问题，关于设备的问题无外乎以下几个方面：探杆变形、轮夹变形、机械转盘和侧滑板发卡、标定值被修改或错误、在举升机测量位或调整位水平度达不到要求以及其他未知因素。

3. 现场情况

1）确认探杆上标志的序列号和机柜铭牌上标志的序列号一致，说明该探杆没有重新做过标定。

2）确认 D：\bak\test\下的文件夹名和仪器的序列号一致，说明出厂时的标定值备份还在。

3）在桌面上选中 X531 程序图标，并单击右键——属性——查找目标——打开"check. ini"，与第"2"中备份的标定值进行对比，发现有部分值不一致。

4）判断轮夹是否变形。

① 先判断左前轮夹。

② 记录左前轮外倾角和单独前束值。

③ 把左前探杆取下，再把左前轮夹取下后翻转180°即手柄朝下安装，再把左前探杆装上。

④ 再记录左前轮外倾角和单独前束值。

⑤ 对比前后两次数据，一般刚出厂时，差值在0.1°之内，一般要求不超过0.2°。若超过，则说明轮夹变形，需重新调整轮夹或更换轮夹。

⑥ 用同样方法，可判断其余三个轮夹是否变形。

按照上述方法，该客户有一个轮夹差值略超过0.2°，但根据经验，不至于无法使用。

5）判断探杆是否变形。

① 在系统设置里，设置成使用后轴探杆，并把后轴数据记录下来。

② 再在系统设置里，设置成使用前轴探杆，把左前轴探杆放到右后轴上，把右前轴探杆放在左后轴上，仍然读取后轴数据。

③ 对比前后两次数据，一般刚出厂时，差值在0.1°之内，一般要求不超过0.2°。若超过，则说明探杆变形，需重新对探杆进行标定。

按照上述方法，该客户探杆基本没有变形。

6）判断机械转盘和侧滑板是否发卡。

① 在无负荷状态下，看是否能自由滑动。

② 把车开上去，横向推动前轮看车身能否自由横向移动，再横向推动后轮看车身能否自由横向移动，若不行，则拆解检查排除故障。

按照上述方法，发现该客户四轮定位仪右前转盘发卡。

4. 解决

本案例发现两个可疑点：

1）运行程序时调用的标定值与备份的标定值不一致。

2）右前转盘发卡。

首先拆解右前转盘，转盘背面有横向和纵向两组滑道配合副，其中纵向滑道组配合过紧，纵向根本无法充分滑动，需用砂轮重新打磨后才能达到较好的效果。

然后把一辆伊兰特车开上举升机测量，该车外倾角不能调整，非事故车，且较新，外倾角应基本上在标准范围之内，但右前轮外倾角却差得较多，因此时用的标定值和备份的标定值有差异，就拿备份的标定值把原标定值覆盖试一下，发现该车前轮外倾角就在标准范围内了，由此判断，原始标定值可能被人修改过。

该车两前轮同时吃内胎，应是前束值过小造成的，显示的前束值也与故障现象吻合得比较好，至此问题应得到了解决。

5. 验证

客户调过来一辆奇瑞车，该车车主称行驶时向左跑偏，试车发现在一般路面上行驶时需紧拉转向盘才能直行，若松握转向盘，则转向盘自动拉向左侧，车也跑向左边。

开回维修厂后，首先把前轮对调一下看是否是轮胎原因造成的跑偏，结果在调轮胎前测轮胎气压时发现，左侧两轮胎气压是 2.4，而右侧两轮胎竟然达到 4.5，显然严重偏差，气压都调成 2.4 后试车，跑偏故障排除。

再上四轮定位仪测量，该车数据基本都在标准范围内，该车无吃胎现象。

至此，客户已基本认同设备故障原因已找到并排除。

六、典型汽车底盘结构特点

表 1-15 所示为典型汽车底盘结构特点，来自美国汽车产业研究机构 Autodata® 公司的四轮定位数据库。

表 1-15　典型汽车底盘结构特点

身份确认	车型（车身代码）	Elantra	MAZDA 6 Wagon	Shogun pajero	BMW 3 Series（E46）Compact Sport
	年款	2001	2002	2001	2001
底盘结构特点	悬架形式	麦弗逊（前）双连杆式（后）	双横臂式（前）多连杆式（后）	双横臂式（前）多连杆式（后）	麦弗逊（前）多连杆式（后）
	驱动形式	前横置发动机前轮驱动	前横置发动机前轮驱动	前纵置发动机四轮驱动	前纵置发动机后轮驱动
负载配置	负载	o	o	o	x
	燃油箱油量百分比（%）	—	100	—	100
	车身高度	—	—	—	—
后轮数据	前束	$0°18' + 14'/-5'$	$0°11' \pm 22'$	$0°12' \pm 12'$	$0°16' \pm 6'$
	是否可调	是	是	是	是
	外倾角	$-0°55' \pm 30'$	$-1°6' \pm 1°$	$0° \pm 30'$	$-2°4' \pm 15'$
	是否可调	否	是	是	是

（续）

身份确认	车型（车身代码）	Elantra	MAZDA 6 Wagon	Shogun pajero	BMW 3 Series（E46）Compact Sport
	年款	2001	2002	2001	2001
前轮数据	前束	0°±9′	0°11′±22′	0°10′±10′	0°14′±8′
	外倾角	0°±30′	−0°15′±1°	0°30′±30′	−0°43′±20′
	是否可调整	否	否	是	是
	主销后倾角	2°49′±30′	3°40′±1°	3°50′±1°	5°47′±30′
	是否可调整	否	否	是	否
	主销内倾角	12°10′±30′	5°24′	11°30′	—
	包容角	12°10′	5°9′	12°	—
	转向20°前展角	—	—	1°48′	1°33′±30′
	内轮最大转向角	40°1′±2°	39°±3°	36°30′±1°30′	43°36′
	外轮最大转向角	33°45′	31°±3°	31°40′	35°36′

注：o 表示无负载；x 表示驾驶座、前排乘客座和后排座椅中间载重各为68kg，行李箱载重为21kg。

七、转向盘不正的人工处理方法

转向盘不正的人工处理方法有如下三种：

1）把转向盘取下，摆正。

2）若转向盘不方便取下，可用下面两种方法：

① 此方法为拉线法。首先把转向盘摆正，最好把转向盘固定住。然后在车辆一侧拉索，使该拉索穿过前后轴的前后车轮旋转中心，然后调整该侧转向轮的横拉杆，使转向轮前后两侧都与拉索贴近即可。在车辆另一侧也同样。

② 假设转向盘偏右10°左右，则调整右转向横拉杆使右前轮向外调约一个螺纹，再把左前轮向内调与右前轮相同的螺纹数，也就是使两转向轮同时向右偏转一个角度。试车，若转向盘变为向左偏，则可试着再回调转向轮，直到转向轮摆正。熟练的话则可以迅速解决问题。

3）此方法可用四轮定位仪解决，试车，记下转向盘偏了多少，然后上四轮定位仪，先把转向盘摆到出去试车时偏的位置，然后记下此时前轮的左右单独前束值 $F1$、$F2$，再把转向盘摆正，此时前轮的左右单独前束改变了，只要再把它们调回 $F1$、$F2$ 即可。

八、典型案例分析

1. 帕杰罗严重跑偏

（1）故障现象　帕杰罗 V33 行驶里程超过 25 万 km。直行时必须紧拉转向盘，否则立即向右跑偏。

（2）故障分析　检查转向系统、制动系统及行驶系统均无明显异常。

该车采用前置发动机后轮驱动形式；不等长双横臂前独立悬架，下控制臂是非"I"字形 A 架结构。上控制臂可用增减调整垫片的方式来调整前轮外倾角和主销后倾角；后悬架采用非独立悬架，定位参数不可调。

因为理论分析和实践证实，对于后轮驱动的汽车，前轮主销后倾角左右差异太大是引起跑偏严重的主要因素。因此推断该车主要是因为前轮右主销后倾角过小引起直行时向右严重跑偏。

（3）故障排除 果然，经元征四轮定位仪检测后的数据证实了推断，右主销后倾角竟然为 $-2°25'$，左边是 $1°21'$。其他数据均无太大异常。如果能够使 $-2°25'$ 靠近 $1°21'$ 的话，问题应能得到解决。那么应采取什么样的办法来调整呢？

根据帕杰罗 V33 的维修手册，在前悬架上摆臂的前端垫片厚度不变的情况下，后端每增加 1mm 的垫片，则主销后倾角增加约 27'，根据这些数据，可以计算出使 $-2°25'$ 靠近 $1°21'$ 应在右上摆臂后端增加垫片的厚度为

$$[1°21' - (-2°25')]/27' \text{mm} = 8\text{mm}$$

这样，只需在右上摆臂后端加 8mm 的垫片，而前端的垫片厚度不变。用元征四轮定位仪检测，则数据显示两边的主销后倾角值已基本接近了，重新调整前束角后试车，故障已彻底消除。

（4）总结思考 那么是什么原因造成主销后倾角变小甚至变负了呢？

汽车在行驶过程中，造成下摆臂向后窜动的倾向有多种原因，但主要是由紧急制动、不同程度的碰撞所致，还有上路肩太猛等因素。在这种情况下，下摆臂和车轮已减速或制动，但车身因惯性仍向前运动，下摆臂必然要被向后推动，久之，后倾角便变小甚至变负了。

大家知道，汽车前轮设置主销后倾角的目的是使转向盘稳定和自动回转转向盘，以保证汽车的稳定直线行驶。当两前轮主销后倾角都变得太小时，因转向盘稳定性能变差而导致方向发飘。

另一种情况，因转向轮左右两边主销后倾角变化不均使两边角度相差太大，这样两前轮自动回正能力差异就会太大，从而导致两前轮直行时行驶阻力差别太大。后倾角太小的前轮比后倾角大的前轮阻力要大得多，从而有直行时偏向后倾角太小一边的倾向，这样便出现了直行时跑偏的故障。

根据实际情况，结合理论分析与实践经验，抓住主要原因，才能最终解决问题，否则可能陷入困境。

2. 金杯面包车调整前吃胎，调整后向右跑偏

有一辆金杯面包车（SY6480 2001 款），调整前吃胎，进行四轮定位调整，调整后向右跑偏，认为是定位仪测量不准，当时定位数据如下：

	左	右	标准数据
前轮前束	$+0.04°$	$+0.05°$	（$+0.04°$ ~ $+0.21°$）
前轮外倾	$+0.10°$	$+0.12°$	（$-1.08°$ ~ $+0.42°$）
主销后倾	$+2.12°$	$+2.07°$	（$+0.50°$ ~ $+2.00°$）

（1）分析 金杯车前悬架是双摆臂式，上面三个角度都可调，调整跑偏的最直接有效的方法就是调整主销后倾角（把因轮胎及悬架磨损排除）。这个车刚好符合这个条件，就针对主销角度进行调整，主销后倾角在跑偏时是大的向小的角度偏，现在偏右，就是说可以把左边调小，或把右边调大。

（2）调整 因左边撑杆（调整后倾角的底盘配件名称）调整螺母锈死，就把右边角度

调大2个螺纹，试车后故障排除。

3. 捷达车向右跑偏

一部捷达（JETTA GL 2003 款）向右跑偏，因是新车，轮胎及悬架故障被排除，于是直接进行测量，数据如下：

	左	右	标准数据
前轮前束	+0.13°	+0.14°	(−0.08° ~ +0.08°)
前轮外倾	−0.86°	−0.30°	(−1.00° ~ +1.00°)

因这款车主销后倾角不可调，又是新车，所以就没必要测量主销后倾角了。

（1）分析　这辆车偏右，从数据上看，右外倾角小于左外倾角0.5°，就是说左边的车轮歪向右边比右边的车轮歪向左边的多，跑起来时就向右偏了，现在只能把 −0.86°做大，如果把 −0.30°做小，则有可能吃胎。

（2）调整　因为没有专用的外倾角测量表（把轮胎拆掉后吸在制动盘上的），所以做后测量值是 +0.60°，但为了确定是否为外倾角造成的吃胎，就直接试车了，结果试车时向左跑偏，虽说故障没排除，但确定了是外倾角造成的。于是把外倾角重新调整到 −0.33°，试车故障排除。

（3）小结　金杯车和捷达车的调整前数据（影响故障的）都在标准范围内，但它们也都有明显的故障，说明标准范围只是一个供客户参考的调整范围，并不是在标准范围内就没事。

4. 别克君威后轮内侧吃胎

2002 款别克君威后轮内侧吃胎，要求更换轮胎后定位，换胎后测量后轮数据如下：

	左	右	标准数据
后轮前束	−0.14°	−0.17°	(−0.20° ~ +0.10°)
后轮外倾	−0.87°	−0.93°	(−0.40° ~ +1.40°)

（1）分析　该轮胎内侧已经快光头了。负的外倾角在滚动时内缘着地，也就是说车轮内侧吃胎，负的前束角在轮胎滚动时同样吃内侧，显然外倾角的调整远远麻烦于前束调整，只能用正的前束角来弥补负外倾造成的内侧吃胎了。

（2）调整　把后轮前束角调整到左右均为 +0.06°后交车，车主数月后反映说暂时还看不出吃胎。

（3）小结　吃胎的调整主要在前束与外倾两数据之间的配合，有标准数据时就用标准内的大外倾配小前束，小外倾配大前束，无标准数据时根据吃胎情况进行调整。如轮胎内侧吃胎，看外倾角是否过负，过负就想办法调大，一般用调大前束角来补偿。

5. 奔驰向左跑偏

1993 款奔驰，140 底盘，试车时向左跑偏。

数据显示如下：

	左	右	标准数据
前轮前束	+0.20°	+0.22°	(+0.08° ~ +0.25°)
前轮外倾	−0.56°	−0.70°	(−0.75° ~ −0.25°)
主销后倾	+10.20°	+10.50°	(9.67° ~ 10.67°)

（1）分析　从目前数据来看，四轮定位相当标准。但根据试车向左跑偏的实际情况，

有必要做一些补偿作业，因为影响跑偏的重要因素是主销后倾角。排除故障思路是使左主销后倾角增大或右主销后倾角减小，使汽车有向右跑偏的趋势，从而达到校正向左跑偏，使汽车直行的目的。该车型调整前凸轮可改变外倾角，调整后凸轮可改变主销后倾角。先把左主销后倾角调到标准最大值后试车，有效果，但还是轻微向左跑偏。为了达到最好的效果，要再进行补偿，因为左主销后倾角已调到最大值，故可使右主销后倾角调小。这样左、右主销后倾角都仍在标准范围内。试车后问题得到彻底解决。

（2）总结　四轮定位有时比较麻烦，需要不断地路试确认，关键是一定要有正确的思路，要有信心才能最终解决问题。

6. 奥迪 A4 ESP 灯亮，故障码显示转向角传感器有故障

（1）问题　进口 2004 款奥迪 A4 汽车的 ESP 灯亮，故障码显示转向角传感器有故障。在用 X431 进行转向角传感器的初始化标定时，需输入系统登录密码，请求提供该密码。经与研发工程师和同事沟通，几乎把所有知道的登录密码都试过了，但仍无法登录，开始考虑是否有另外的突破口。

（2）分析　查找资料，发现奥迪 A4 轿车 ESP 的转向角传感器集成在安全气囊的螺旋电缆内。该传感器根据驾驶人操纵转向盘的不同程度，向控制单元传送转向盘转动的角度，测量的角度范围是 $\pm 540°$，对应转向盘 3 圈。如果该传感器异常，则车辆无法确定行驶方向，ESP 失效，这时可诊断出传感器无信号、设定错误、电子故障、不可靠信号等故障存储。

如果转向角传感器断电或被更换、ESP 控制单元被更换或车辆的电压值不正常，传感器的标定值就会丢失，即 ESP 控制单元无法正常识别传感器的数据起始点和变化规律，所以需重新进行初始化标定。初始化标定的方法有路试和使用解码器两种。

1）路试方法。路试时，通过短距离行驶，转向角传感器会根据轮速传感器信息重新初始化。

2）利用解码器进行该传感器的初始化标定。进入 03 制动系统—系统登录—输入登录密码后才能按既定的一套方法设定，比较繁琐。

该车是在更换前轮两个减振器后当时该灯不亮，行驶两三天后，该灯才发亮的。一般，在更换底盘有关部件时，是需要重新进行四轮定位的，有时可能会造成转向盘不正的情况。该车若出现这种情况，因转向盘不正，则轮速传感器信息和转向角传感器的变化规律，还有控制单元存储的数据不吻合，应会导致 ESP 灯发亮，并存储该故障码。

（3）建议　上四轮定位仪，主要解决转向盘不正问题，再按路试方法，进行短距离行驶，使该传感器根据轮速传感器信息重新初始化，ESP 灯应能自己熄灭。

（4）结果　电话回访，按建议的方法故障果然排除了。

7. 转向角传感器零点故障

（1）问题　2007 款雷克萨斯 350 汽车的左前轮在路肩上碰撞后，导致转向盘不正约 30°，做完四轮定位解决了转向盘不正问题，但却导致 DSC 警告灯亮。读 ABS 故障码为"转向角传感器零点故障"，清除后，再行驶一段距离后，故障依旧。

（2）过程　上元征公司 X431 网站资料中心查到资料后，想一步步告诉客户怎么做，但发现资料与实际操作不太相符，该客户用的是丰田软件 V37.01。因此，有必要共享一下，避免再走弯路。最后解决步骤为丰田软件 V37.01—ABS—工作支持—模式变更，一步步操作，最后排除故障。

8. 四轮定位仪数据库升级

以元征四轮定位仪为例说明数据库升级的方法。

（1）问题　如何进行远程四轮定位仪数据库升级？

（2）解决　目前的远程四轮定位仪数据库升级局限于 X531、X231、KWA300 系列，不支持其他型号的四轮定位仪。

步骤为：

1）登录到 WWW. CNLAUNCH. COM 网站。

2）点击左下侧的"四轮定位仪数据库升级"。

3）输入产品序列号（在四轮定位仪探杆或机柜后可找到）。

4）文件下载后解压缩。

5）把解压缩后的文件拷贝到四轮定位仪计算机上。

6）右键点击四轮定位仪计算机桌面上的四轮定位仪软件图标，再点击属性，点击查找目标。

7）在弹出的文件夹中搜索到与拷贝到四轮定位仪计算机上的解压后的文件同名的文件。

8）先对该文件进行备份，然后将其覆盖即可。

9）确认，若有问题可拿备份的文件恢复，再找原因。

9. 四轮定位仪跳频

（1）问题　X531 有时数据变得特别大后界面数据不再变动，给人的感觉是死机的样子。进入探杆状态中观察，有时变勾有时变叉，四轮定位仪无法使用，购买几个月以来，曾先后换过探杆、吸盘式天线等，但仍解决不了问题，客户要求退货。

（2）解决　因隔壁有同一型号的 X531，且两台机器在出厂时设置的无线传输频率都是433M，若同时使用或即使不使用但把计算机打开，将导致另一台正在使用的四轮定位仪无法使用。解决办法是把其中的一台四轮定位仪跳频为非 433M 的即可。

方法如下：

1）把跳频软件拷贝到四轮定位仪计算机上。

2）把控件 Mscomm32. ocx 拷到 system32 文件夹下。

3）在运行中通过命令 regsvr32 将该控件注册到注册表中。

4）将发射盒拆开后把跳线帽跳到三个针脚的下面两个针脚，发射盒上的红灯将常亮。

5）双击运行程序 COOLWAVE. exe。

6）在刚才打开的界面中，在"RF Frequency"框中点击"read"，便可读到当前收发盒的无线电频率。

7）点击"set"，便可修改频率，本案例修改为"438"，然后再读一次确认一下。

8）将跳帽复位。

9）再更改四个探杆的频率。方法为：首先关掉探杆电源，同时按住探杆上的从左数的两个按键不放；再按从右数的第一个按键，探杆液晶屏将进入频率设置界面，按探杆上的箭头选择频率，本案例选择的是438，松手；然后按从右数的第二个按键，液晶屏显示设置成功后又跳入设置界面；接着，再按从右数的第二个按键，液晶屏显示设置成功后又跳入设置界面，关掉电源后改探杆频率修改结束。其余三个探杆如法炮制就可以了。需要注意的是，当再次进入探杆设置界面时，它显示的频率并不一定是修改后的频率，可不予理睬。

10）整个跳频过程结束。

验证后证明故障消失。

10. 新轮胎不规则吃胎

（1）问题 小型载货汽车的右前轮外侧不规则吃胎，左前轮内侧轻微不规则吃胎，而外倾角和前束都正常。

（2）过程 把前轮顶起，使前轮转动，用一杆状物测量左前轮轮辋和轮胎的轴向跳动量，轮辋的轴向跳动量不大，而轮胎的就变化较大，因前束角和外倾角均正常，所以怀疑是轮胎问题。询问车主，原来该辆车前轮轮胎确实是他的一位轮胎经销商的朋友便宜卖给他的，要么是杂牌轮胎，要么是库存过期轮胎，因此原因基本找到。

（3）总结 轮胎原因造成的跑偏或吃胎其实在底盘故障中占有一定比例，但容易被维修人员忽略，可能因此会怪罪仪器问题。

第 二 章

四轮定位参数与
汽车各部件的关系

第一节 四轮定位相关参数

一、主销的后倾角与前移量

主销后倾角 α 与前移量 a 的定义如图2-1所示。a 与 α 对操纵稳定性的影响主要是通过后倾角拖距 ξ 表现出来的。后倾拖距 ξ 的存在使地面侧向力 F_y 形成了回正力矩 M，这一方面由杆系和转向器传到转向盘，使驾驶人感到轮胎接地面的侧向力 F_y，这是转向轮的力反馈，也就是"路感"的来源；另一方面，该回正力矩 M 使车轮产生一个附加的转角，这是转向轮的角反馈。后倾拖距在汽车操纵稳定性中所起的作用，就在于增加了力反馈与角反馈。由图2-1可知

$$\xi = a + \alpha \times r$$

大多数汽车前移量 $a = 0$，ξ 完全由主销后倾角所决定。但现在也有一些汽车 $a \neq 0$，这时主销后倾角 α 不能充分说明反馈的程度。图2-2所示为BMW2500与BMW2800的滑柱摆臂式前悬架与前轮定位的情况。滑柱后倾 14.5° 使得主销后倾角为 9.5°，但由于主销有很大的后移量，使后倾拖距仍然保持与同类汽车接近的数值（$\xi = 5.1$mm），因而也保持与一般汽车大致相同的力反馈与角反馈程度。

主销轴线向后时，主销后倾角为正，反之为负。主销后倾角一般取 $2° \sim 4°$，目前高速轿车广泛采用低压胎，轮胎与地面接触面增大，从而使行驶稳定性提高了（能使转向盘在转向后自动回正），因此主销后倾角有减小的趋势。

主销后倾角大些有利于直线行驶的稳定性，但是也会加大转向盘的转动力矩。雷克萨斯400、奔驰600等高级轿车，因有良好的转向助力系统，为保持直线行驶的稳定性，其主销后倾角达到了 10° 左右。

汽车左、右前轮主销后倾角相差过大，会引起汽车向主销后倾角小的方向跑偏。比如丰田凯美瑞的主销后倾角标准值为 $1.56° \pm 0.75°$。实际左前轮主销后倾角为 2.25°，右前轮主

销后倾角为 0.91°，总主销后倾角为 1.34°，但厂家提供的总主销后倾角为 0.75°，超了差不多一倍，所以汽车会向左跑偏（一般主销后倾角相差不能超 0.5°~1°）。

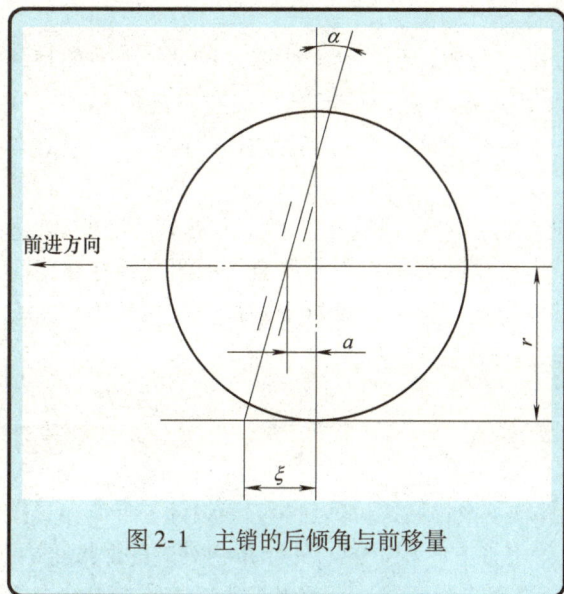

图 2-1　主销的后倾角与前移量

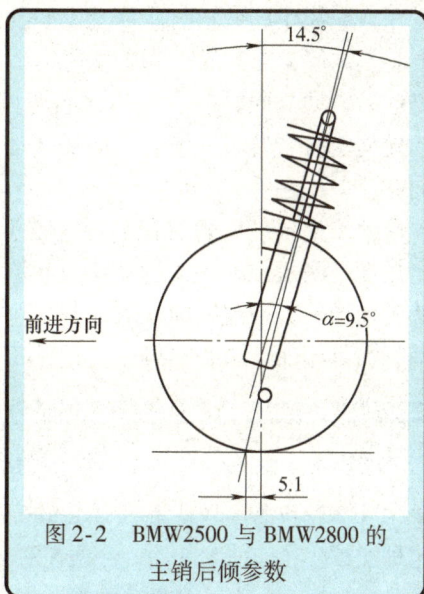

图 2-2　BMW2500 与 BMW2800 的
主销后倾参数

二、主销的内倾角与内移量

主销的内移量 D 是指车轮中心与主销的水平距离，如图 2-3 所示。主销内倾角 β' 是指主销在横向平面内与铅垂线所成的角。由于主销内倾，前轮转动时将使车身有抬高的倾向，这种系统位能的提高也会产生前轮的回正力矩 T。回正力矩 T 与拖距 ξ 造成的回正力矩有不同的特点。主销后倾角造成的回正力矩是与侧向力成正比的，或者说是与离心加速度成正比的。而由主销内倾角造成的回正力矩却与侧向力无关。因为离心加速度为 V^2/R，在转弯半径 R 一定时，它与车速的平方成正比。也就是说，由主销后倾角造成的回正力矩 M 是与车速成正比的，在低速时回正力矩很小，但是由主销内倾角造成的回正力矩 T 却与车速无关。即在低速下具有与高速时一样的回正力矩。在高速行驶时，M 要比 T 大得多，在低速行驶时 T 要比 M 大得多。因此可以说，主销后倾角在高速时起回正作用；而主销内倾角主要在低速时起回正作用。两者互相补充，使汽车在整个车速范围内都具有适当的回正作用。

主销内倾角一般不大于 8°，在设计转向节时已经设定，绝大部分汽车主销内倾角是不能调节的。

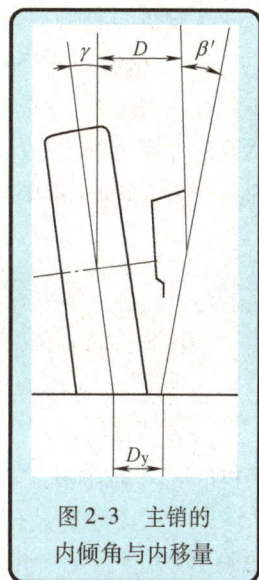

图 2-3　主销的
内倾角与内移量

三、主销后倾和主销内倾在汽车上的体现

主销后倾角对外倾角的变化影响可以从下面的试验中看到：将汽车前轮置于转盘上，拔

出转盘插销，向左转动转向盘，回看到前左轮向外倾斜，同时前右轮会向内倾斜，转动越多，倾斜越大。反之，向右转动转向盘时，前右轮向外倾斜，前左轮向内倾斜。这一点与骑自行车或摩托车跑弯道时身体及车轮侧倾的感觉有点相似。

主销内倾角对行驶的影响同样可以从上面的试验中得到：转向盘向左转时，前左轮将绕自身向后转动，同时前右轮会绕自身向前转动，一退一进，造成车身向左转向的趋势；反之，转向盘向右转时，前右轮向后转动，同时前左轮会绕自身向前转动，一退一进，得到车身向右转向的趋势。

由此测量主销后倾角和主销内倾角时，就是通过给定前轮在转盘上左右转20°或10°等一定角度，测量出外倾角的变化及轮胎自转的角度来得到的。而轮胎自转的角度是在转向轮制动的前提下，通过纵向放置的与外倾角传感器结构相同的传感器来测量的，与外倾角的直接动态测量相比，主销后倾角和内倾角是通过二次测量的数据计算得到。

四、前轮的外倾和前束

为了掌控轮胎车身重量压力点和减轻轮毂外轴承及锁紧螺母的负担，而设计了外倾角，但是这种经常存在的前轮外倾，会使左右轮经常作用着方向相反的与外倾角相对应的侧倾推力，使轮胎磨损加剧。为了避免这种情况的发生，就要想办法消除这个侧倾推力。消除的办法，是使汽车直行时给前轮一个前束角，使汽车在直行时左右轮有一个大小相等、方向相反的相应侧向力。适当选择前束角，可使前束引起的侧向力与车轮外倾引起的侧倾推力相互抵消，从而避免了额外的轮胎磨损和动力消耗。因此通常可以说，前束角是因外倾角的需要而存在的。

外倾角一般为1°左右，车轮外倾角过大时会引起轮胎向外倾角大的一边跑偏。值得注意的是：有的车两侧外倾角都没有超过标准，但还是发生跑偏。比如，雪佛兰鲁米娜前轮外倾角标准值应为0.69°±0.50°。有一辆鲁米娜左前轮外倾角为1.18°，右前轮为0.22°，虽然两侧外倾角都在标准之内，但是汽车往左跑偏（总外倾角最好不要超过0.5°）。而车辆的前束一般为3mm或0.3°左右。

五、最佳前轮定位角的确定

前轮定位角对汽车油耗和轮胎磨损有较大影响。在设计中，希望轮胎与接触表面的力在最小的情况下（轮胎磨损最小），作为外倾角与前束角的选择依据。

一般具有前束角 ε 和外倾角 α 的车轮滚动时，轮胎受到支承面产生的切向力 X、侧向力 Y 和转矩 M 的作用，如图2-4所示。

大多数车辆都具有固定的外倾角 $+\alpha$，因此轮胎与支承面接触的力 X 和 Y、转矩 M 以及轮胎滑移值 s 等的变化，将取决于前束角 ε。据试验（图2-5），在外倾角 $+\alpha$ 不变时，得到以下四种结果：

1）当 ε 调整为0时：切向力 X 最小（B 点）；滑移量接近最小（接近 r 点）；侧向力 Y 和转矩 M 都并非最小（$OE>0$）。

2）当 ε 调整为 $\varepsilon=(0.1\sim0.18)\alpha$ 时：侧向力 $Y=0$（a 点），但是 M 较大（aF）；X 和 s 都较 $\varepsilon=0$ 时有所增加。

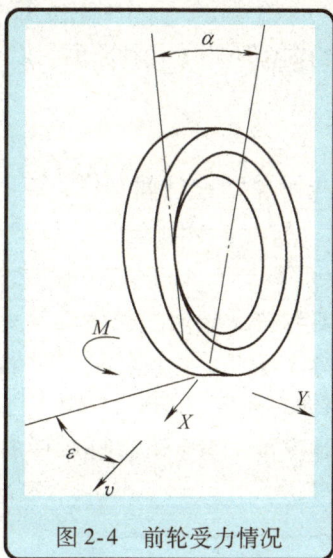

图2-4 前轮受力情况

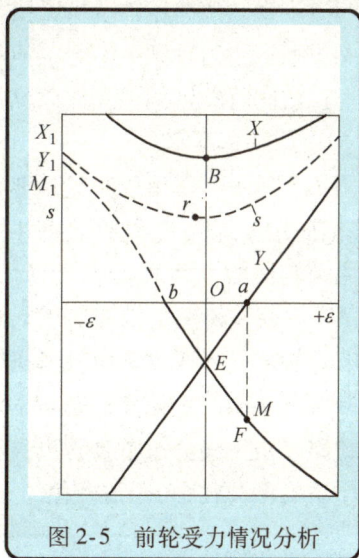

图2-5 前轮受力情况分析

3）当 ε 调整为 $\varepsilon = (-0.04 \sim 0.00)\alpha$ 时：s 最小（r 点）；但 $Y \geqslant OE$。

4）当 ε 调整为 $\varepsilon = -(0.12 \sim 0.19)\alpha$ 时：$M = 0$（b 点），但 $Y > OE$；X 和 s 都较 $\varepsilon = 0$ 时增加较多。

综上所述，具有外倾角 $+\alpha$ 时来挑选前束角，可以得到一个最小的力，但此时其他的力和转矩并非最小，即想通过对前束角不同值的调整使所有的力和转矩都相应地减小，达到节油、省胎的目的是不大可能的。

用减少某一个力的观点来评价轮胎的磨损是不容易的，最好是用轮胎的滑移量 s 来估价轮胎的损耗。在 $\varepsilon = 0° \sim 1°40'$ 和 $\alpha = 0° \sim 3°30'$ 的范围内，轮胎的磨损可以近似地认为与 s 成正比。而大多数汽车，无论是小型客车还是载货汽车，其 ε 和 α 之值基本在以上范围内。

现代汽车在无负荷条件下，多数选择较小的正值前束角。但是，汽车在实际运行中，车轮和车轴是有载荷的，各部位的间隙与空载时也不同。据车轮定位仪实测，后轮驱动的汽车直线行驶时，前束较空载、前轮悬空状态时有所减小。例如，小型客车减少15′左右，弯道行驶前轮定位角度变化更为复杂，如前束角将随前轮的偏转增大而减小；外倾角本来是不变的，但在汽车转弯时将出现变化，如左轮向左偏转时外倾角增大，向右偏转时外倾角减小；同样，右轮向右偏转时外倾角增大，向左偏转时外倾角减小。

现代汽车空载前束角多选择较小的正值，相应轮胎的滑移量 s 较小（较 r 点增加不多）。在实际重载行驶条件下，由于前束角的减小，滑移量向最小 r 的位置靠近，这样轮胎的磨损可认为有趋于最小的可能性。

六、前轮定位参数对行驶跑偏的影响

所谓行驶跑偏，是指汽车在直线行驶时，若驾驶人松握转向盘，则车辆会自动偏离原来的直线行驶方向而偏向行驶。造成这种现象的原因主要有前轮定位失准、左右侧轴距不相等、左右侧车身高度不相等、大小轮胎或锥形轮胎、后轮推进角太大、转向轴轴承润滑不良或球头润滑不良、两前轮轴承松紧度不一致、一侧制动间隙过小等。其中前轮定位失准最复杂，它又包括了主销后倾角不等、前轮外倾角不等、主销内倾角不等几种原因。以下着重对前轮失准造成的行驶跑偏现象加以分析。

1. 主销后倾角不等

如图2-6所示，作用于车轮的地面垂直反力 F_z 与主销轴线在空间交错，设距离为 b，将 F_z 按图所示分解为 F_z' 和 F_z''，其中 F_z' 与主销轴线平行，F_z'' 与 F_z' 相垂直，则 F_z'' 将产生促使车轮绕主销转动的力矩 M_y。左轮产生的转动力矩 $M_{yL} = F_{zL}'' b_L$，右轮产生的转动力矩 $M_{yR} = F_{zR}'' b_R$。M_{yL} 有使左轮绕主销向右偏转的趋势，M_{yR} 有使右轮绕主销向左偏转的趋势。显然，由于左、右转向轮是通过转向梯形机构相互联系的，若 M_{yL} 与 M_{yR} 大小相等，则两者相互抵消，行驶方向不会产生偏离；若 $M_{yL} > M_{yR}$，行驶方向将向右偏离；若 $M_{yL} < M_{yR}$，行驶方向将向右偏离。由上述分析不难看出，在其他条件相同的情况下，当主销后倾角不等时，汽车可能向主销后倾角较小的一边跑偏。

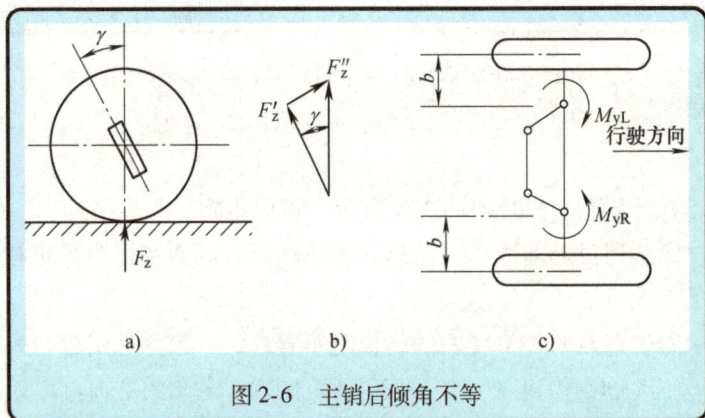

图2-6 主销后倾角不等

2. 前轮外倾角不等

如图2-7所示，若左、右前轮外倾角 α 不一致，将使地面垂直反力到主销轴线的距离不一致，在其他条件相同的情况下，将使 M_{yl} 与 M_{yr} 大小不等，图2-7中设 $\alpha_R > \alpha_L$，此时汽车将向外倾角大的一侧跑偏。

3. 主销内倾角 β 不等（图2-8）

若左、右侧主销内倾角不一致，则同样会导致主销轴线接地点到车轮接地点的距离不一致，在其他条件相同的情况下，会导致地面切向反力对主销的力矩不一致。对于后轮驱动汽车，前轮切向力向后，有促使向主销内倾角较小的一边跑偏的倾向；对于前轮驱动汽车，受驱动力作用时，驱动力方向向前，有促使向主销内倾角较大一边跑偏的倾向；前轮驱动汽车受到制动力作用时，切向力方向向后，汽车向主销内倾角较小的一边跑偏。

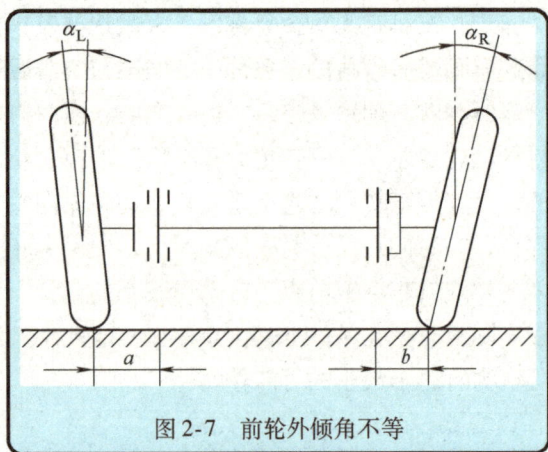

图2-7 前轮外倾角不等

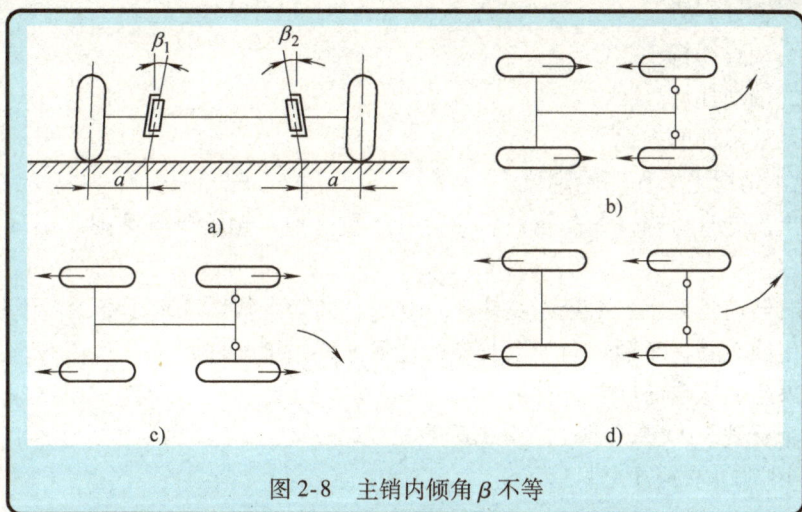

图2-8　主销内倾角β不等

七、四轮定位各角度的影响及调整顺序 ▶▶

1. 四轮定位各角度是相互影响的吗?

四轮定位角度是通过底盘的机械结构相关联的，所以改变其中的一个角度，其他的角度也会相应地改变，例如:

1) 改变前束角会变动外倾角。

2) 调整后倾角会改变车轮偏角。

3) 改变外倾角可同时改变内倾角，因此，有时即使外倾角被调标准了，但由于内倾角的变化，会使行车不平顺。解决了一个问题，同时又出现了另一个问题，所以要强调综合治理。

4) 改变后轮前束会影响前轮单轮的前束。

2. 四轮定位各角度的调整顺序如何?

在轿车常规的数据修正与调整中，以主销后倾角、车轮外倾和前束为主要调整对象，在很多情况下，只要调整一下前轮前束就可以了，若有必要调整其他定位参数，则应遵循的调整顺序为：后轮外倾角—后轮前束角—如果转向前展角不对，更换转向臂—主销后倾角(对有发动机托架的车辆,往往要先调整发动机托架)—前轮外倾角—前轮前束。

八、汽车做四轮定位的好处及时机 ▶▶

汽车四轮定位的好处如下:

1) 增加行驶安全。

2) 直行时转向盘端正。

3) 转向盘可自动归正。

4) 避免轮胎过度磨损。

5) 延长车辆使用寿命。

6）提高车辆控制感。

7）保持车辆直线行驶。

8）降低燃油消耗。

9）减轻悬架部件的损耗。

汽车在以下情况下需作四轮定位：

1）轮胎出现异常磨损，如前轮或后轮单个严重磨损、轮胎单侧磨损或出现凹凸状、羽毛状磨损。

2）转向时转向盘太重、太轻以及快速行驶时转向盘发抖、感觉车身漂浮不稳定。

3）车辆更换轮胎、车辆转向节以及减振器等悬架系统配件后。

4）车辆发生碰撞事故后。

5）当新车行驶 3 000km。

6）行驶 10 000km 或 6 个月后。

九、汽车做四轮定位的步骤

第一步：询问驾驶人与试车

仔细倾听并记录驾驶人对车辆不适应症状的描述。由定位角度不当所引起的症状，有些是可以通过目视检查就可以发现的，如吃胎；有些则不能直观地看到。倾听驾驶人的描述是很重要的。必要时应该试车以进一步确定可能存在的大致区域。试车者应该熟悉四轮定位业务，通过试车应能对车辆故障可能的原因做出大致准确的判断。

第二步：底盘系统的检查与维护

在询问或试车工作完成之后，下一步要对车辆进行目视检查。应该建立起这样一种概念：单靠四轮定位自身，并不足以消除看起来好像是四轮定位不当所引起的故障，还有其他一些因素。在进行四轮定位工作前，应检查所有底盘系统的有关部件。

四轮定位技师应建立并遵循一种逐项检查的程序。通过这一程序技师应能彻底、快速地获取准确分析和判断故障所在的信息。

第三步：四轮定位测量及结果分析

在调整车辆定位角度前，应首先测量四轮定位角度并对测量数据进行分析，然后结合影响故障原因的其他因素，制订治理方案，以求迅速、彻底地消除故障。以下对一些车辆性能故障的影响因素做一总结，供分析时参考。

1. 跑偏

（1）影响因素

1）主销后倾角左右相差过大，一般不应超过 0.5°左右，车辆有偏向较小一侧的倾向。

2）前轮外倾角左右相差过大，一般不应超过 0.5°左右，车辆有偏向较大一侧的倾向。

3）后轮外倾角左右相差过大，一般不应超过 0.5°左右，车辆有偏向较小一侧的倾向。

4）后轮推进角（右后轮单独前束减去左后轮单独前束差值的一半）的绝对值大于 0.1°，为正值则有偏右的倾向，为负值则有偏左的倾向。

（2）四轮定位仪无法测知的影响因素

1）轮胎胎压左右相差过大，锥形轮胎，左右侧轮胎运动半径不等。

2）车架变形，四个轮胎构成的纵向行驶方向，与整个汽车纵向对称线不重合。

3）左右车身高度相差过大。

4）两前轮轴承松紧度不一致，一侧制动器回位不良，一侧转向主销转向不良，有向行驶阻力偏大的一侧跑偏的倾向。

5）转向助力不平衡。

6）悬架零件磨损、失调。

7）由于四轮定位仪无法测知所有跑偏因素，所以有时有可能从定位仪上看一切正常，但车辆仍然跑偏。这时就要逐项排查。

（3）需要纠正的偏见　在四轮定位服务实践中，经常会遇到车辆原本不跑偏或轻微跑偏，但在调整前轮前束后出现跑偏或跑偏加重。人们很容易把这一现象归因于前束调整。其实不然。因为车辆在直行时总是处于左、右前轮前束相等的位置，所以前轮前束本身并不会造成跑偏。但是如果前轮前束不对，轮胎与地面摩擦力加大，反而可以掩盖跑偏。事实上此时车辆由于其他原因已经具有跑偏倾向，不过是被掩盖了而已。跑偏倾向被掩盖时，往往表现出吃胎较为严重。若此时只是把前束调整正确，则轮胎与地面摩擦力就相对减小，原本不严重的跑偏故障自然便彰显出来。因此，要综合分析跑偏因素，综合治疗，才能彻底解决问题。

2. 吃胎

吃胎的原因归纳起来有：

1）前轮同时吃轮胎外侧，前束过大；前轮同时吃内侧，前束过小。

2）前轮单轮吃轮胎外侧，则单轮外倾角过大；前轮单轮吃内侧，则单轮外倾角过小。

3）后轮吃胎，外倾角、前束不对。

4）不良驾驶习惯。

5）轮胎压力过高，吃轮胎胎面中心线附近。

6）轮胎压力过低，同是吃轮胎两侧。

7）底盘零件有问题。

8）车辆发飘。

9）主销后倾角过小。

10）转向盘发沉。

11）主销后倾角过大。

12）外倾角过小。

13）转向盘回正能力差。

14）主销后倾角过小。

15）转向器有问题。

16）其他角度不正确造成的犟劲。

17）轮胎有问题。

18）遇到轻微颠簸或加速时就"掉屁股"。

主要还是由后轮前束角不正确引起的。

其中原因4）~18）是四轮定位仪无法测知的吃胎因素。

第四步　维修调整

在综合分析与诊断的基础上，才能开始对车辆定位角度进行调整。技师应对定位角调整后的效果有清晰的预期。调整的顺序如下：调后轴两轮—后轮外倾角—后轮前束角—后调前轴两轮—主销后倾角（对有发动机托架的车辆，往往要先调整发动机托架）—外倾角—前束角（此时需锁住转向盘）。

十、包容角

主销内倾角和车轮外倾角的综合即为包容角，如图 2-9 所示。相对转向节总成而言，有 3 个重要连接点，上、下球头和转向节枢轴，上、下球头决定内倾角，转向节枢轴决定外倾角。假如用连线连接这 3 点则是一个三角形，所夹的角度即是包容角，如图 2-10 所示。容易看出，若转向节总成没有变形，则转向节上的这个包容角就是一定的，那么把这个没变形的转向节上的一定的包容角就叫做标准包容角。有些车型制造厂家已给出了这个包容角的标准值。根据此标准值可判断出转向节枢轴是否弯曲。可分为以下三种情况：

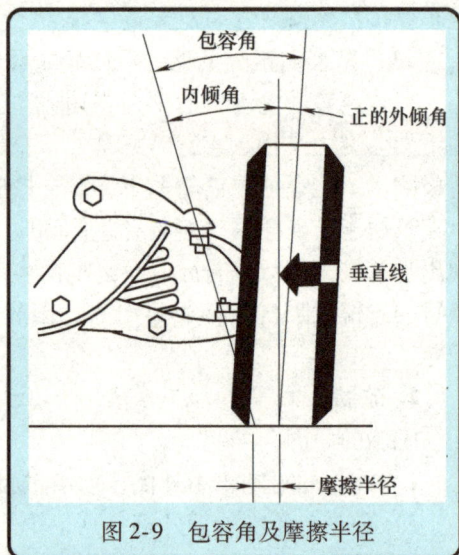

图 2-9 包容角及摩擦半径

1）内倾角和外倾角不正确，但包容角是正确的，如图 2-11 所示。例如，若下控制臂因意外事故而弯曲，则下球头向内移动，内倾角变小，也同时拉动转向节枢轴向下倾斜，使外倾角变大。假设正常的内倾角是 12°，正常的外倾角是 1°，则包容角的标准值为 13°（ = 12° + 1°）。若球头向内移动 2°，则内倾角变为 10°（ = 12° − 2°），因转向节枢轴也向下倾斜 2°，故外倾角变为 3°（ = 2° + 1°），则包容角仍为 13°（ = 10° + 3°）没改变，表示转向节是好的，但是内倾角变小，外倾角变大。

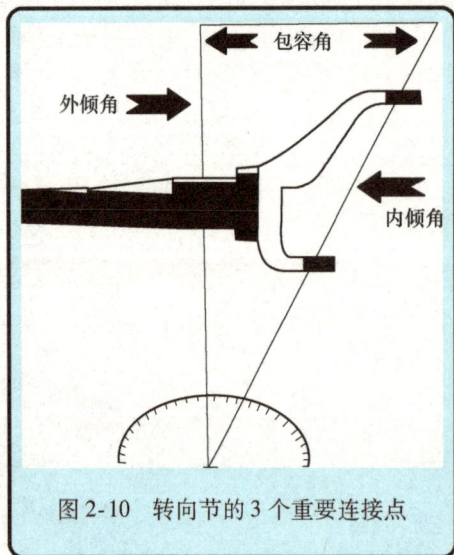

图 2-10 转向节的 3 个重要连接点

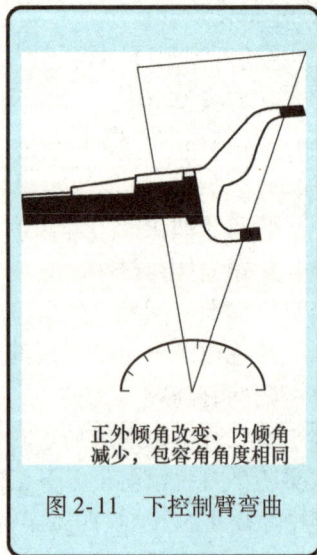

图 2-11 下控制臂弯曲

2）外倾角变大，内倾角不变，包容角大于标准值，则转向节枢轴向下弯曲，如图2-12所示。

3）外倾角变小，内倾角不变，包容角小于标准值，则转向节枢轴上翘，如图2-13所示。

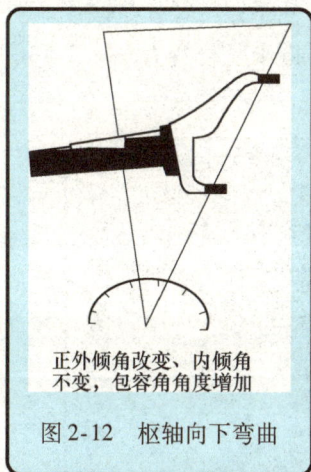

正外倾角改变、内倾角
不变，包容角角度增加

图2-12 枢轴向下弯曲

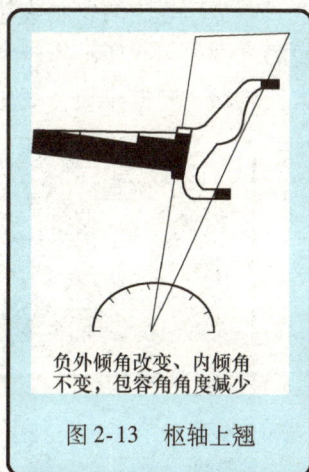

负外倾角改变、内倾角
不变，包容角角度减少

图2-13 枢轴上翘

十一、摩擦半径

摩擦半径是指从车辆的正前方看，转向轴线与地面的交点到轮胎接地点之间的距离。摩擦半径能够影响与稳定性和回正性有关的转向性能，然而摩擦半径不是前轮定位参数，它不能从常规的定位仪中测量出来。

摩擦半径越大，反作用力的力矩越大。当车轮遇到障碍物时，车轮将被拉向反作用力矩较大的一侧。这样会造成方向回跳和车辆跑偏现象，反之减小摩擦半径也就减少了回跳和跑偏现象的发生。

在前置发动机前轮驱动的车辆中，摩擦半径一般保持很小（0或负值）范围，以防制动或碰到障碍物时，车轮所产生的振动传至转向盘，并将快速起步或急加速时驱动力所产生的绕转向轴线的力矩减至最小。

转向轴线与地面的交点在轮胎接地点的内侧，就叫做正摩擦半径；而在外侧，则叫做负摩擦半径。

一般的双横臂式前独立悬架通常有正的摩擦半径，也有许多前轮驱动车辆有负的摩擦半径。当前轮驱动车辆的摩擦半径为负时，在前轮左右制动力不等、制动失灵、轮胎爆胎、路面两侧附着系数不一等情况下，仍能不跑偏或跑偏程度减弱，大大增强了汽车的方向稳定性。

这是因为车辆向前行驶时，正的摩擦半径趋向于使前轮向外转，负的摩擦半径趋向于使前轮向内转。如果车辆的摩擦半径为正，假如只是右前轮制动器制动，单从两转向前轮来看，两前轮有自动向右转向的趋势；而若从整个车辆的运动来看，仍有绕右前轮向右转动的趋势。这两种情况相互加强的结果导致车辆突然向右转向。

如果车辆的摩擦半径为负，情况就不一样了，假如仍是右前轮制动器制动，虽然从整个车辆的运动来看，有绕右前轮向右转动的趋势，但从两转向前轮来看，两前轮却有自动向左转向的趋势，这两种情况必将相互削弱，从而保证了方向的稳定性。

同样道理，上述的其他情况也能使汽车的方向稳定性大大提高。

一般而言，内倾角和摩擦半径是不可调整的，但是在调整外倾角或更换某些部件时则有可能改变内倾角及摩擦半径，有可能使操纵稳定性降低。

若改变了制造厂规定的轮胎或轮辋的规格尺寸，则会使摩擦半径发生改变。图2-14a所示为标准轮胎。图2-14b所示为轮辋内侧加大的轮胎，摩擦半径将变大。图2-14c所示为轮辋外侧加大的轮胎，摩擦半径将变小。

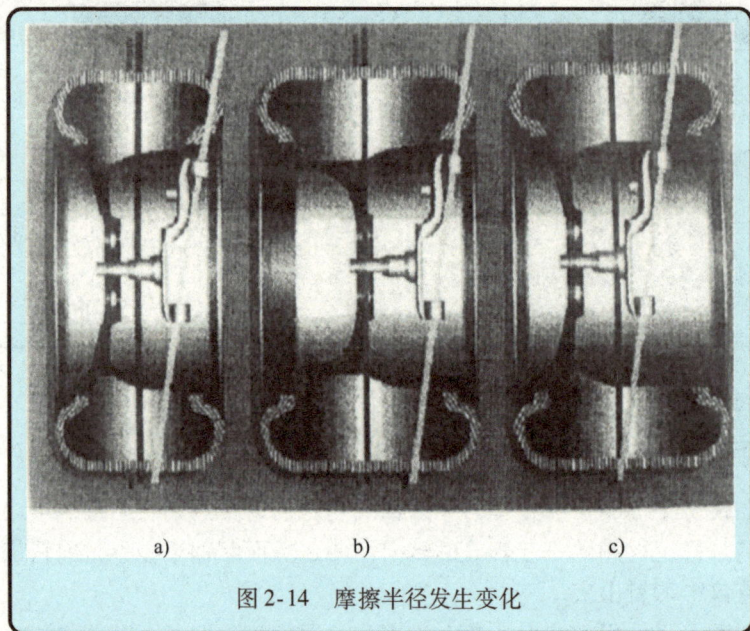

a)　　　　　　　　　b)　　　　　　　　　c)

图2-14　摩擦半径发生变化

第二节　转向系统与四轮定位的关系

一、转向器的传动效率及转向盘自由行程 ▶▶

1. 转向器传动效率

转向器的输出功率与输入功率之比，称为转向器传动效率。在功率由转向轴输入、由转向摇臂输出的情况下求得的传动效率，称为正效率；而传动方向与上述相反时求得的效率，则称为逆效率。逆效率很高的转向器很容易将经转向传动机构传来的路面反力传到转向轴和转向盘上，故这种转向器被称为可逆式转向器。可逆式转向器有利于汽车转向结束后转向轮和转向盘自动回正，但也能将坏路对车轮的冲击力传到转向盘，发生"打手"情况。

逆效率很低的转向器，称为不可逆转向器。不平道路对转向轮的冲击载荷输入到这种转向器，即由其中各传动零件（主要是传动副）承受，而不会传到转向盘上。路面作用于转向轮上的回正力矩同样也不能传到转向盘。这就使转向轮自动回正成为不可能。此外，道路的转向阻力矩也不能反馈到转向盘上，使得驾驶人不能得到路面反馈信息，即所谓丧失"路感"，无法据以调节转向力矩。

逆效率略高于不可逆式的转向器，称为极限可逆式转向器，其反向传力性能介于可逆式和不可逆式之间，而接近于不可逆式。采用这种转向器时，驾驶人能有一定的路感，转向轮自动回正也可实现，而且只有在路面冲击力很大时，才能部分地传到转向盘。现在的汽车一般不采用不可逆式转向器。经常在良好路面上行驶的汽车，多采用可逆式转向器。极限可逆式转向器，多用于中型以上越野汽车和工矿用自卸汽车。

2. 转向盘自由行程

单从转向操纵灵敏度而言，最好是转向盘和转向节的运动能同步终止。然而，这在实际上是不可能的。因为在整个转向系统中，各传动件之间都必然存在着装配间隙，而这些间隙将随着零件的磨损而增大。在转向盘转动过程的开始阶段，驾驶人对转向盘所施加的力矩很小，因为该力矩只是用来克服转向系统内部的摩擦，使各传动件运动到其间的间隙完全消除，故可以认为这一阶段是转向盘空转阶段。此后才需要对转向盘施加更大的转向力矩以克服经车轮传到转向节上的转向力矩，从而实现使各转向轮偏转的目的。转向盘在空转阶段中的角行程，称为转向盘自由行程。转向盘的自由行程对于缓和路面冲击及避免使驾驶人过度紧张是有利的，但不宜过大，以免过分影响灵敏性。一般来说，转向盘从相应于汽车直线行驶的中间位置向任意方向的自由行程最好不超过 $10° \sim 15°$。当零件磨损严重到使转向盘自由行程超过 $25° \sim 30°$ 时，必须进行调整。

二、转向系角传动比

转向盘转角增量与同侧转向节相应转角增量之比则为转向系统角传动比。转向系统角传动比越大，则为了克服一定的地面转向阻力矩所需的转向盘上的转向力矩便越小，从而在转向盘直径一定时，驾驶人应加于转向盘上的手力也越小，但若过大的话，将导致转向盘操作不够灵敏，即为了得到一定的转向节偏转角，所需的转向盘转角过大。所以，选取转向系统角传动比应适当兼顾转向省力和转向灵敏的要求。货车的转向系统角传动比为 $16 \sim 32$，轿车的约为 $12 \sim 20$。有些车型的转向系统角传动比是定值，而有些则是可变的。

汽车的转向操纵性能并不完全取决于转向系统，还与行驶系统有关。汽车在直线行驶中，转向轮会受到偶然出现的地面侧向反力而发生意外偏转，因而使汽车意外转向。为了使汽车能稳定地保持直行方向，要求转向轮偶然发生偏转后能立即自动回转到相应于直线行驶位置的中立位置。转向主销的后倾和内倾，即是为保证转向轮这一自动回正性能而在行驶系统中所采取的结构措施之一。此外，悬架导向机构的结构和布置以及轮胎的径向和侧向刚度，都对汽车的转向操纵性有很大影响。

三、转向力与路感

汽车转弯时，前轮上作用着相应大小的绕主销的力矩，通常统称为回正力矩。这个回正力矩除以传动比，就是驾驶人为了使汽车在转弯时能够平顺行驶所需要克服的力矩。除了回正力矩以外，驾驶人还需要克服主销的摩擦阻力矩、转向器的摩擦力矩（取决于转向器效率）、各个球头的摩擦力矩以及轮胎与地面的摩擦力矩等。

驾驶人在转向时所需的力包括两个主要部分：一是回正力矩，二是摩擦力矩。如果问："转向时所需的力是大点好还是小点好？"可能大部分开过车的人都会回答："当然轻些好，但也不能太轻。"转向轻意味着减少驾驶人的体力消耗,从这个意义上说,当然是越轻越好。但是转向力还包含着前轮侧向力的信息,使汽车的运动状态(包括车轮与路面的附着状态)与驾驶人手上的力有一种对应关系,这就是所谓的路感。如果这种路感很清晰,驾驶人就会感到心中有数。如果转向盘的转向力太小了,路感也就没有了。从这个意义上说,转向力又不能太小。不过更确切地说,原则上,转向力中与前轮侧向力有着对应关系的那一部分(回正力矩部分)不能太小,而与前轮侧向力无关的各种摩擦力矩则是越小越好。通常如果逆传递的摩擦力太小,也会增大不平路面对转向盘的冲击。为了减少所谓的反冲,有时故意追求较低的转向器逆效率,这种做法肯定要以减少路感为代价的。转向系统干摩擦的存在,对转向力中的侧向力信息来说总是一种噪声,从而降低了转向力中的信噪比。理想的设计应该是尽量降低转向系统的干摩擦,以尽量提高信噪比;而为了减小路面冲击的传递,可以装设与速度成比例的液力阻力器。因为转弯运动总是低频的,而路面冲击总是以高频为主的,这种阻尼器对低频信息没有影响,而对瞬时的高速冲击却可产生很大的阻力,从而使路面的冲击传不到转向盘上来。

此外,在回正作用(主要是拖距)小的情况下往往会增加高速撒手运动(力输入运动)的振荡倾向。这就是为什么驾驶人往往把转向盘轻与"飘"联系在一起的原因。

四、转向梯形的作用 ▶▶

汽车转向时内轮的转弯半径较小,外轮的转弯半径较大。因此,为减小转弯时前轮额外的轮胎磨损和动力消耗,要求转向系统能保证在汽车转向时,所有车轮均作纯滚动。显然,这只有在所有车轮的轴线都相交于一点时方能实现。此交点 O 称为转向中心。由图 2-15 可见,内转向轮偏转角 δ_1 应大于外转向轮偏转角 δ_2,图 2-15 所示为极低速转弯时左、右前轮的合理关系,即

$$l(\cot\delta_1 - \cot\delta_2) = W$$

这种关系是由转向梯形机构来保证的。实际上,汽车的转向梯形机构并不能完全满足这种关系。这一方面是因为所有汽车的转向梯形都只能设计得在一定车轮偏转角范围内,大体接近于理想关系;另一方面也是因为这样做也不是十分必要的。

上式是在前、后轮都没有侧偏角(极低速转弯)的条件下得到的。在前、后轮都有侧偏角的情况下,这种内、外轮转角差别的必要性也将减小。这是因为随着侧偏角的增加,汽车的转向中心 O(极低速下 O 点在后轴上)向前方移动。在前轮侧偏角与前轮转角接近的情况下,只有左、右轮转角相等时才能保证左、右轮的侧偏角相等而没有附加的侧偏角和侧向力,如图 2-16 所示。当然,通常很难遇到如此剧烈的转弯。这只是说明在有侧偏角的情况下,左、右轮转角差的要求应略小于上式所确定的关系。

再来了解一下在图 2-15 所示的理想情况下,最小转弯半径 $R_{\min}$ 与汽车转弯时外侧转向轮最大转角 $\delta_{2\max}$ 之间的关系。由转向中心 O 到外转向轮与地面接触点的距离,称为汽车转弯半径。转弯半径越小,则汽车转向所需场地就越小。当外转向轮偏转角达到最大值 $\delta_{2\max}$ 时转弯半径 R 最小。关系式为

$$R_{\min} = l/\sin\delta_{2\max}$$

汽车有减小转向梯形角的趋势,有的汽车左、右轮的最大转角相等,这是因为希望获得尽量小的最小转弯半径。

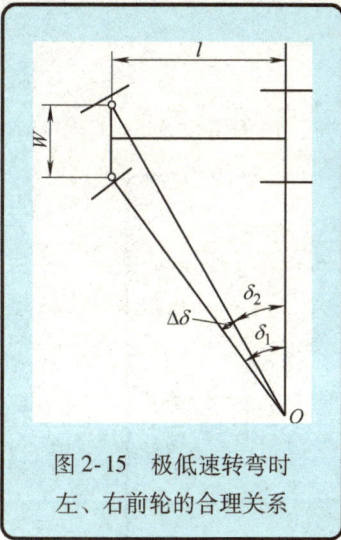

图 2-15　极低速转弯时
左、右前轮的合理关系

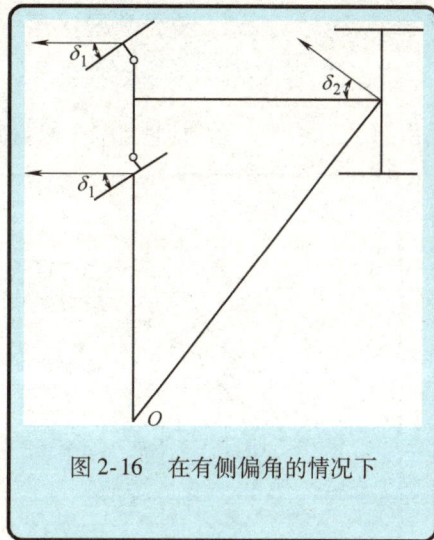

图 2-16　在有侧偏角的情况下

其实，转向梯形机构的作用可理解为：在产生转向角的同时，产生一个前展角（内轮转角 δ_1 − 外轮转角 δ_2），可对左、右轮的侧向力进行一定的调配。

第三节　车轮与轮胎

一、车轮与轮胎的组成

车轮与轮胎的组成如图 2-17 所示。

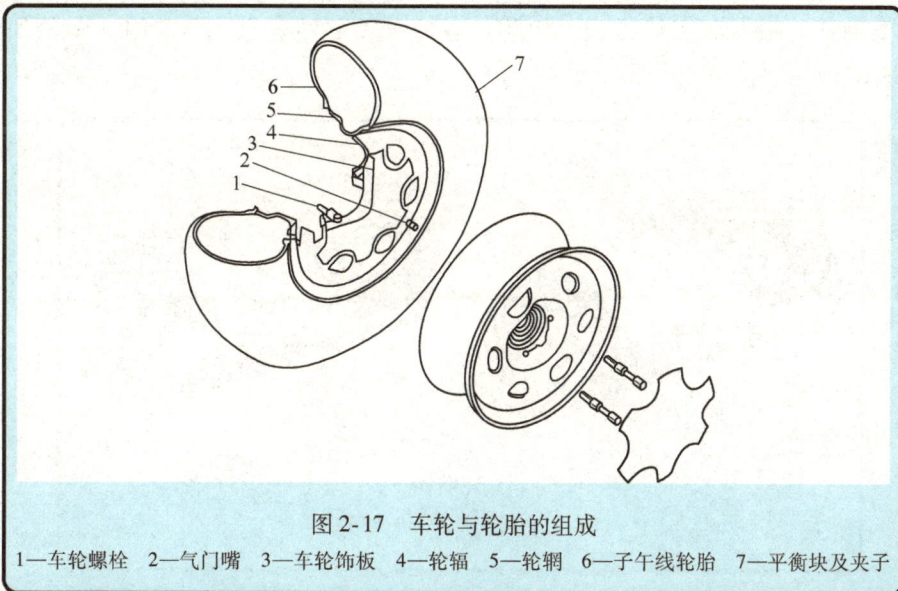

图 2-17　车轮与轮胎的组成

1—车轮螺栓　2—气门嘴　3—车轮饰板　4—轮辐　5—轮辋　6—子午线轮胎　7—平衡块及夹子

二、轮胎结构

轮胎由胎缘、胎壁、胎肩(或胎体)和胎面等部分组成,如图2-18所示。

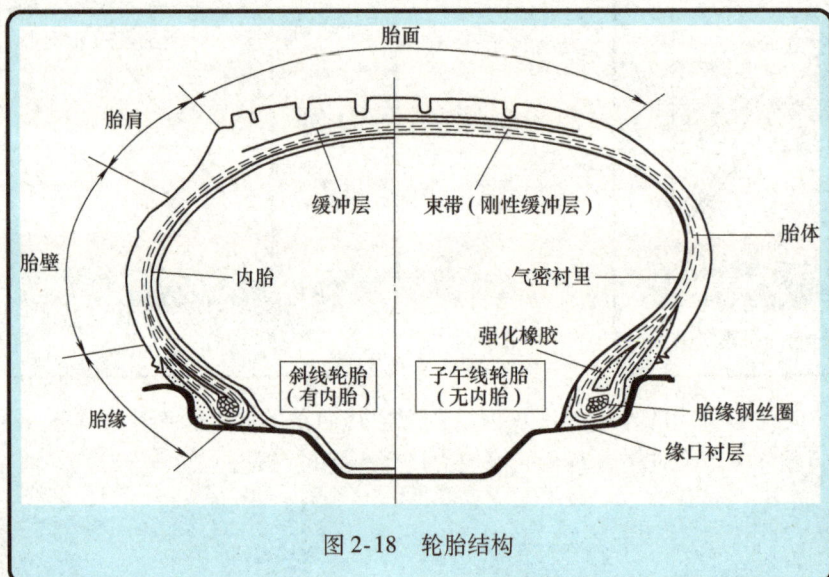

图2-18　轮胎结构

1. 胎体(外胎)

胎体是轮胎的框架,它必须具有足够的刚度,以阻止高压空气外泄,又必须具有足够的弹性,以吸收载荷的变化和冲击。它由许多层与橡胶粘接在一起的轮胎帘线(多股平行的高强度材料层)构成。大客车和货车轮胎中的帘线,一般用尼龙或钢丝制成,而轿车轮胎使用聚酯或尼龙制成。根据其帘线方向,轮胎一般可分为斜线轮胎(图2-19a)和子午线轮胎(图2-19b)两种。

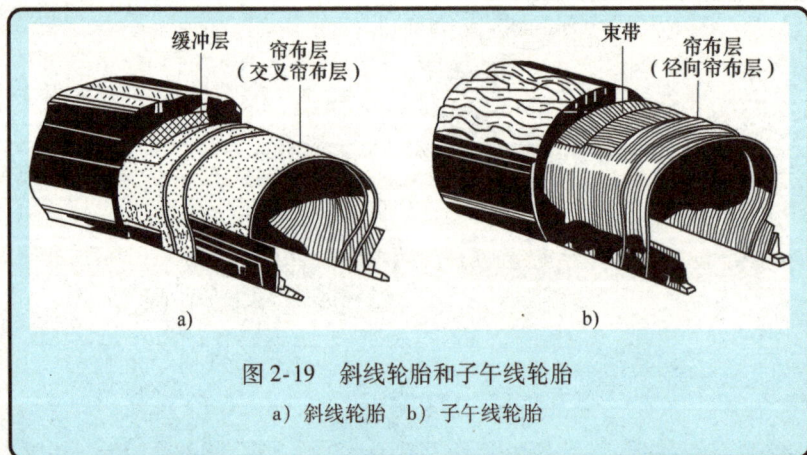

图2-19　斜线轮胎和子午线轮胎
a)斜线轮胎　b)子午线轮胎

2. 胎面

胎面是指外部橡胶层,用以保护胎体免受路面造成的磨损和外部损坏。胎面与路面直接接触，并产生摩擦阻力，使车辆驱动力和制动力得以传至路面。

3. 胎壁

胎壁由数层橡胶构成，覆盖轮胎两侧，并保护胎体免受外部损坏，它是面积最大、弹性最强的轮胎部件。胎壁上标有厂家名称、轮胎尺寸和其他资料。

4. 缓冲层

缓冲层是指夹在胎面之间的纤维层，它可增强胎体与胎面的附着能力，同时也有助于减弱路面传至胎体的振动。缓冲层广泛用于斜线轮胎中。大客车、货车所用的轮胎都采用尼龙缓冲层；轿车所用的轮胎则采用聚酯缓冲层。

5. 束带（刚性缓冲层）

束带是一种用于子午线轮胎中的缓冲层。刚性缓冲层就像一条箍圈夹在胎体与胎面橡胶之间，沿轮胎圆周放置，使胎体牢固定位。

6. 胎缘

为防止各种施加在轮胎上的作用力扯开轮辋，轮胎胎上设有固定边缘，即各层侧边都缠绕有坚固钢丝，称为胎缘钢丝网。轮胎内的加压空气迫使胎缘胀紧在轮辋边沿，使其牢固定位。一种称为缘口保护层的硬橡胶条保护住胎缘，使其免受轮辋撞伤所造成的损坏。

三、轮胎分类

1）按结构分类——斜线轮胎、子午线轮胎。

2）按保持气压分类——有内胎轮胎、无内胎轮胎。

3）按使用车型分类——轿车轮胎、轻型载货汽车轮胎、重型载货汽车轮胎和大客车轮胎。

4）按适用的路面分类——雪地用轮胎、防滑钉轮胎、全天候轮胎、砂地用轮胎。

5）其他——小型备用轮胎、低断面轮胎。

四、轮胎规格代码及轮胎尺寸示意图

轮胎规格代码如图 2-20 所示，轮胎尺寸示意图如图 2-21 所示。

① 轮胎宽度，斜纹帘布层轮胎用 in（英寸）表示，径向帘布层轮胎用 mm（毫米）表示。

② 最大容许速度，见表 2-1。

③ 轮圈直径用 in 表示。

④ 帘布层级最大承载能力，如 A4PR 胎强度相当于四层橡胶帘的轮胎。

⑤ 高宽比（轮高/轮宽）用百分比表示。

⑥ 子午线轮胎，或称为径向帘布层轮胎。

⑦ 承载能力，也即载荷指数。

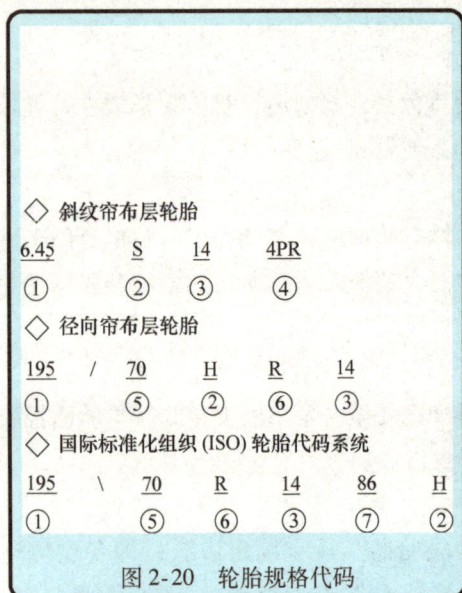

图 2-20 轮胎规格代码

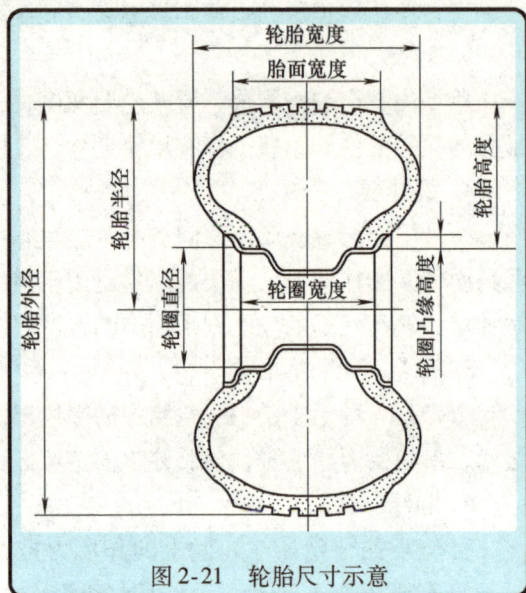

图 2-21 轮胎尺寸示意

表 2-1　最大容许速度代码

代码	速度/(km/h)	代码	速度/(km/h)	代码	速度/(km/h)	代码	速度/(km/h)
K	110	R	170	L	120	S	180
M	130	T	190	N	140	U	200
P	150	H	210	Q	160	V	210 或更多

五、轮胎性能

轮胎设计是根据特殊使用目的提供最佳性能。而在特定条件下行驶的汽车，就要采用性能最合适的轮胎。轮胎基本性能包括：

1）轮胎滚动阻力。

2）轮胎所产生的热量。

3）轮胎的制动性能。

4）轮胎花纹发出的噪声。

5）驻波。

6）浮滑现象。

7）拐弯力性能。

8）轮胎磨损。

9）轮胎的均匀性。

1. 滚动阻力

产生轮胎滚动阻力的原因有以下两个方面：

（1）轮胎与路面的摩擦阻力　轮胎在路面上滑动时，便产生了摩擦阻力。这种摩擦阻力占全部滚动阻力的 5% ~10%，并且随路面情况、轮胎结构、胎面花纹及其他因素而波动。

（2）轮胎变形所产生的阻力　车辆运动时，与路面接触的胎面部分会不断改变，迫使胎面、胎壁等部分在轮胎旋转一周时完成一个变形周期。该变形周期消耗了车轮旋转所需的部分能量，并产生了阻力。它是轮胎滚动阻力产生的主要原因，占全部滚动阻力的90%以上。

轮胎滚动阻力的表达式为

$$R = KW$$

式中，R 为滚动阻力；K 为滚动阻力系数；W 为作用在轮胎上的负载。

影响轮胎滚动阻力系数 K 的因素包括以下几种：

1）路面。汽车的滚动阻力系数随路面的变化而变化。沥青路面的滚动阻力系数较小，越软的路面滚动阻力越大。

2）车速。汽车的滚动阻力系数随车速的增加而增加。在同一车速下充气压力越低，滚动阻力越大。

3）充气压力。汽车的滚动阻力系数随充气压力的增加而减小。在同一充气压力下车速越高，滚动阻力越大。

4）轮胎结构。汽车的滚动阻力系数与轮胎结构有关系，子午线轮胎比斜线轮胎滚动阻力小。

5）轮胎高宽比。汽车的滚动阻力系数随高宽比的增加而增加。当车速小于100km/h时，高宽比的变化对轮胎的摩擦系数影响不大；当车速大于100km/h时，滚动阻力系数随高宽比的增加而成倍增加。因此，现代高速轿车大都采用高宽比较小的扁平低压轮胎。

2. 轮胎所产生的热量

轮胎所产生的热量与充气压力、载荷、车速、结构有关。由于轮胎材料由橡胶帘布层、帘线等组成，属于不具有完全的弹性及不良导体。当这些材料在轮胎扭曲时吸收能量转化为热量，而热量不能快速散发，因此热量积累在轮胎材料内部，造成轮胎内部温度上升。过量的热量积累会削弱各轮胎帘布层与轮胎帘线之间的粘力，最终导致各橡胶层分离，甚至使轮胎爆裂。

3. 制动性能

轮胎与路面间所产生的摩擦可使汽车减速和停车。所产生的制动力大小取决于路面条件、轮胎类型、轮胎结构及轮胎运作的其他条件。

4. 胎面花纹噪声

胎面花纹噪声是最突出的工作声音。与路面接触的胎面纹槽中含有空气，这些空气密封在纹槽与路面之间，并受到压缩。当胎面离开路面时，受到压缩的空气便从纹缝中突然冲出，产生噪声。

如将胎面设计成更容易将空气封闭在纹槽中的形式，则花纹噪声便会增大。例如，区间花纹或横向花纹就比纵向折线花纹更容易产生噪声。当车速升高时，噪声的音调（频率）也随之升高。鉴于花纹噪声取决于胎面花纹的图形，故可将花纹设计成使噪声降至最低的形式。例如，那些看上去似乎只是简单重复的横纹和锯齿形花纹，其花纹间隔之间可能包含了细微的花纹变化。

5. 驻波

车辆行驶过程中，随着胎面新的部分与路面接触，轮胎便不断挠曲。稍后，当该部分胎面离开路面时，轮胎内的空气压力及轮胎本身的弹性，便要将胎面和胎体恢复原状。但当车速较高时，轮胎旋转速度快地没有足够时间来完成这一复原过程。在如此短暂的时间间隔中，不断重复这一过程，便会使胎面振动，这些被称为驻波的振动，在轮胎附近不断传播。

储存在驻波中心的能量,大部分转化为热量,使轮胎温度急剧升高。在某些情况下,这种储存的热量会导致胎面与胎体(爆裂),甚至在几分钟内将轮胎毁坏。

一般来说,小客车轮胎的最大允许速度,由出现驻波时的车速决定。例如,斜线轮胎的最大允许速度为150km/h。但是,该速度会随空气压力的降低而减小。另一方面,由于子午线轮胎的胎体由刚性束带固定,比较不易变形,故子午线轮胎可以承受较高的车速。大客车、重型载货汽车及轻型载货汽车的行驶速度较低,轮胎的空气压力较高。所以,这些车辆的轮胎很少由于驻波而发生故障。

6. 浮滑现象(水滑现象)

浮滑现象也称为水滑现象,发生浮滑现象时,轮胎与路面接触的胎面可分为3个区域,如图2-22所示。

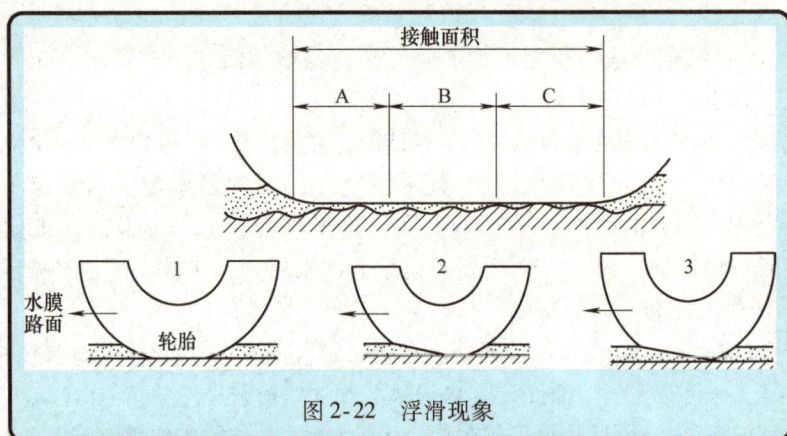

图2-22 浮滑现象

1)排水区A。在此区域内,将水向两侧推开,或通过胎面上的锯齿形花纹和通道将水泵走。

2)在B区,刀槽花纹将残余的水膜擦掉。

3)附着区(摩擦区)C。在此区域内,胎面花纹附着在已干的接触面积剩余部分上。

当车速提高时,A区域不断扩展,而B区域和C区域逐渐减小,直至使轮胎接触面与路面完全分离。不同车速下胎面与路面的接触情况为:

较低车速1:胎面完全接触路面。

较高车速2:楔形水膜逐渐穿入胎面与路面之间(部分浮滑)。

过高车速3:胎面完全升离路面(完全浮滑)。

如果车速太高,胎面没有足够的时间从路面上排开积水,不能附着在路面上,车辆便会在积水路面上打滑。这是因为当车速升高时,水的阻力也相应增大,迫使轮胎"浮"在水面上。这种现象便称为浮滑现象或水滑现象,其效果与滑水运动相似。车辆作滑水运动会在低速时沉入水中,而当速度升高时,便开始在水面上滑行。

浮滑现象不仅会造成转向失控,还会使制动作用降低或失效,从而使驾驶人无法控制车辆,这是极其危险的。所以,应采取以下预防措施,来防止发生浮滑现象:

1)不要使用胎面磨损的轮胎。车胎磨损后,胎面纹槽便不能尽快排除轮胎与路面的积水,也就不能防止发生浮滑现象。

2)在积水路面降低车速。较高的车速会增大水的阻力,产生浮滑现象。

3)提高充气压力。水的压力会迫使积水垫在胎面之下,而较高的轮胎压力却可以对抗这种水压，延迟浮滑现象的产生。

7. 拐弯力性能

车辆转向时，总会伴有离心力，除非有外力可以提供给车辆足够的向心力来取得平衡，否则离心力会迫使车辆以大于驾驶人所希望的弧度转向。轮胎与路面间摩擦所造成的变形和侧滑，便会提供这种向心力。这种向心力也称为拐弯力。

拐弯力可使车辆转向时保持稳定。车辆的拐弯性能，随以下因素的不同而不同：

1）轮胎规格（胎面花纹、帘线层帘线角、帘布层级）。

2）施加在胎面接触区的载荷（拐弯力随载荷的增大而增大）。

3）轮胎尺寸（拐弯力随轮胎尺寸的加大而增大）。

4）路面条件（如道路滑或有积雪，则拐弯力也随之减小）。

5）充气压力（轮胎在较高的压力下，刚性增加，拐弯力随之增大）。

6）车轮外倾角（正外倾角减小，会使拐弯力增大）。

8. 轮胎磨损

轮胎在路面上滑动时所产生的摩擦力，会使胎面和其他部分橡胶遭受磨损或损坏，这就是轮胎磨损。轮胎磨损因充气压力、载荷、车速、制动、路面条件、温度及其他因素的不同而异。

1）充气压力。充气压力不足，会使胎面在与路面接触时，产生过量挠曲从而加速轮胎磨损。

2）车速。作用在轮胎上的驱动力和制动力、转向时的离心力以及其他作用力，与车速的平方成正比。因此，提高车速会使这些作用力急剧增大，同时也增大了胎面与路面的摩擦力，从而加速了轮胎的摩擦。

3）路面条件。粗糙的路面比平坦道路使轮胎磨损明显加快。

4）载荷。与降低充气的作用完全相同，较大的载荷也会加速轮胎的磨损。重载车辆在转向过程中，较大的离心力促使较大的拐弯力与之相平衡，从而使轮胎与路面间产生较大的摩擦力。

9. 轮胎的均匀性

轮胎的均匀性，一般指质量、尺寸、刚度的均匀性。

质量均匀性要用到车轮平衡，车轮平衡包括静平衡（图 2-23）和动平衡。图 2-24 和图 2-25 所示分别为动不平衡的受力分析和影响。

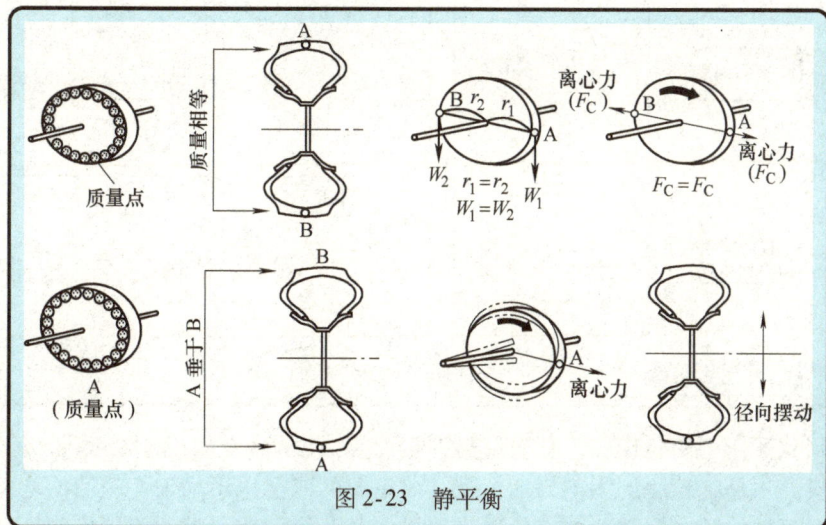

图 2-23　静平衡

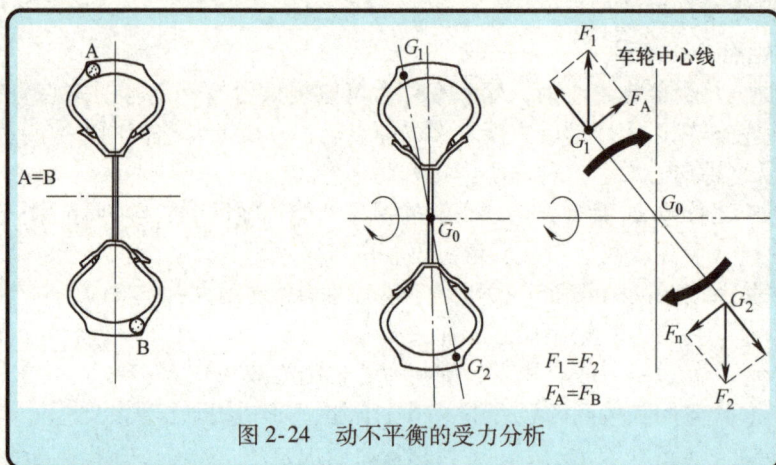

图 2-24　动不平衡的受力分析

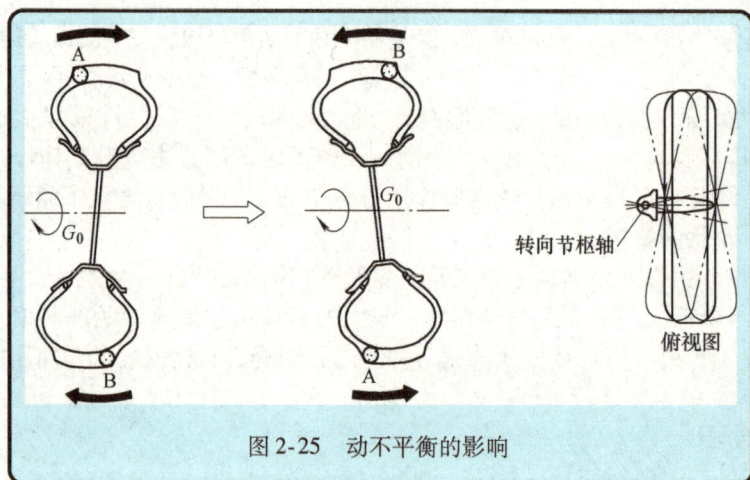

图 2-25　动不平衡的影响

尺寸均匀性要用到偏摆(图 2-26)，偏摆包括径向偏摆和轴向偏摆。

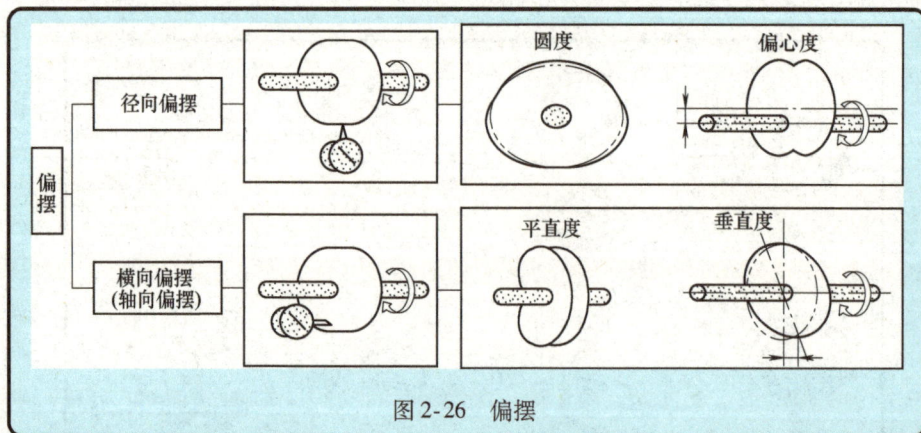

图 2-26　偏摆

　　轮胎受到载荷作用便会挠曲，其表现与弹簧无异。由于胎面、胎体、束带以及橡胶等构成轮胎的材料，不是绕轮胎周围均匀地分配，故轮胎的刚度也不均匀。轮胎的均匀性一般用均匀性测试器测量轮胎径向载荷的变化量来衡量，载荷量的变化越小，则均匀性越好。

斑状磨损（环状槽形磨损），如图 2-27 所示，其原因是车辆在高速行驶时，车轮发生摆振。车轮总成（轮胎、车轮、制动盘或鼓、轮盖、轮毂）动不平衡或径向圆跳动量过大，轮毂轴承、各球头间隙过大等都可能造成车轮发生偏摆。

六、车轮平衡及其不平衡原因 ▶▶

随着道路质量的提高和高速公路的出现，汽车行驶速度越来越高，因此对车轮平衡度的要求也越来越高。如果车轮不平衡，在其高速旋转时，不平衡质量将引起车轮上下跳动和横向振动。

1. 车轮静不平衡

支起车轴，调整好轮毂轴承松紧度，用手轻转车轮，使其自然停转。在停转的车轮离地最近处作一标记，然后重复上述试验多次。如果每次试验标记都停在离地最近处，则车轮静不平衡。这个车轮上所作的标记称为不平衡点或垂点。反之，若车轮经几次转动自然停转后所标记的位置各不一样，或强迫停转消除外力后车轮也不再转动，则车轮是静平衡的。

对于静平衡的车轮，其重心与旋转中心重合；对于静不平衡的车轮，其重心与旋转中心不重合，车轮在旋转时产生离心力，如图 2-28 所示。

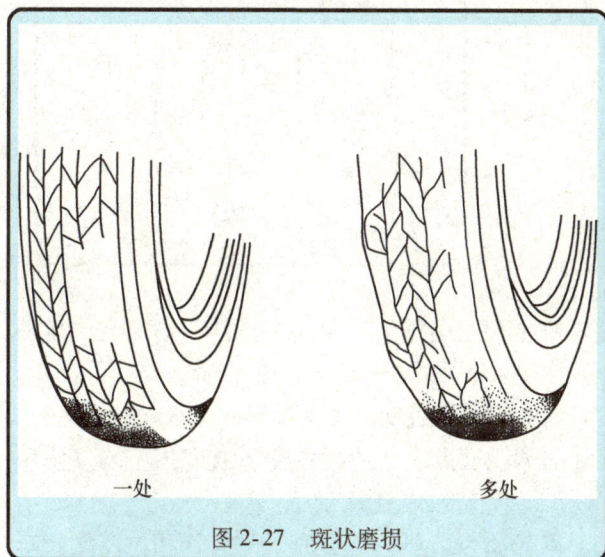

图 2-27 斑状磨损

一处　　　　　多处

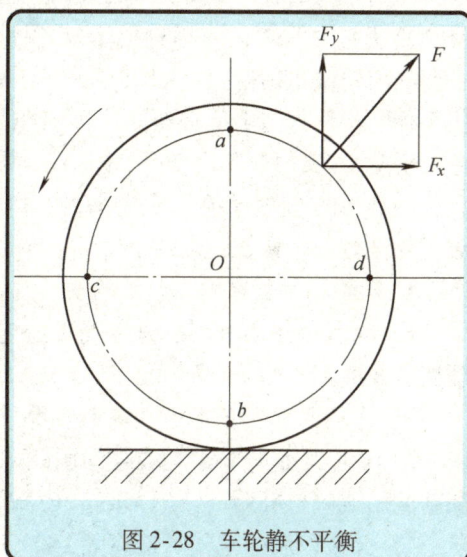

图 2-28 车轮静不平衡

离心力公式为

$$F = mr\omega^2$$

式中，m 为不平衡点质量；ω 为车轮旋转角速度，$\omega = 2\pi n$；n 为车轮转速；r 为不平衡点质量离车轮旋转中心的距离。

从上式中可以看出，离心力 F 与不平衡点质量 m、不平衡点质量离车轮旋转中心的距离 r、特别是车轮转速 n 的平方成正比。可见，汽车速度很高时，离心力 F 相当可观，对汽车行驶性能的影响就更为明显。

离心力 F 可分解为水平分力 F_x 和垂直分力 F_y。在车轮转动一周中，垂直分力 F_y 有两次落在通过车轮中心的垂线上，一次在 a 点，一次在 b 点，方向相反，均达到最大值，使车轮上下跳动，并由于陀螺效应引起前轮摆振，为便于理解，先介绍一下陀螺效应。

t　　　所谓陀螺效应，就是物体在旋转中能保持轴的方向的能力。大家可能都听说过陀螺吧，在别人玩时只要仔细留意一下，就会发现陀螺在高速转动时，它的轴会稳定地保持着一定方向，即使你故意用手拨它一下，使其轴暂时歪斜，但过不了多久，它又会自然地恢复到原来的旋转状态，这就是陀螺效应在从中作祟了。接下来再做受力分析。

水平分力 F_x 有两次落在通过车轮中心的水平线上，一次在 c 点，一次在 d 点，方向相反，均达到最大值，使车轮前后窜动，并形成绕主销来回摆动的力矩，造成前轮摆振。当左、右前轮的不平衡质量相互处于180°位置时，前轮摆振最为严重。

2. 车轮动不平衡

即使是静平衡的车轮，即重心与旋转中心重合的车轮，也可能动不平衡。这是由车轮的质量分布相对车轮纵向中心面不对称造成的。在图2-29a 中，车轮是静平衡的。在该车轮旋转轴线的径向相反位置上，各有一作用半径相同质量也相同的不平衡点 m_1 与 m_2，且不处于同一平面内。对这样的车轮而言，其不平衡点的离心力合力为零，而离心力的合力矩不为零，转动中产生方向反复变动的力偶 M，使车轮处于动不平衡。动不平衡的前轮绕主销摆振。如果在 m_1 与 m_2 同一作用半径的相反方向上配置相同质量 m_1' 与 m_2'，则车轮处于动平衡，如图2-29b 所示。

动平衡的车轮肯定是静平衡的，因此主要应对车轮进行动平衡检验。

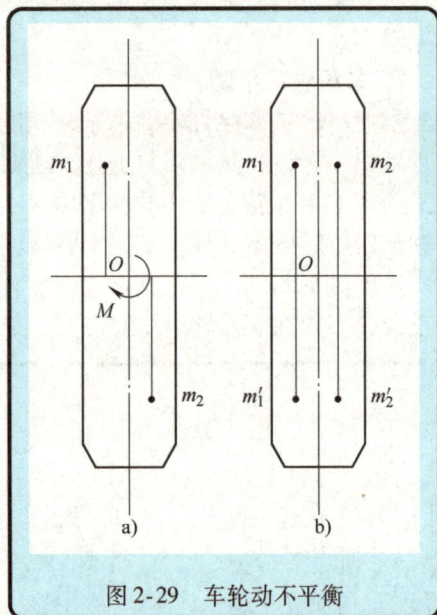

图2-29　车轮动不平衡

3. 车轮不平衡原因

1）轮毂、制动盘（鼓）加工时轴心定位不准、加工误差大、非加工面铸造误差大、热处理变形或磨损不均。

2）车轮螺栓质量不等、轮辋质量分布不均或径向圆跳动、轴向圆跳动太大。

3）轮胎质量分布不均或径向圆跳动、轴向圆跳动太大，使用中变形或磨损不均，使用翻新轮胎或垫、补胎。

4）并装双胎的充气嘴未相隔180°安装，新轮胎与新车轮安装时，没有作相位匹配。车轮上的最小径向偏摆点（一般用白点表示）要与轮胎上的最大径向偏摆点（一般用红点表示）对准。轮胎上的最小质量点（一般用黄点表示）要与气门嘴对准安装。

5）轮毂、制动鼓（盘）、轮胎螺栓、轮辋、内胎、衬带、轮胎等拆卸后重新组装成车轮时，累计的不平衡质量或尺寸不均匀度太大，破坏了原来的平衡。

七、关于轮胎花纹　▶▶

1. 不同类型花纹的轮胎

轮胎设计有四大要素，即轮胎花纹（表面形状）、轮胎轮廓（整体形状）、轮胎结构和轮胎使用材料。

总的来讲，轮胎花纹的设计功用有以下几个方面：

1）增大轮胎与地面之间的摩擦力。

2）降低轮胎噪声，增强舒适性。

3）为轮胎散热、排水。

4）提升车辆的操控性。

5）美观，提升视觉效果。

本节先介绍轮胎的主要作用及其影响因素。

简言之，轮胎花纹的主要作用就是增加胎面与路面之间的摩擦力，以防止车轮打滑，这与鞋底花纹的作用如出一辙。轮胎花纹提高了胎面接地弹性，在胎面和路面间切向力（如驱动力、制动力和横向力）的作用下，花纹块能产生较大的切向弹性变形。切向力增加，切向变形随之增大，接触面的摩擦作用也就随之增强，进而抑制了胎面与路面间的打滑或打滑趋势。这在很大程度上消除了无花纹（光面胎面）轮胎易打滑的弊病，使得与轮胎和路面间摩擦性有关的汽车性能——动力性、制动性、操纵稳定性的正常发挥有了可靠的保障。有研究表明，产生胎面和路面间摩擦力的因素还包括有这两面间的黏着作用，分子引力作用以及路面微小凸起对胎面的切削作用等，但是，起主要作用的仍是花纹块的弹性变形。

影响花纹作用的因素较多，但起主要作用并与汽车使用有关的因素是花纹形式和花纹深度。

（1）花纹形式的影响　轮胎花纹形式多种多样，但下面仅对纵向花纹和横向花纹（图2-30）进行分析，其他类型的花纹就容易理解了。

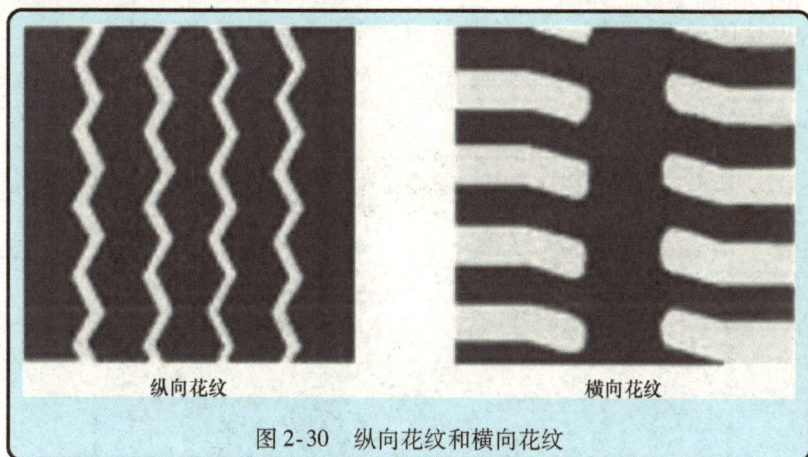

纵向花纹　　　　　横向花纹

图2-30　纵向花纹和横向花纹

1）纵向花纹的影响。纵向花纹的共同特点是胎面纵向连续，横向断开，因而胎面纵向刚度大，而横向刚度小，轮胎抗滑能力呈现出横强而纵弱。这种花纹轮胎的滚动阻力较小，散热性能好。

2）横向花纹的影响。横向花纹的共同特点是胎面横向连续，纵向断开，因而胎面横向刚度大，而纵向刚度小。因此，这种花纹轮胎抗滑能力呈现出纵强而横弱，汽车以较高速度转向时，容易侧滑；轮胎滚动阻力也比较大，胎面磨损比较严重。

（2）花纹深度的影响　花纹越深，则花纹块接地弹性变形量越大，由轮胎弹性迟滞损失形成的滚动阻力也将随之增加。较深的花纹不利于轮胎散热，使胎温上升加快，花纹根部因受力严重而易撕裂、脱落等。花纹过浅不仅影响其储水、排水能力，容易产生有害的滑水现象，而且使光面轮胎易打滑的弊端凸现出来，从而使前面提及的汽车性能变坏。因此，花纹过深或过浅都不好。

以下对不同类型花纹的轮胎进行介绍。

（1）光头胎　光头胎（图2-31）能够得到一条轮胎最大的接地面积，因此在干地路面上可以得到最大的摩擦力，从而让轮胎紧紧地吸住地面。因为有如此之强的抓地能力，所以装配光头胎的赛车（图2-32）能以更高的速度过弯。也因此，FIA为了安全考虑，从1998年之后禁止F1赛事使用光头胎，必须使用带有直沟花纹的轮胎，从而降低赛车过弯时的速度。

图2-31　光头胎

图2-32　装配光头胎的赛车

虽然光头胎性能很强，但它并不适合民用。光头胎具有极软的胎质，并且多数为热熔胎，跑上几百千米一条数千元的轮胎就报废了，这绝对不是一般人能用得起的。而且这种轮胎也并非可以全天候能够使用，一旦遇上雨雪天，那它也只能打滑。

图2-33　装配纵向花纹轮胎的F1赛车

（2）纵向花纹轮胎　纵向花纹轮胎也称为条形花纹轮胎，由于其滚动阻力低、车头指向性好及低噪声，所以可以提供极好的运动操控性和驾驶舒适性。但由于只有纵向花纹，其提供的抓地力并不充足，所以其提供的制动力及驱动力都不够，因此，除去在F1赛车（图2-33）中使用外日常使用中并不常见。

（3）横向花纹轮胎　横向花纹轮胎（图2-34）又叫做羊角花纹轮胎，能够提供极好的抓地力，所以在提供制动力和牵引力方面有着得天独厚的优势。这种花纹的轮胎在专业领域用途比较广，如一些农业机械（收割机、拖拉机等）以及一些工程机械和大型牵引车等都可能使用到横向花纹轮胎。但是，这种花纹的轮胎噪声大、易磨损、耗油高、高速性能差等，所以在民用领域中几乎没有市场。

图 2-34　横向花纹轮胎

（4）混合花纹轮胎　设计一条普通的民用轮胎需要进行全方位的考虑，既要满足晴天干地行驶要求，也要满足雨天的湿地行驶要求，可以说需要把一年四季的气候特点都考虑进去，这样普通用户才可以不用根据天气经常去换轮胎。

轮胎上的纵向花纹主要起到快速排水的作用，但会导致轮胎的抓地力不足；而轮胎上的横向花纹拥有较高的抓地力，但排水能力及导向性不好。因此，设计轮胎的工程师们将两种花纹混搭在一起并达成一种"默契"，让中间的能提供快速排水的纵向花纹与胎肩上提供抓地力的横向花纹结合到一个完美的情况，这样混合花纹就诞生了。目前，这种混合花纹轮胎（图 2-35）被广泛运用于轿车、客车、货车等绝大多数车辆上，是一种最省心的选择。

普通的混合花纹轮胎使用限制较少，前、后、左、右均可调换，是一种综合平衡性非常好的轮胎，适合普通消费者日常城市出行使用，是轮胎里的"中庸者"。

（5）不对称花纹轮胎　不对称花纹轮胎（图 2-36）即左、右两边拥有不同的花纹结构。由于不对称花纹轮胎的左、右花纹结构不同，所以通常设计时会更注重设计增大转弯时轮胎外侧抓地力的花纹。这也是为什么不对称花纹轮胎在某些情况下过弯时性能会相对较好的原因。并且考虑到日常使用的情况，不对称花纹轮胎外侧花纹的耐磨性也会得到相应的提高。

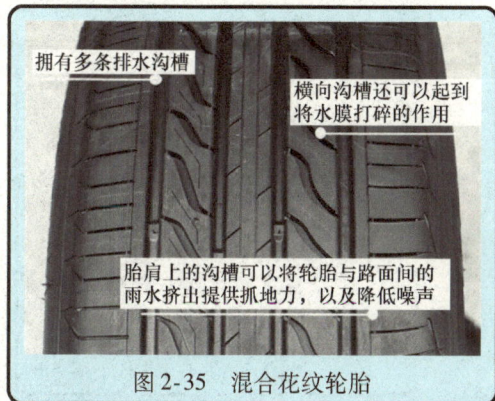

拥有多条排水沟槽
横向沟槽还可以起到将水膜打碎的作用
胎肩上的沟槽可以将轮胎与路面间的雨水挤出提供抓地力，以及降低噪声

图 2-35　混合花纹轮胎

花纹很明显左右不一样，一面注重排水另一面注重导向性及抓地力

图 2-36　不对称花纹轮胎

不仅如此，由于两边的花纹采用不同的结构形式以及橡胶配方，所以轮胎的整体性能可以更强、更全面，如一边花纹可以侧重排水能力，一边花纹可以侧重抓地能力等。目前不对称花纹轮胎已得到广泛运用，并且取得了市场的肯定，是多数车主购买轮胎时的首选。

需要注意的是，由于该种轮胎内外花纹不同，在安装时必须确定轮胎的内外花纹是否正确。采用这种花纹的轮胎在进行轮胎对调时没有特殊要求，前后左右都可以，只要主要轮胎的内外花纹正确即可。

（6）单导向花纹轮胎 单导向花纹轮胎（图2-37）所有花纹均为一个方向，且具有胎块花纹较大、横切花纹较少等特点。这些特点决定了单导向花纹轮胎具有滚动阻力小、车头指向性好、抓地能力与排水性能强等性能优势，其速度级别可以做得很高，一般用于高速轿车。

但同样安装轮胎时要注意，按轮胎上标志的滚动方向进行安装。如轮胎上无滚动方向标记，则以花纹的尖端先接触地面的方向安装。

（7）块状花纹轮胎 块状花纹轮胎（图2-38）的花纹沟之间都相互连接，呈独立的花纹块结构。这种轮胎的优点是驱动力和制动力强，缺点是耐磨性差、使用寿命短、行驶摩擦阻力大、易产生异常磨损，因此更适合用在雪地及泥泞道路上。

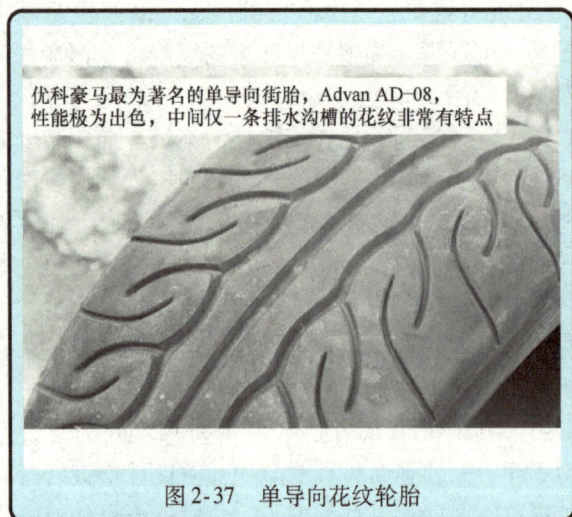

图2-37 单导向花纹轮胎

优科豪马最为著名的单导向街胎，Advan AD-08，性能极为出色，中间仅一条排水沟槽的花纹非常有特点

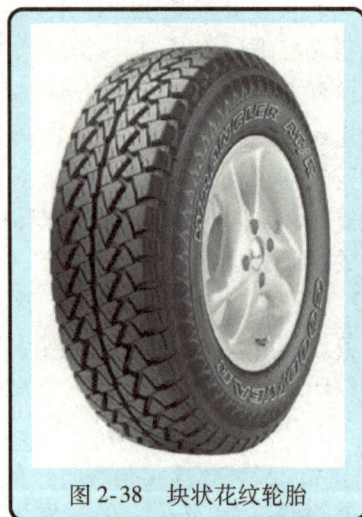

图2-38 块状花纹轮胎

目前，这种轮胎一般用于轿车的全天候及雪地轮胎和商用车的后轮，还有越野车等。

2. 典型轮胎胎面花纹设计

（1）兼顾干湿路面的非对称轮胎 图2-39所示为湿地性能出色的固特异Eagle F1 2代轮胎，它就属于兼顾干湿路面的非对称轮胎。

1）在潮湿路面上行驶。汽车轮胎性能决定了在潮湿路面上的制动距离。

一旦开始下雨，可见度将降低，尘土和油污将让路面变得湿滑。在潮湿路面上，车辆的制动距离是干燥路面上的3倍。在千分之几秒的时间内胎面花纹就可以把积水聚集在沟槽中，并迅速将其排出路

图2-39 湿地性能出色的固特异
Eagle F1 2代轮胎

面接触点。

胎面花纹把积水排出后，胎面就可以接触到路面，从而获得抓地力。

① 沟槽比（沟槽的百分比）。沟槽比越大，胎面花纹沟槽的储水能力就越强。

② 胎面花纹的形状和方向（对称、方向性、非对称等）。胎面花纹是一个真正的排水系统，它需要将积水尽可能快地排出到轮胎侧面。

③ 细小沟槽。像风窗玻璃刮水器一样，胎面上的横向沟槽边缘和细小沟槽有助于将大量的路面积水排出。

测试结果显示，轮胎在潮湿路面上的制动距离相差很大。两款不同轮胎的制动距离可能会相差12m之多——这相当于3辆车的长度。

2）在干燥路面上行驶。在干燥路面上，胎面花纹越坚硬，驾驶的精准性也越高。

胎面花纹的硬度是良好操控响应的关键因素之一。这种胎面硬度源自：

① 轮胎的轮廓外形。胎肩平整的扁平轮胎基础牢固，在过弯时这一优势体现得更加明显。

② 沟槽比。沟槽比越低，与路面接触的橡胶面积就越大，抓地力也就越好。

③ 坚硬的胎面橡胶块。宽大、坚硬的胎面橡胶块防止了厚厚的胎面花纹的移动。

④ 自我锁定的细小沟槽。细小沟槽将降低胎面花纹的硬度（毛刷效应）。为了避免这种情况的发生，有些轮胎进行了专门设计。

（2）静音胎面花纹设计的非对称轮胎 静音胎面花纹设计的非对称轮胎有固特异御乘轮胎（图2-40）和固特异御乘SUV轮胎（图2-41）两种。

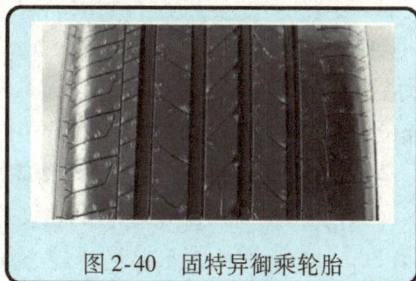

图2-40 固特异御乘轮胎

固特异御乘轮胎和固特异御乘SUV轮胎均采用封闭式台肩花纹设计，能有效防止纵向噪声声波辐射发散。固特异御乘轮胎均匀分布的胎面花块与地面形成一定角度，在接触地面时更加柔缓，因而降低了撞击噪声和共振所产生的噪声；而固特异御乘SUV轮胎则通过72个节距的花纹块设计优化了每一花纹块的特性及其排列顺序，从而降低共振所产生的噪声。固特异御乘轮胎胎面花纹块之间衔接得很紧密，并没有留出过多的沟壑，降低了花纹块的刚性变形和花纹块间的移动，使轮胎更趋于光头胎，使声波减少；而固特异御乘SUV轮胎则采用肋状花纹条设计，在接触地面时更柔缓，降低路面噪声。固特异御乘轮胎和固特异御乘SUV轮胎的吸振胎体还进行了特殊的吸振带束层设计，使胎体更有弹性，从而降低了撞击噪声并缓和冲击；同时，还具有高密度硅胶配方，能减少内部分子间的摩擦，有效提升节油效果。另外，固特异御乘SUV轮胎采用了大量的咬合边及更高密度的刀槽设计，能提供更大的接地面积，从而提高了轮胎抓地力。为了使花纹块在增加接地面、提高抓地力的同时不减小硬度，从而保证操控响应性，固特异御乘SUV轮胎在其胎面花纹沟槽中设计了"三维霸力泡"（图2-42），这些互锁的球形凸起或凹坑能够抑制花纹块变形，以达到提高花纹块硬度的目的。

图 2-41　固特异御乘 SUV 轮胎

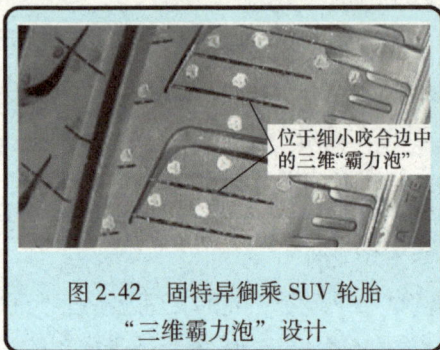

位于细小咬合边中的三维"霸力泡"

图 2-42　固特异御乘 SUV 轮胎
"三维霸力泡"设计

八、轮胎使用注意事项、轮胎车轮改装等答疑 ▶▶

1. 轮胎气压应多长时间检查一次？

每个月至少检查一次轮胎气压（简称胎压），并且要在轮胎处于冷态和最近没有被使用过时检查胎压。如果车辆行驶 1.6km 左右，胎压就会升高，从而导致无法准确测量其胎压。如果在轮胎温度上升后再检查胎压，则需在厂商推荐的冷却胎压数值上再加上 30kPa。

轮胎的欠压和过压都会引起不正常的过度磨损和破裂。充气不足的轮胎会导致轮胎过热、油耗增加甚至是发生爆胎的危险，还会导致制动距离加长。除缓慢通过沙地时胎压可以降得更低以外，胎压都不应小于 120kPa。当胎压发生变化时，应尽快将其恢复到正常数值。另外，也不要忘记检查备用胎（简称备胎）的情况（胎压），可同时检查一下轮胎外观，确保轮胎上没有由于与路肩撞击而产生的磨损不均或者鼓包。

2. 每隔多少千米进行一次轮胎轮换？

车辆使用手册规定了轮胎的轮换方式和轮换期限。如果没有规定明确的轮换期限，那么每隔 8000km 进行一次轮换绝对是一种好的办法。

3. 以固特异轮胎为例，能否说明被模制到轮胎胎侧上的有用信息？

图 2-43 所示为固特异轮胎胎侧标志。

图 2-44 所示为 DOT 标志，DOT 表示轮胎符合或者超过美国联邦交通委员会强制认证标准，0610 表示该轮胎是在 2010 年第六个星期生产的（开头的两个字母代表轮胎生产的星期，后两个字母代表年份）。

图 2-45 所示为 UTQG 标志，Treadwear 320 指轮胎的橡胶配方的磨损为标准轮胎橡胶的 3.2 倍（具体的行驶里程还取决于轮胎的花纹、结构、气压等，Traction 表示轮胎的抓地能力，Temperature 表示轮胎的散热能力。

4. 不同种类轮胎尺寸规格的表示方法有什么不同？

（1）轿车轮胎尺寸规格　轿车轮胎常规尺寸规格见表 2-2。

除了上述常规的描述方法外，还用以下的方式来进行轮胎规格的描述。

1）轿车米制式尺寸规格（美国）。轿车米制式尺寸规格（美国）见表 2-3。

2）当高宽比为 80 时，高宽比的尺寸可能不出现在标准中。轿车轮胎尺寸规格（不含高宽比）见表 2-4。

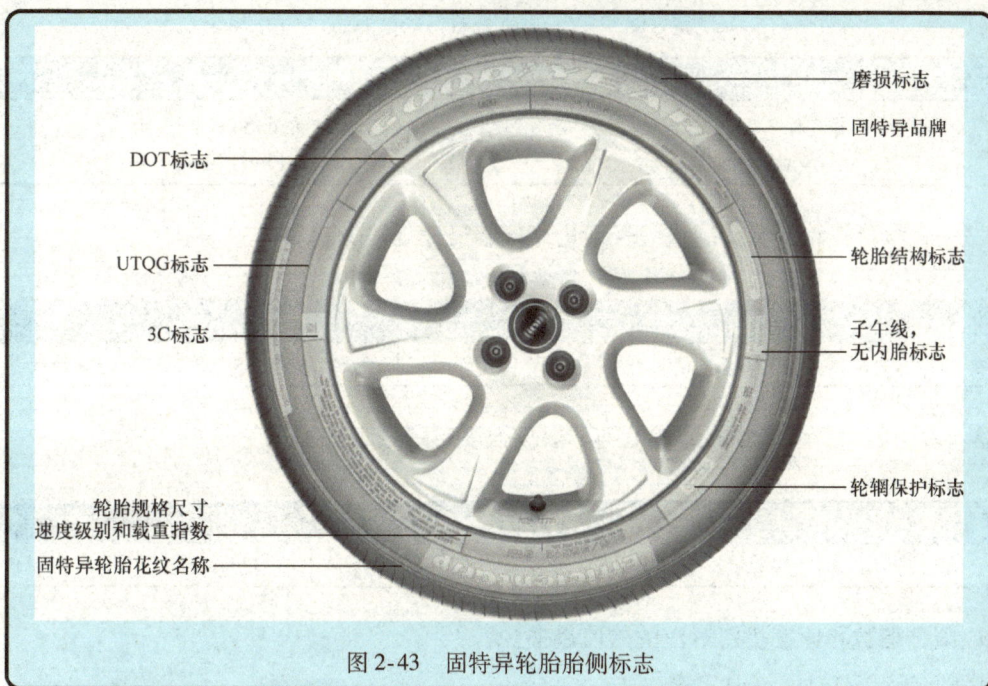

图 2-43 固特异轮胎胎侧标志

DOT标志
UTQG标志
3C标志
轮胎规格尺寸
速度级别和载重指数
固特异轮胎花纹名称
磨损标志
固特异品牌
轮胎结构标志
子午线，无内胎标志
轮辋保护标志

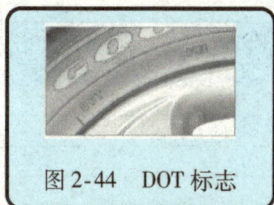

图 2-44 DOT 标志

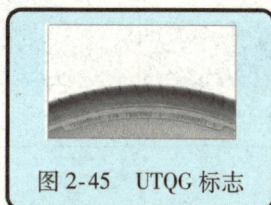

图 2-45 UTQG 标志

表2-2 轿车轮胎常规尺寸规格

205	55	R	16	91	W
轮胎横截面宽度/mm	轮胎高宽比（即轮胎的胎侧高度为轮胎横截面宽度的55%）	子午线轮胎结构（结构标志）	轮辋直径/in	轮胎载重指数	轮胎速度等级指数

表2-3 轿车米制式尺寸规格（美国）

P	255	60	R	16	97S
轿车轮胎	横截面宽度/mm	高宽比	子午线轮胎结构	轮辋直径/in	载重指数及速度级别

表2-4 轿车轮胎尺寸规格（不含高宽比）

155	R	13	78S
横截面宽度/mm	子午线结构	轮辋直径/in	载重指数以及速度级别

（2）越野车（SUV）轮胎尺寸规格 越野车（SUV）轮胎尺寸规格见表2-5 和表2-6。

表2-5 越野车（SUV）轮胎尺寸规格（一）

31	10.50	R	15	LT	C
轮胎总高度（31in）	横截面宽度（10.50in）	子午线轮胎结构	轮辋直径（15in）	轻型货车结构	载重范围

表 2-6　越野车（SUV）轮胎尺寸规格（二）

LT	235	85	R	16	D
轻型货车结构	横截面宽度（235mm）	高宽比	子午线结构	轮辋直径（16in）	载重范围

（3）轻型货车轮胎尺寸规格　轻型货车轮胎尺寸规格见表 2-7。

表 2-7　轻型货车轮胎尺寸规格

7.5	R	16	LT	D
横截面宽度	子午线轮胎结构	轮辋直径（16in）	轻型货车结构	载重范围

表 2-2～表 2-7 中涉及的载重范围 - 层级强度对照见表 2-8。

表 2-8　载重范围 - 层级强度对照

载重	A	B	C	D	E	F
层级强度	2	4	6	8	10	12

5. 载重指数和速度级别对应的数值是多少？

载重指数与对应的数值见表 2-9。

表 2-9　载重指数与对应的数值

载重指数	载重能力/kg	载重指数	载重能力/kg	载重指数	载重能力/kg	载重指数	载重能力/kg
65	290	87	545	109	1030	131	1950
66	300	88	560	110	1060	132	2000
67	307	89	580	111	1090	133	2060
68	315	90	600	112	1120	134	2120
69	325	91	615	113	1150	135	2180
70	335	92	630	114	1180	136	2240
71	345	93	650	115	1215	137	2300
72	355	94	670	116	1250	138	2360
73	365	95	690	117	1285	139	2430
74	375	96	710	118	1320	140	2500
75	387	97	730	119	1360	141	2575
76	400	98	750	120	1400	142	2650
77	412	99	775	121	1450	143	2725
78	425	100	800	122	1500	144	2800
79	437	101	825	123	1550	145	2900
80	450	102	850	124	1600	146	3000
81	462	103	875	125	1650	147	3075
82	475	104	900	126	1700	148	3150
83	487	105	925	127	1750	149	3250
84	500	106	950	128	1800	150	3350
85	515	107	975	129	1850		
86	530	108	1000	130	1900		

注：每个载重指数对应于一个轮胎载重能力，有的轮胎载重指数可能为以斜杠分隔的两个指数，比如 102/100，这时，斜杠前数字代表的是单胎的最大负荷，而斜杠后数字代表的是在复轮条件下，这条轮胎的最大负荷。

速度级别与对应的数值见表 2-10。

表 2-10　速度级别与对应的数值

速度级别	速度/（km/h）	速度级别	速度/（km/h）
B	50	P	150
C	60	Q	160
D	65	R	170
E	70	S	180
F	80	T	190
G	90	U	200
J	100	H	210
K	110	V	240
L	120	W	270
M	130	Y	300
N	140	（Y）	300 以上

注：当轮胎的速度级别大于 240km/h 时，ZR 符号可能出现在规格命名中；当速度级别大于 300km/h 时，ZR 符号一定出现在规格命名中，其中包括带有括号的符号 Y。

6. 轮胎是怎样炼出来的？

相对于汽车整体而言，轮胎给人的感觉好像并不是很重要。但轮胎对于车辆，犹如鞋子对于人，其重要性是绝对不可小视的。下面以固特异轮胎生产、制作过程为例介绍轮胎的炼制工序。

（1）密炼工序　密炼工序就是把炭黑、天然合成橡胶、油、添加剂、促进剂等原材料混合到一起，在密炼机中进行加工生产出胶料的过程。所有的原材料在进入密炼机前必须进行测试，测试合格后方可使用。密炼机每锅料的重量约为 250kg。轮胎中每一种胶部件所使用的胶料都具有特定性能。胶料的成分取决于轮胎使用性能的要求。同时，胶料成分的变化还取决于配套厂家以及市场的需求，这些需求主要来自牵引力、驾驶性能、路面情况以及轮胎自身的要求。所有的胶料在进入下一工序——胶部件准备工序前都要进行测试，测试合格后方可进入下一工序。

（2）胶部件准备工序　胶部件准备工序包括 6 个主要工段。在这个工序中，将准备好组成轮胎的所有半成品胶部件，其中有的胶部件是经过初步组装的。这 6 个工段如下：

① 挤出。将胶料喂进挤出机头，从而挤出不同的半成品胶部件：胎面、胎侧子口和三角胶条。

② 压延。原材料帘线穿过压延机，并且帘线的两面都挂上一层较薄的胶料，最后的成品称为帘布。原材料帘线主要有尼龙和聚酯两种。

③ 胎圈成型。胎圈是由许多根钢丝挂胶后缠绕而成的。用于胎圈的这种胶料是有特殊性能的，当硫化完成后，胶料和钢丝能够紧密地粘合到一起。

④ 帘布裁断。在这个工序中，帘布将被裁断成适用的宽度并接好接头。帘布的宽度和角度的变化主要取决于轮胎规格以及轮胎结构设计的要求。

⑤ 粘三角胶条。在这个工序中，挤出机挤出的三角胶条将被手工粘合到胎圈上。三角胶条在轮胎的操作性能方面起着重要的作用。

⑥ 带束层成型。这个工序是生产带束层的。在锭子间里，许多根钢丝通过穿线板出来，再和胶料同时穿过口型板使钢丝两面挂胶。挂胶后带束层被裁断成规定的角度和宽度。带束

层的宽度和角度大小取决于轮胎规格以及结构设计的要求。所有的胶部件都将被运送到轮胎成型工序，即准备轮胎成型使用。

（3）轮胎成型工序 轮胎成型工序是把所有的半成品在成型机上组装成生胎，这里的生胎是指没有经过硫化。生胎经过检查后，再运送到硫化工序。

（4）硫化工序 生胎被安装到硫化机上，在模具中经过适当长的时间以及适宜的条件硫化成成品轮胎。硫化完的轮胎即具备了成品轮胎的外观——图案、字体以及胎面花纹。现在，轮胎将被送到最终检验工序了。

（5）最终检验工序 在这个工序中，轮胎首先要经过目视外观检查，然后是均匀性检测，它是通过均匀性试验机来完成的。均匀性试验机主要测量径向力、侧向力、推力以及它们波动情况。均匀性检测完成后要进行动平衡测试，它是在动平衡实验机上完成的。最后，轮胎要经过 X 光检测，然后运送到成品库以备发货。

（6）轮胎测试 在设计新的轮胎规格过程中，大量的轮胎测试是必需的，这样才能确保轮胎性能达到国家标准以及配套车辆的要求。当轮胎正式投入生产后，仍将继续进行轮胎测试来监控轮胎的质量，这些测试与发行新胎时所进行的测试是相同的。用于测试轮胎的机器是里程试验机，通常进行的实验有高速试验和耐久试验。轮胎的生产过程就像一条链子一样环环相扣，每一道工序都必须满足下一道工序的要求，这样才能保证产品最终满足客户的需要。

7. 新轮胎相比于原配轮胎的直径误差应控制在 ±3%，为什么？

在车辆中，车轮转动的速度是可以采集到的，而把它转换为车辆行驶的线速度显示在车速表上就需要原配车轮轮胎直径的介入。显然，在同样的车轮转速下，若新轮胎的直径相比于原配轮胎发生了变化，那么车辆的实际行驶速度也是不同的。但车速表上显示的车速仍是按照原配轮胎的直径来计算显示的，导致车辆实际车速和车速表显示的车速存在误差。

车速表显示的车速 v_0、原配轮胎的直径 D_0 和车轮转动的转速 ω 存在以下关系

$$v_0 = D_0/2 \times \omega$$

现在若新轮胎直径 D_1 的改变量为3%，则 $D_1 = (1 + 3\%) \times D_0$，从而得到更换新轮胎后车速表显示的车速 v_0 与实际车速 v_1 之间的关系

$$v_1 = (1 + 3\%) \times v_0$$

容易算出，当新轮胎直径增加3%，实际车速为 100km/h 时，车速表的显示只有 97km/h；而当新轮胎直径减小3%，实际车速为 100km/h 时，车速表的显示却是 103km/h。

这样的误差勉强可以接受。但若误差再大的话，则不仅车速表显示的车速相比于实际车速误差较大，对发动机的动力和传动部件都有影响，最高车速、里程的显示都不准确了。配备行车电脑的车型，则行车电脑显示的平均油耗、瞬时油耗、总里程、当前里程、续行里程等都不准确了，必须在行车电脑中加以修正。

因此，认为把新轮胎相比于原配轮胎的直径误差控制在 ±3% 基本对车辆影响不大。实际上欧洲的要求会更高一些，欧洲轮胎轮辋协会（ETITO）对轮胎车轮升级的规定是升级后直径发生变化，总直径增高不得超过 1.5%，降低不得超过 2%。

8. 如何进行轮胎升级和改装？

轮胎升级好处多，主要具有以下几点优势：

1）改善转向响应性。

2）更大的接地面积。

3）提高抓地力。

4）加强对路面的全面掌控感。

5）外观更动感、更时尚轮胎。

轮胎是非常重要的汽车零配件，凭借四条轮胎与地面相接、约四张明信片大小的面积，就可以影响车辆行驶的舒适性和操控性；轮胎是汽车上最重要的消耗性材料，也正因此轮胎的升级往往成为车辆整体性能向前迈进一大步的关键，对车主来说也是最容易进行的改装项目。可能会有一些用户不了解：新车买来就已经配备轮胎了，为什么还要花钱去将轮胎升级呢？这种观念其实也并没有错，因为就整体而言，新车上所配的轮胎都是汽车生产厂在经过反复严苛的道路测试之后才选定的，但绝大部分原厂配套轮胎为了控制成本或最佳地发挥车辆的性能，而难以做到既舒适又耐磨，所以，出于对总体平衡的考虑，原厂配套轮胎在性能、噪声、耐磨度和舒适性等某一方面必须进行一定程度的妥协。因此，对轮胎进行升级便也等于是改善车辆性能的第一步。了解了轮胎对于车辆整体性能表现具有关键性的影响后，接下来再看应该要如何将轮胎升级。轮胎的升级可以从以下两个方面着手：

（1）品质的升级　保持原厂配套轮胎的规格，但是换用等级更高的轮胎，以改善轮胎的品质，如得到更美观的胎面花纹、更好的排水性、更小的滚动噪声或更强的抓地力等。

（2）规格的升级　在许可范围之内，将原车轮胎规格向上升级，也就是将轮胎规格加大。这种做法的目的除了要提高抓地力之外，当然也能让换胎后的车辆整体看起来更美观、更威武。通常，在进行规格升级的同时，品质也就一并升级了。从以上的简单分析，感觉似乎只要进行规格升级就可以了。等于是能够将两种升级的好处都获得了。但实际上轮胎规格越大，理论上就会越重，等于是额外增加了车身的重量，同时因接地面变宽，在抓地力提升的同时，摩擦阻力也会加大，车辆行驶起来必定会比较费力，这样除了会增加油耗外，转向盘的转动也会变得较重；另外，最重要的是，轮胎规格加大，购买时所必须花费的金额也会同步增加。所以，在进行轮胎升级之前，必须仔细考虑以下几项：

1）目前的轮胎规格，是否真的不满意吗？

2）是否只要改善其中一、两项品质即可？是噪声、抓地力、排水性、还是外观造型？

3）轮胎升级的预算中，有没有包括一并将轮辋升级？

4）如果要进行规格升级，车辆动力输出是否足以负担？

"升一级"和"升两级"的概念是相对轮辋而言的，就是轮辋升一个尺寸、升两个尺寸的意思，根据等高原则，当轮辋升级后就要选用相应的轮胎，以保证轮胎高度不变。常见轮胎改装的规格对照见表2-11。

表 2-11　常见轮胎改装的规格对照

70 系列	65 系列	60 系列	55 系列	50 系列	45 系列	40/35 系列
165/70R13	175/65R13	175/60R14	185/55R14			
	175/65R14	185/60R14	195/55R14	195/50R15		
175/70R13	185/65R13	185/60R14	195/55R14	195/50R15		
	185/65R14	195/60R14	195/55R15	195/50R16	205/45R16	
185/70R13	185/65R14	195/60R14	195/55R15	205/50R15	205/45R16	
	195/65R14	195/60R15	205/55R15	205/50R16		215/40R17

（续）

70 系列	65 系列	60 系列	55 系列	50 系列	45 系列	40/35 系列
185/70R14	195/65R14	205/60R14	205/55R15	205/50R16	225/45R16	
	195/65R15	205/60R15	205/55R16	215/50R16	215/45R17	225/40R17
195/70R14	205/65R14	215/60R14	215/55R15	225/50R15	215/45R17	225/40R17
	205/65R15	215/60R15	215/55R16	225/50R16	225/45R17	235/40R17
205/70R14	205/65R15	215/60R15	215/55R16	215/50R17	225/45R17	225/40R18
	215/65R15	225/60R15	225/55R16	235/50R16	235/45R17	235/40R18
205/70R15	215/65R15	225/60R16	225/55R16		235/45R17	235/40R18
		225/60R16	225/55R17	235/50R17		255/35R18
215/70R15	215/65R16	225/60R16		235/50R17		255/35R18
		235/60R16	235/55R17		245/45R18	265/35R18

注：表中数字只表示轮胎和车轮的直径不会干涉，加宽以后宽度方面是否干涉要看不同车型。不同品牌轮胎会稍微的差别，但基本上是一样的。

根据表 2-11 还可总结出以下口诀：

"等高原则"规格转换口诀：加十（横截面宽度，下同）减五（高宽比，下同），口不变（轮胎内径，下同）；加二十减十，口不变；加十减十，口长一吋（英寸，下同）；加二十减二十，口长两吋。

9. 锻造轮辋和铸造轮辋有何区别？

锻造和铸造是目前轮辋生产用的主要工艺。锻造就是将整块铝锭经过千吨模具一次性冲压成形，优点是整体密度平均化、强度高且重量较轻，缺点是制造成本较高，导致锻造轮辋价格也高。铸造则是将铝或者其他合金原料高温熔化成液态后注入模具内成型，成本较低，也是现在主流的轮辋生产工艺。由于锻造轮辋重量轻而价格又高，在"一分钱一分货"的心理作用下，许多车主选择使用锻造轮辋，忽略了铸造轮辋具备的优势。锻造与铸造的特性对比见表 2-12。

表 2-12 锻造与锻造的特性对比

	锻造	铸造
常见产品代表	飞机部件、日本刀	锅、井盖
制造方法	金属块高压成形	熔化金属灌入铸模，冷却后取出
加压（铝合金汽车轮辋）	$>4000kg/cm^2$	$>500kg/cm^2$
材料内部密度	极密	非常疏
材料内部气孔	无	极多
产品强度均一性	绝对均一	不同部位不同强度
重量（BBS 17in 轮辋）	约 6.9kg	约 9kg

事实上，锻造相比铸造的优势在于：同重量时，锻造轮辋强度更高；同强度时，锻造轮辋更轻。如果没有强度一致这个限定条件，铸造也能实现轻量化，只不过同等重量的锻造轮辋和铸造轮圈，强度相差极大，这对于行车是十分危险的。以往生产的锻造轮辋具有轻和硬两大特点，然而造型自由度却不及铸造轮辋。

现在随着科技的发展，出现了半熔融锻造技术，可结合锻造与铸造各自的优势。此法在制作过程中将合金原料加热至 500℃，同时使用电磁搅拌机去除杂质和酸化物，继续加热至熔点 660℃时再利用 1200t 模具瞬间冲压成形。新方法制作的锻造轮辋外形美观且量轻，但价格较高，反倒不如在合理的升级范围内选择一款铸造轮辋实惠。

10. 轮辋背面有什么有用的信息？

以奇瑞汽车配置的轮辋为例进行说明，轮辋背面的有用信息如图 2-46 所示。

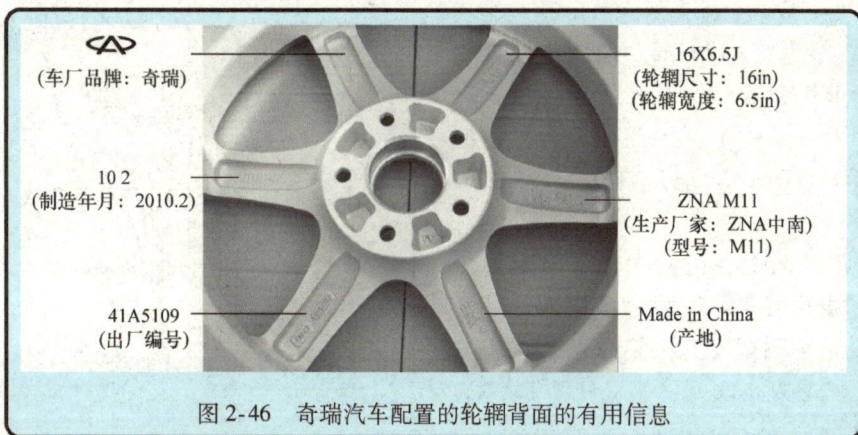

图 2-46　奇瑞汽车配置的轮辋背面的有用信息

11. 改装车轮的关键参数及配件都有哪些？

（1）改装车轮的关键参数　改装车轮的相关尺寸参数如图 2-47 所示。下面主要介绍节圆直径、偏距、X 距和中心孔。

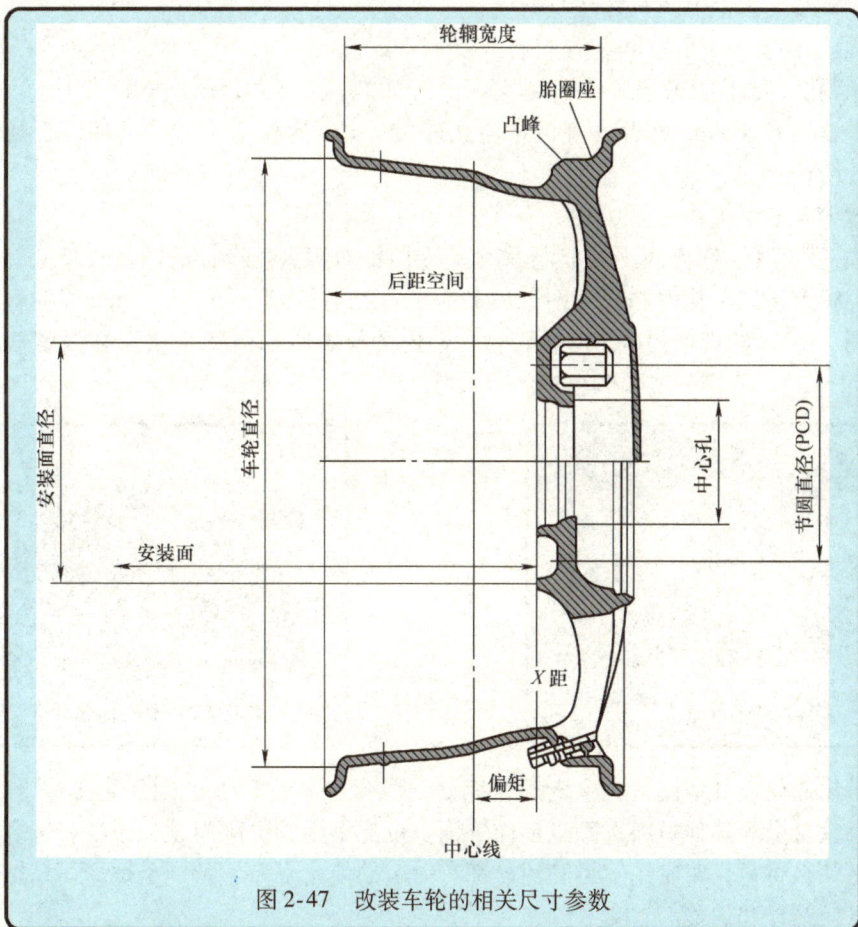

图 2-47　改装车轮的相关尺寸参数

1）节圆直径。节圆直径（PCD）是必须一致的安装参数。德国车基本为5孔，如奔驰（BENZ）基本上都是5×112mm，而宝马（BMW）多为5×120mm。而国内常见的车型4/5×100/114.3mm。越野车多为6×139.7mm，大排量的车型5孔较为合理，例如丰田（TOYOTA）陆地巡洋舰4700为5×150mm。

2）偏距。偏距有正偏距、零偏距和负偏距之分。偏距变小，轮距也就变大，升级轮辋后，根据轮辋宽度的不同以及偏距的变化，轮距会随之发生改变。如果升级了轮辋，则要考虑车轮是否会与里面的避振器和悬架零件以及外面的车身翼子板发生干涉（图2-48）。合适的偏距大小可以确保车轮不发生干涉，例如奥迪（Audi）A8原款16×7.5为ET38，18×8为ET35，19×8.5为ET30。

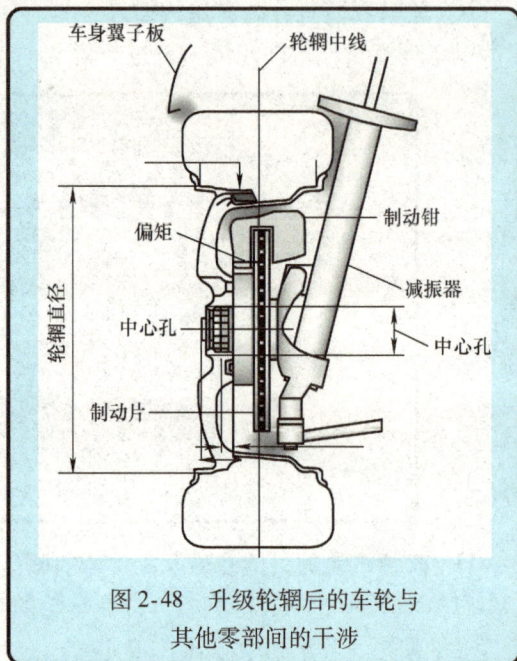

图2-48　升级轮辋后的车轮与
其他零部间的干涉

3）X距。要有一定的空间，否则会干涉制动器。

4）中心孔。对于中心孔，各车都不一样，如奔驰（BENZ）一般为66.6mm，宝马（BMW）一般为72.6mm。如果车轮的中心孔过大，则一定要用中心孔套环，否则高速行驶时车辆会抖动。

（2）改装车轮需要的主要配件

1）中心孔套环。OEM车轮中心孔完全是专门针对车型生产，所以合适车型就不用中心孔套环。售后市场的车轮中心孔（图2-49）尺寸往往各厂家不同，73.1mm最为常见。中心孔套环（图2-50）的规格相应地有数百种，使用的材料有彩色铝合金、高强度塑料、铜皮（厚度小于1mm），厂家一般以颜色来区分尺寸。

图2-49　车轮中心孔

图2-50　中心孔套环

因轻量化需要，日本流行轻合金车轮螺母。轻合金车轮螺母（图2-51）一般为铝合金材料，也有钛合金等其他材料，颜色多样鲜艳。可能是因为强度问题，还没有轻合金车轮螺栓。不论是什么材料，车轮用螺母和螺栓都有一定的使用寿命，特别是螺母，车轮每换一次需要同时更换螺母和螺栓。

2）偏距垫片。如果车轮的偏距不合适，可用偏距垫片来作修正。偏距垫片（图2-52）一般用铝合金制造，厚度不宜超过10mm。

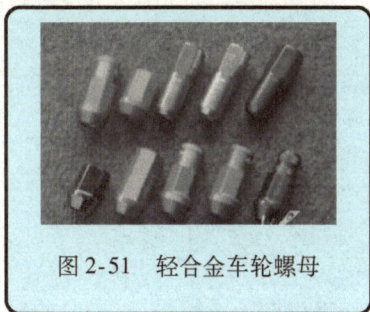

图2-51　轻合金车轮螺母

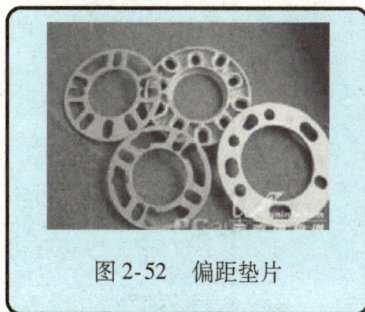

图2-52　偏距垫片

3）螺栓和螺母。图2-53所示为固定车轮用螺栓或螺母。德国车多用螺栓，日本车多用螺母。轿车用车轮螺栓一般为M12和M14两种，德国系列多用M14，日本用M12。螺纹有12×1.5，12×1.25，14×1.5，14×1.25。六角头螺栓有17mm、19mm、21mm，英制尺寸有13/16、7/8、3/4。有些车轮中心孔较小，还要用内六角头圆柱螺栓。车轮螺栓孔分球形和锥形（60°）两种（极少车是平的，必须配有垫片），如很多奔驰（BENZ）车轮螺栓孔是球形，宝马（BMW）车轮螺栓孔是锥形。售后市场车轮锥形螺栓孔很多，螺栓一定不能错，否则很危险。车轮螺栓孔的厚度不同，德国车较厚，日本车较薄，螺栓的螺纹一定要啮合10～12mm以上，所以有时更换车轮要用到加长螺栓（图2-54）。

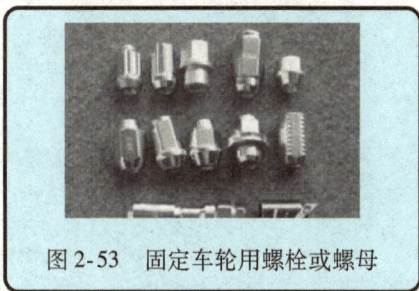

图2-53　固定车轮用螺栓或螺母

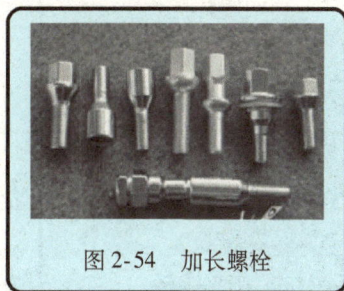

图2-54　加长螺栓

4）轮锁。车轮锁（图2-55）也相应地分为螺母和螺栓，可以防止他人轻易地拆卸车轮。一般每个轮子用一个车轮锁即可，但是在美国多为全换。

5）PCD垫套。中心孔（PCD）垫套如图2-56所示。因为铝合金材质较软，一些需要较大拧紧力矩的车轮（如越野车）会用垫套，通过挤压固定在车轮的螺栓孔内，起到防护和保护作用。有些车轮装配时需要用大力矩风枪，也会要求有PCD垫套。PCD垫套多为锌合金制造。

6）气门嘴。气门嘴（图2-57）是必不可少的。TR413C最为常用，为了美观，也有加铝合金的彩色套子。新轮胎必须用新气门嘴，橡胶气门嘴用于钢制车轮及S级轮胎和H级轮胎，金属气门嘴用于铝合金车轮及VR级轮胎和ZR级轮胎。

① 两片式气门嘴。图2-57中的气门嘴制作成两片式可以防止他人放气。

② 轻合金气门嘴。日本也流行轻合金气门嘴，一般用铝合金制造，配合同颜色的轻合金螺母一同使用。

7）车轮测量工具。车轮测量工具有PCD测量尺（图2-58）、PCD测量盘（图2-59）、偏距尺（图2-60）和车轮中心孔尺（图2-61）等。

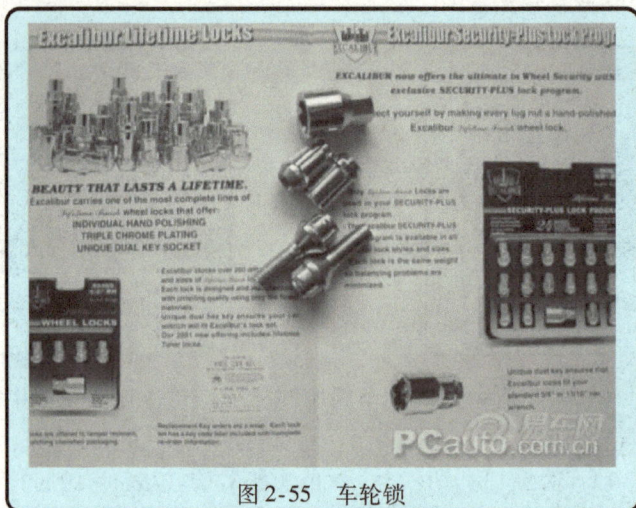
图2-55　车轮锁

图2-56　中心孔垫套

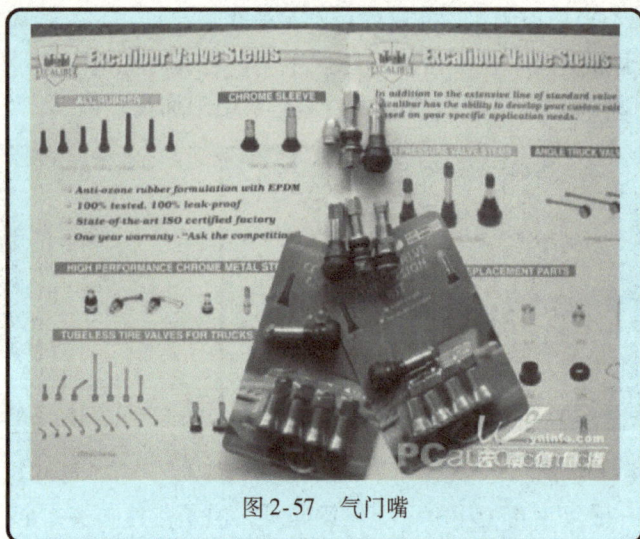
图2-57　气门嘴

图2-58　PCD测量尺

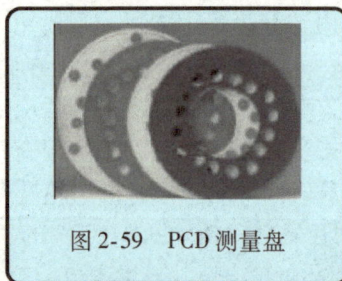
图2-59　PCD测量盘

8）车轮安装定位销。安装车轮（特别是德国的螺栓结构或者加偏距垫片时）是很难定位的，此时车轮安装定位销（图2-62）就可以派上用场了。

图 2-60　偏距尺

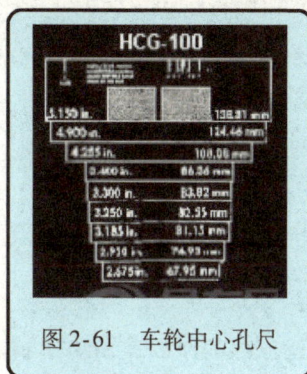

图 2-61　车轮中心孔尺

图 2-62　车轮安装定位销

第四节　前轮振摆机理与车架、车身的振动

一、前轮振摆机理　▶▶

前轮振摆是指汽车以某一车速行驶时，左、右前轮在绕汽车纵轴作角振动的同时，又绕转向节主销作回转运动的一种复合运动。因此，当前轮发生振摆时，不只是转向系统在振动，甚至连整个汽车都在振动。当车速大于或小于这个车速时，振摆现象即逐渐消失，这种有害的振摆，使汽车有关各部件受到强烈的交变载荷作用，对汽车的使用寿命和行驶安全都危害极大。

1. 汽车前轮振摆机理

前轮振摆的实质是一种共振现象，当汽车在凹凸不平的路面上以某一车速行驶时，路面对车轮的冲击产生的激励频率接近汽车振动系统的固有频率时，便产生强烈的共振。若汽车振动系统的固有频率大大超过外界激励频率，这种振动便可被弹性元件或系统内部的摩擦阻尼所衰减或吸收。外界激励频率是随道路、车速而改变且不可避免的，但汽车固有频率则取决于系统的角刚度和转动惯量，而系统的角刚度在修理过程中是可以调整的。

要避免振摆的发生，必须使前轴角振动的固有频率和车轮绕主销作角振动的固有频率远离随即的外界激励频率。要做到这一点，在进行修理作业时，可以通过调整改变钢板弹簧刚度和轮胎法向刚度来达到。而前轮绕主销回转时的角刚度的大小则与转向系统的刚度及前轮定位角等有关，也是可以改变的。

车轮的旋转质量不平衡引起前轮振摆。车轮上不平衡质量产生的离心力方向，每一瞬时都在其半径方向离开车轮中心。其水平分力对主销形成一个力矩，使车轮绕主销转动，垂直分力则引起车轮的上下跳动，如果左、右车轮不平衡质量刚好对称装配，则会加剧这些振动。

前悬架与转向传动机构的运动关系不协调，也会引起前轮振摆。

2. 前轮振摆的原因及预防措施

1）由于长期使用，钢板弹簧过度疲劳或因钢板弹簧片间缺乏润滑，长期处于干摩擦状态使其厚度变薄，引起刚度下降，将导致前轴绕汽车纵轴振动的固有频率下降，接近外界激励频率而引起共振。此时应有目的地选择刚度较大的钢板弹簧予以更换。

2）轮胎气压不合适，引起轮胎刚度变化，从而使其固有频率接近外界激励频率，引起共振。此时可调整轮胎气压，但不可偏离要求太大，以免降低吸收振动的能力和引起轮胎的异常磨损。

3）由于装配和使用等原因，使转向系统相关紧固螺栓松动、相关间隙不适当、轮毂轴承螺母松动等，造成转向系统的角刚度下降，其结果将导致前轮绕主销回转时的固有频率接近外界激励频率而引起振摆。此时应对上述各部件进行检查、紧固，对配合不当的间隙应重新记忆调整。

4）由于轮胎动不平衡、制动鼓光削后厚度不均等导致动不平衡而引起前轮摆振的应更换相关部件或对相关部件进行动平衡校验。

5）前轮定位角失准，将使前轮稳定效应变差，也可能引起振摆的发生，应重新作前轮定位。

二、车架、车身的振动 ▶▶

车架和车身常受到下面一些振源的激励：
1）具有宽频带的路面不平。
2）车轮的不平衡。
3）动力传动装置。

车架和车身的振动在设计中会避开一些子结构的振动，如：
1）簧上质量振动频率为 1Hz 左右。
2）动力总成在其悬置上的振动频率为 6～15Hz。
3）簧下质量振动频率为 15Hz 左右。
4）乘员座椅的振动频率为 2～3Hz。

需要注意的是，因车轮的不平衡或动力传动装置的间隙过大或缓冲胶老化开裂等原因，会导致车辆在一定车速时因该激励频率接近车架和车身的固有频率而发生共振，从而导致车架和车身、座椅等剧烈振动，正是所谓的车身振抖故障。它和前轮偏摆故障是有本质上的区别的，但从故障现象上看容易使人产生混淆，应加以注意。

第五节 四轮定位检测调整的专用组件

一、外倾角校正器 ▶▶

外倾角校正器及其使用如图 2-63 和图 2-64 所示。外倾角校正器是适用于调整外倾角的专用设备，一般用于调整前轮外倾角，误差小于 1.5° 的情况下效果较好。

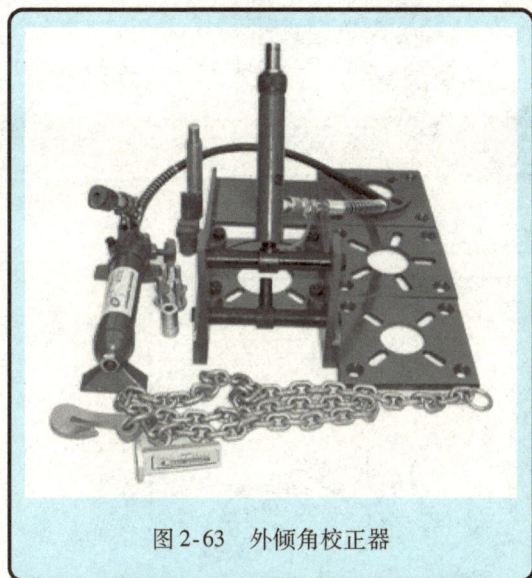

图 2-63 外倾角校正器

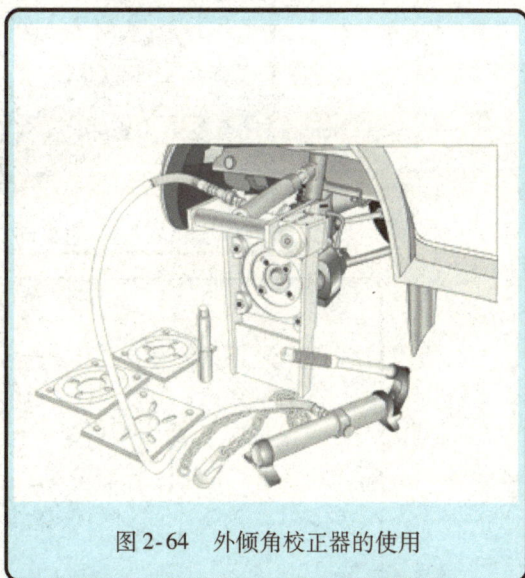

图 2-64 外倾角校正器的使用

二、奥迪 A6、帕萨特 B5 调整架 ▶▶▶

图 2-65 所示为奥迪 A6、帕萨特 B5 调整架，是调整奥迪 A6、帕萨特 B5 前束角与外倾角时的专用调整工具。

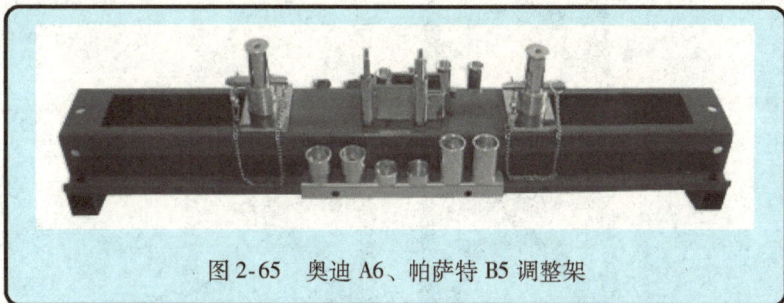

图 2-65 奥迪 A6、帕萨特 B5 调整架

三、垫片 ▶▶

垫片是调整后轮外倾角、后束角、推力角的必备配件，形状从圆形（图 2-66、图 2-

67)，方形（图2-68、图2-69），到 U 形（图2-70）。目前垫片市场价格不一，质量参差不齐，选择时要特别注意。

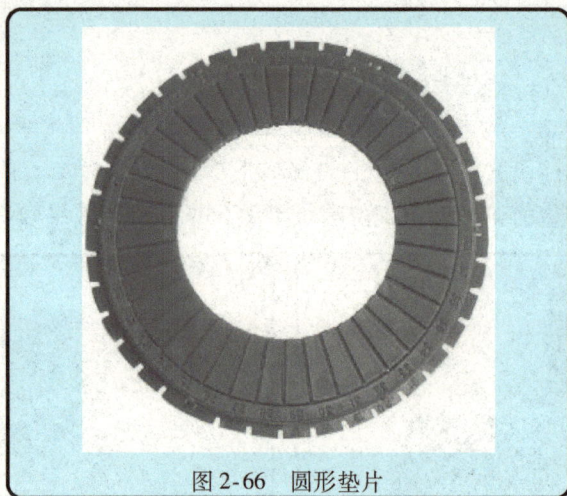

图 2-66　圆形垫片

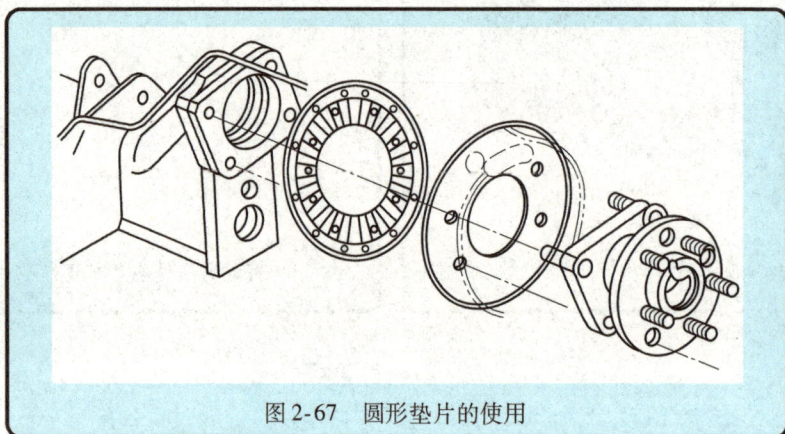

图 2-67　圆形垫片的使用

图 2-68　方形垫片

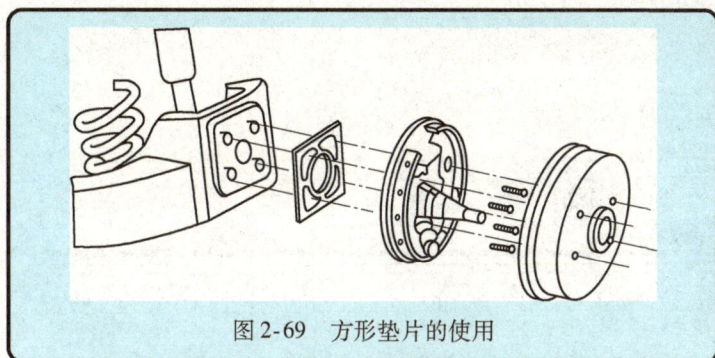

图 2-69　方形垫片的使用

图 2-70　U 形垫片

四、偏心螺栓

偏心螺栓如图 2-71 所示，它是调整车轮外倾角时的专用配件，直径尺寸为 12～17mm。

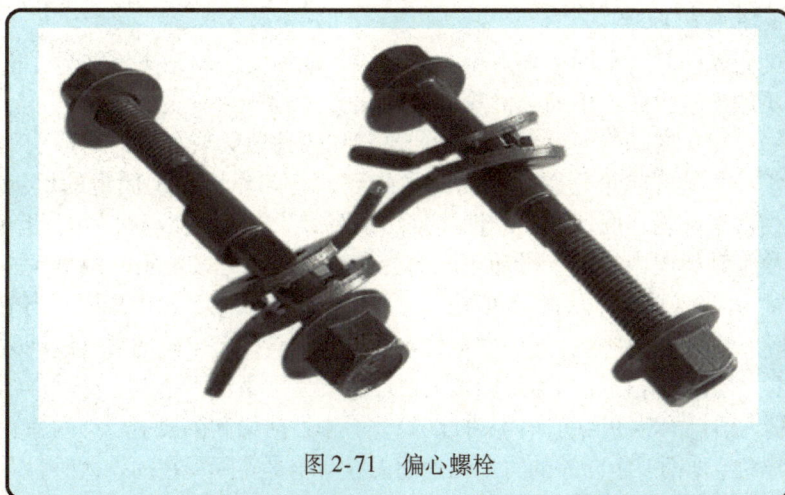

图 2-71　偏心螺栓

第 三 章

四轮定位仪设备知识

第一节　四轮定位仪的测量原理

一、汽车四轮定位的检测方法

1. 四轮定位检测方法的分类

汽车四轮定位的检测方法有静态检测法和动态检测法两种类型。

1）静态检测法是指在汽车静止状态下利用四轮定位仪对四轮定位进行几何角度的测量。

2）动态检测法是指在汽车以一定车速行驶的状态下，用侧滑试验台检测前轮的侧滑量，以判断前轮前束和前轮外倾配合是否恰当。

2. 侧滑试验台检测原理

为了缩短前轮纵向旋转平面接地点至主销轴线与地面交点的距离，并为了前轴在承受较大载荷后前轮不致产生内倾，因而在前轮定位中出现了前轮外倾这一角度。但前轮外倾后，在两前轮滚动中出现了向外张开滚动的趋势。虽然在刚性前梁或车架的约束下，前轮并不能真正向外分开滚动，但两前轮分别给地面向内的侧向力和轮胎在地面上的滑磨是实际存在的。此时，若使汽车前轮在两块互不刚性连接然而可以左右自由滑动的滑动板上前进通过，则可以看到两块滑动板向内靠拢。滑动板向内的靠拢量，即为该前轮的侧滑量。

前轮前束是为纠正前轮外倾后致使前轮向外张开滚动这一不足而出现的。当前束值恰到好处时，即给已经外倾的前轮一个合适的方向修正量时，前轮每个单轮的瞬时滚动方向就会接近于正前方。此时，即使汽车前轮再通过同样的滑动板，滑动板也不会左右移动。当然，若前轮前束值太大，则两前轮滚动中又有向内靠拢的趋势。刚性前梁和车架不允许两前轮真正向内靠拢，但两前轮分别给地面一个向外的力并在地面上滑磨也是实际存在的。此时，若汽车的前轮通过上述同样的滑动板，则两滑动板向外滑动。滑动板的滑动量，即为该前轮的滑动量。

侧滑试验台就是利用上述滑动板在侧向力作用下能够横向滑动的原理来测量前轮侧滑量的。可以看出，检测中若滑动板向外移动，则表明前轮前束太大或负外倾太大；若滑动板向内移动，则表明前轮外倾太大或负前束太大；若滑板不移动，则表明前轮没有侧滑量，此时前束与外倾配合得恰到好处。

可以想象，前轮外倾对滑动板的作用是，不管车辆前进还是后退，其侧滑量相等且侧滑方向一致；前轮前束对滑动板的作用则是，在车辆前进和后退时，虽侧滑量相等但侧滑方向相反。容易理解，同样方法也可测量后轮侧滑量。

在检测时，若滑动板的长度为1m，汽车以3～5km/h的速度平稳垂直通过滑动板，侧滑量为1mm，则代表车辆每行驶1km侧滑1m。按国家标准GB 18565—2001《营运车辆综合性能要求和检验方法》的规定，对前轴采用非独立悬架的汽车，其转向轮的横向侧滑量，用侧滑台检验时侧滑量值应在±5m/km之间。虽然该标准是针对前轴采用非独立悬架的汽车，但实际上对于采用独立悬架的汽车，无论是前轮还是后轮都同样可以参考。因此，若车辆检测车的侧滑量在0～3mm范围内，则表示良好；侧滑量3～5mm表示可用；侧滑量5mm以上为不良。

二、四轮定位仪的分类

四轮定位仪有前束尺和光学水准定位仪、拉线定位仪、CCD定位仪、激光定位仪、3D影像定位仪等几种。其中3D影像定位仪和CCD定位仪是目前市场上的主流产品，3D影像定位仪是目前市场上最先进的四轮定位，测量方式先进，测量时间仅为传统定位仪的1/5，已渐进入成熟阶段。

1. CCD定位仪

为了深入地了解CCD四轮定位仪的结构与工作原理，本书将在后面的章节中以深圳元征科技股份有限公司生产的X－531产品为例来进行剖析。

2. 3D影像定位仪

为了深入地了解3D影像四轮定位仪的结构与工作原理，本书将在后面的章节中以深圳圳天元科技开发有限责任公司生产的ZTY－300M产品为例来进行剖析。

三、无线CCD四轮定位仪的测量原理

1. X531四轮定位仪的电气工作原理

X531四轮定位仪的电气工作原理如图3-1所示。整个系统共分为数据采集和数据处理两个部分。

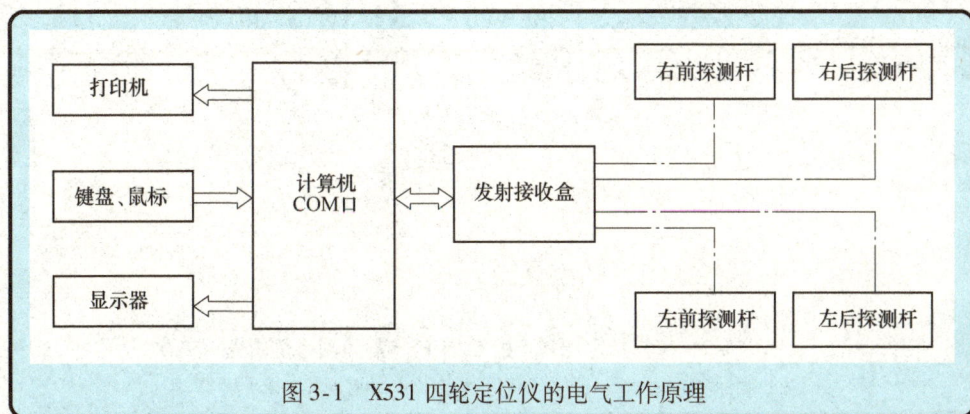

图 3-1　X531 四轮定位仪的电气工作原理

　　数据采集部分为四个探杆，探杆中的传感器（CCD）分别感应与其相对的探杆上的红外发射管的光线坐标，经无线发射器传输到机柜中的无线接收器，再经工控机中的 COM 口传输到电脑主机，进行运算与处理。由于 CCD 传感器反映了其自身与相对应的探杆上的红外发射管的相互关系，而探杆通过四个轮夹与汽车轮辋相连，所以通过 8 个 CCD 传感器可以测量出四个轮辋的相互关系，从而确定车轮的定位参数；8 个 CCD 传感器形成一个封闭的四边形，可实现车辆的四轮定位测量。在实际应用中，4 个探杆上的 8 个 CCD 传感器，其镜头前面都装有滤光片，以消除可见光对红外发射二极管亮点图像的干扰。

　　数据处理部分为四轮定位仪主机，主要包括一套计算机系统、电源系统及接口系统。其作用是实现用户对四轮定位仪的指令操作，对传感器的图像数据进行采集、处理，并与原厂设计参数一起显示出来，同时指导用户对汽车进行调整，最后打印出相应的报表。

　　数据采集部分与数据处理部分是无线传输的。

2. 车轮前束和外倾的测量原理

　　探杆在出厂前都要进行标定（图 3-2），简单地说，就是把探杆放在前束和外倾都为零的标准架子上，使仪器显示的外倾角和前束都为零。这就是前束和外倾角的零位选定。传感器上这个零位的物理位置称为传感器的标定点，标定点的数据作为测量的计算基准保存于仪器的内存中，实际测量的结果就是参照这些基准数据计算出来的。相当于在刻度尺上确定了零刻度，确定了测量基准，这样当把探杆通过轮夹装上车轮后（图 3-3），车轮实际的前束和外倾便能够以零刻度基准为参照显示出来。

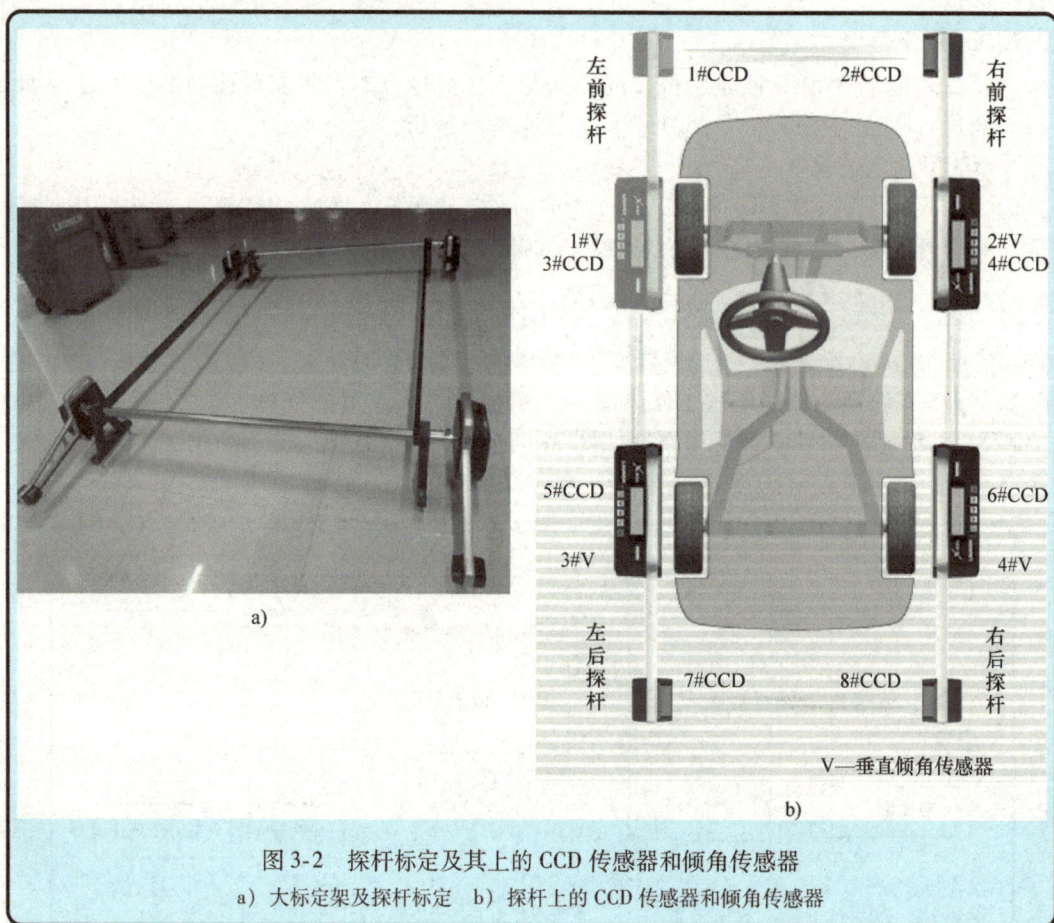

图 3-2　探杆标定及其上的 CCD 传感器和倾角传感器

a）大标定架及探杆标定　b）探杆上的 CCD 传感器和倾角传感器

这只是简单的理解，实际上，在前束的计算上还要用到复杂的算法。

为便于理解，以下对前束的算法作简化讲解。

图3-4所示为前束算法简图，图中简化的车辆前轴线、后轴线、左后轮和右后轮的简化线都已画出。在计算过程中可参考图3-4进行分析和理解。

表3-1给出了图3-4标注的解释。

图3-3 探杆在车轮上的安装

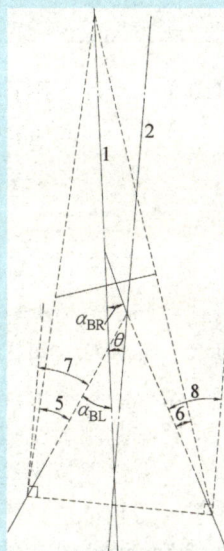

图3-4 前束算法简图

表3-1 图3-4标注的解释

名称	定义
线1—车辆几何中心线	平分车辆前后轴的直线，在计算中是指左侧两车轮中心连线与右侧两车轮中心连线夹角的角平分线
线2—后轮推进线	事实上车辆直线行驶的实际轨迹是后轮推进线方向，而不是车辆几何中心线方向。在计算中是指后轮总前束的角平分线
$\angle\theta$—后轮推进角	后轮推进线与几何中心线的夹角
$\angle\alpha_{RL}$—左后轮单独前束角	左后轮平面的水平线与车辆几何中心线的夹角
$\angle\alpha_{RR}$—右后轮单独前束角	右后轮平面的水平线与车辆几何中心线的夹角
$\angle5$—左后探杆5#CCD相对标定时标定架标准矩形左边线偏离的角度，也就测出了左后轮相对标准车辆前、后轴组成的标准矩形左侧连线偏离的角度	左侧两车轮中心的连线与左后轮平面水平线的夹角
$\angle7$—左后探杆7#CCD相对标定时标定架标准矩形后边线偏离的角度，也就测出了左后轮相对标准车辆前、后轴组成的标准矩形后轴偏离的角度	后轴垂线与左后轮平面水平线的夹角

（续）

名称	定义
∠6、∠8 分别对应6#CCD、8#CCD 理解同上	定义理解同上
图中未画出的∠1、∠2、∠3、∠4 分别对应1#CCD、2#CCD、3#CCD、4#CCD 理解同上	定义理解同上
图中未画出的∠α_{FL}、∠α_{FR} 分别为左前轮单独前束角、右前轮单独前束角	与后轮单独前束角的定义不同，前轮单独前束角的定义是各单独前轮平面的水平线与后轮推进线的夹角

通过图 3-4 可计算出算式

$$\angle\alpha_{RL} = (\angle 5 + \angle 7)/2 + (\angle 8 - \angle 6)/2$$

$$\angle\alpha_{RR} = (\angle 6 + \angle 8)/2 + (\angle 7 - \angle 5)/2$$

$$\angle\alpha_{FL} = (\angle 1 + \angle 3)/2 + (\angle 2 - \angle 4)/2 + (\angle 6 - \angle 5)/2$$

$$\angle\alpha_{FR} = (\angle 2 + \angle 4)/2 + (\angle 1 - \angle 3)/2 + (\angle 5 - \angle 6)/2$$

$$\angle\theta = (\angle\alpha_{RR} - \angle\alpha_{RL})/2 = (\angle 6 - \angle 5)/2$$

从以上一系列算式可以看出，后轮的单独前束是以车辆的几何中心线为基准的，而前轮的单独前束是以后轮推进线为基准的，当后轮有推进角 θ 时，两前轮是在以车辆几何中心线为基准的角度的基础上一边加了一个 θ，而另一边减了一个 θ，从而保证两前轮和两后轮的总前束角的平分线保持平行或重合，也就实现了两前轮单独前束以后轮推进线为基准的目的，解决了因后轮推进角不能调整而导致的转向盘不正问题，尽管歪斜的车身仍然存在。

3. 主销后倾角和内倾角的测量原理

该测量原理较难理解，用过四轮定位仪的人都知道，有时按照仪器的提示要左转和右转转向盘一定的角度（图 3-5），不同的仪器要求转动的角度也不一样，有 20°、10°等。转这个角度就是为测量主销的这两个参数提供计算数据。

图 3-5　主销测量需时车轮转动一定角度

（1）主销后倾角 γ 的测量原理　主销后倾角 γ 不能直接测量，只能采用建立在几何关系上的间接测量。如图 3-6 所示，在空间坐标系中，以左前轮为例，OA 代表主销中心线，位于 OYZ 平面内，γ 为主销后倾角，OC 为转向节枢轴，MN 为放置在 OC 上的气泡管。假设前轮外倾角和主销内倾角均为零，则 $OC \perp OA$。当车轮处于直线行驶位置时，OC 与 OX 轴重合。当前轮在水平平面向右转至规定角度 φ 时，由于主销后倾角 γ 的存在，使得转向节枢轴轴线 OC 转至 OC'，形成一扇形平面 OCC'，该平面与水平平面的夹角等于 γ。OC' 与水平平面的夹角为 ω。此时，气泡管由 MN 移至 $M'N'$，所以 ω 也就是气泡管相对水平平面倾斜的角度。因此，气泡管内的气泡向高处（M' 处）移动。气泡位移量取决于夹角 ω。ω 则取决于 φ 和主销后倾 γ。当 φ 为一定值时，位移量仅决定于主销后倾角 γ 的大小。这样，气泡位移量通过标定即可反映 γ 值，从而测得主销后倾角。

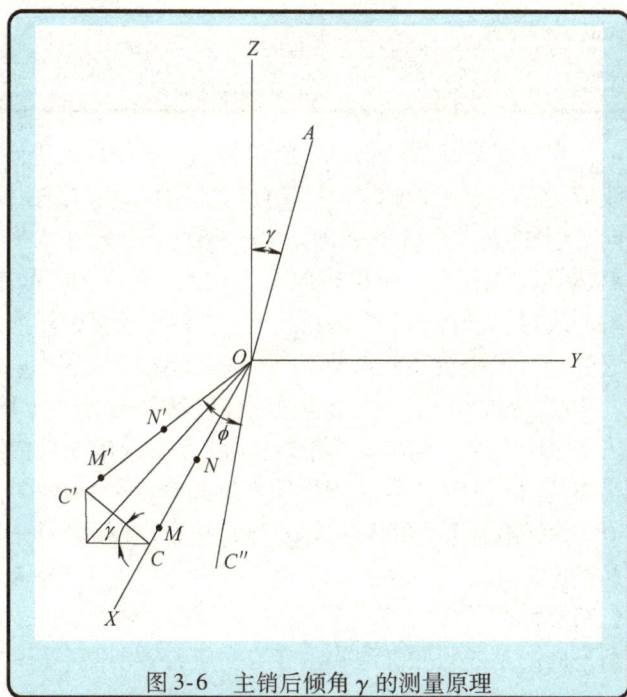

图 3-6　主销后倾角 γ 的测量原理

测量时，一般先将前轮向左转动角度 φ，使转向角枢轴转至 OC'' 的位置，再将前轮向右转动 2φ 角度，气泡位移量增大了一倍。这不仅使测量灵敏度和精度提高，而且消除了主销内倾角对测量值的影响，因为当转向节枢轴 OC 从前轮直线行驶位置分别向左、右转动同样角度时，主销内倾角对主销后倾角 γ 测量值的影响数值相等，方向相反，互相抵消。因此仪器的测量值可准确反映主销后倾角 γ 的大小，消除了主销内倾角的影响。至于前轮外倾角，由于影响甚微可以忽略不计。

简单地说，为了测量左前轮主销后倾参数，须在前轮摆正的情况下，在车轮的旋转轴线上水平放一个气泡管，放置的方向和车轮的旋转平面垂直。

这样当左前轮向右转动一定角度时，因为主销后倾角的存在，必使气泡上升一定高度，并且主销后倾角越大，则上升的高度越高。这样就可根据气泡管中气泡上升的高度来标定出主销后倾角的度数。

（2）主销内倾角 β 的测量原理　该角不能直接测量，只能采用建立在几何关系上的间

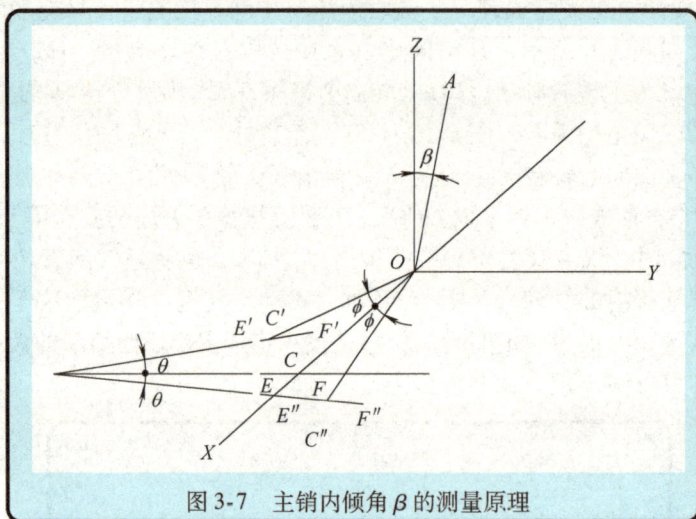

图 3-7　主销内倾角 β 的测量原理

接测量。如图 3-7 所示，在空间坐标系中仍以左前轮为例。假使前轮外倾角和主销后倾角均等于零，则主销中心线 OA 在 OXZ 平面内，OA 与 OZ 的夹角 β 为主销内倾角。当前轮处于直线行驶位置时，转向节枢轴 OC 与 OA 的夹角为 $90° + \beta$。若前轮在水平平面内向右转动规定角度 ϕ 后，由于主销内倾角的存在，使得转向节枢轴 OC 转至 OC' 形成圆锥面 OCC'。如果在转向节枢轴的前端部放置一平行于水平平面且与 OC 轴线垂直的气泡管 EF，则在 OC 绕 OA 轴转至 OC' 后，气泡管 EF 发生绕转向节枢轴轴线的转动，位置变为 $E'F'$，其与水平平面的夹角为 θ。此时，气泡管内的气泡向 F' 处移动，位移量取决于 θ。θ 取决于 β 和 ϕ。ϕ 为定值，所以 θ 角仅取决于 β。这样气泡的位移量通过标定即可反映主销内倾角度值。

测量时，一般也是将前轮向左转 ϕ 角，则转向节枢轴 OC 转至 OC''，在将前轮向右转 2ϕ 角，转向节枢轴转至 OC'，气泡管 EF 则转过了 2θ 角，气泡位移量增大一倍。同理，这一测量方法使测量灵敏度和精度提高，而且消除了主销后倾角对测量值的影响。前轮外倾角的影响甚微，也同样可以忽略不计。

与测量主销后倾角不同的是，须把气泡管沿着与车轮旋转平面平行的方向水平放置在车轮的旋转轴线上。

这样才能保证当左前轮向右转动一定角度时，因为主销内倾角的存在使气泡上升的高度较为明显，可通过主销内倾角角度越大则气泡管中的气泡上升得越高这种关系，标定出主销内倾角的度数。

4. 关于硬件

（1）关于电子式重力倾角传感器　这里提到的两个气泡管，在早期的四轮定位仪上是存在的，现在都用电子式重力倾角传感器（图 3-8）取代了，此处提起是因为它们更易使我们理解主销参数的测量原理。

电子式重力倾角传感器的原理就如同在车轮上吊着一个小铅锤，当铅锤在静止位置时，相当于气泡管的气泡在中间位置，当车轮倾斜一个角度，铅锤就势必偏离原来的静止位置一个角度，相当于气泡管中的气泡上升了一个角度，很容易理解，电子式倾角传感器度量的精度更高。

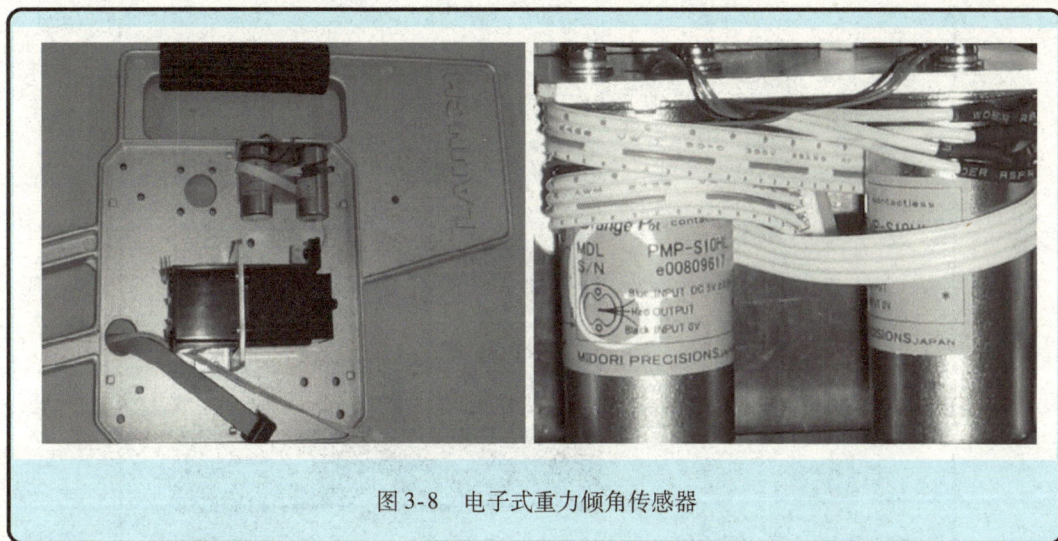

图 3-8　电子式重力倾角传感器

（2）CCD 部件的性能特点　CCD 电荷耦合器件（图 3-9），是新型半导体集成光电器件，是由几千个相对独立的光电二极管构成的。入射光的位置可以直接使对应的光电二极管产生变化，该信号经位移输出，直接读取其对应的二极管位置，无需 AD 转换，线性度也得到了保证，使系统的误差降低到最少。CCD 是微功耗器件，正常使用情况下，自身的寿命可达 10 年以上。因此，欧美等国家的高端四轮定位仪都选用 CCD 作为核心测量器件。

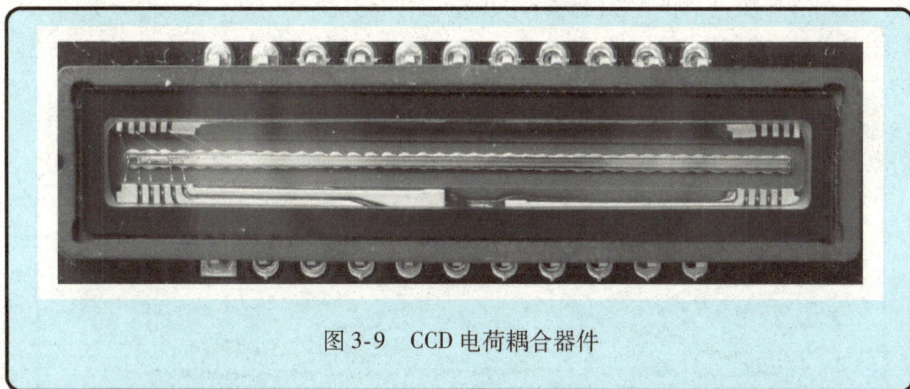

图 3-9　CCD 电荷耦合器件

（3）对各个传感器的理解　结合图 3-10，我们不难理解各个传感器的功用。

1）测量主销后倾角要用到转向轮探杆上的垂直倾角传感器，而主销内倾角的测量要用到水平仰角传感器。

2）在测量主销参数时，向左和向右转一定角度的感知，要用到 3#CCD 和 4#CCD。

3）车轮外倾角的测量要用到垂直倾角传感器。

4）电子水平的感知要用到水平仰角传感器。

5）八个 CCD 传感器的功用。通过八束光线之间的夹角可以形成封闭的四边形，从而可以计算出前束、轮距差、轴距差等。

实际上，本仪器可称为 16 传感器四轮定位仪（8 个 CCD + 8 个倾角传感器）。

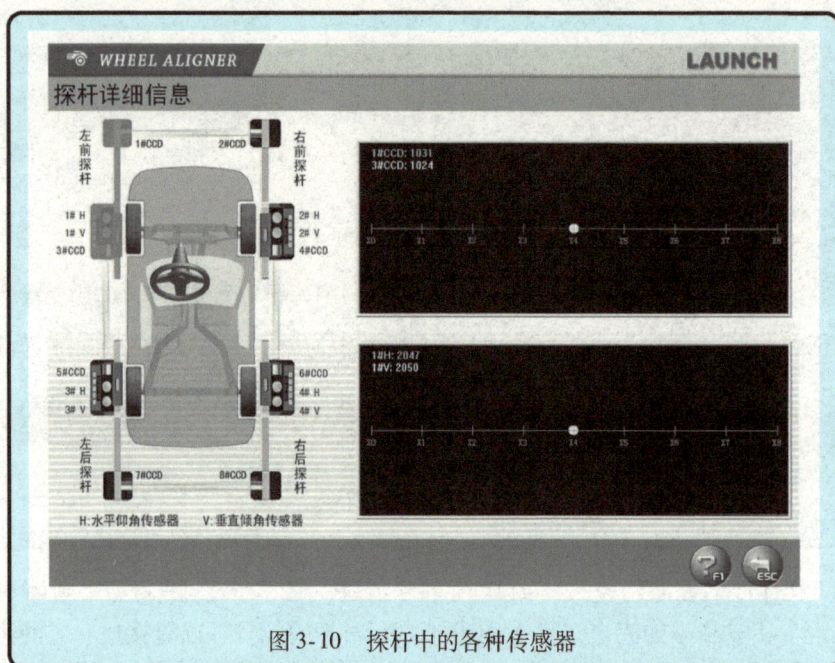

图 3-10　探杆中的各种传感器

5. 关于软件

不同的定位类型主要是由四轮定位仪的软件决定的,当然低档的四轮定位仪由于受到硬件的限制,也无法采用高级的定位类型;而高级的四轮定位仪软件并不是一般的四轮定位仪厂家能开发出来的。定位类型分为三种:几何中心线定位、推进线定位、四轮定位。

(1)几何中心线定位

1)车辆几何中心线如图 3-11 所示,是指平分标准车辆前后轴的直线。

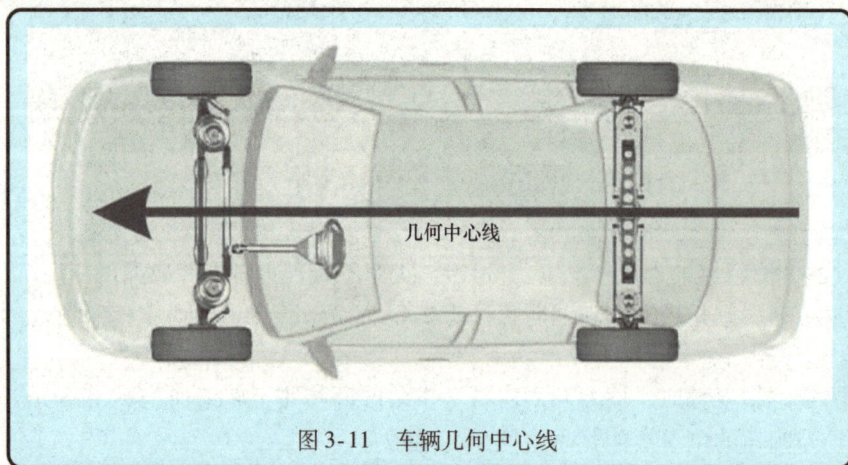

图 3-11　车辆几何中心线

2)后轮推进线如图 3-12 所示,是指后轮总前束的角平分线。事实上汽车直线行驶的实际轨迹不是车辆的几何中心线方向,而是后轮推进线方向。

3)总前束角如图 3-13 所示,该角由穿过同一车轴上的两个车轮平面的两条水平线所组成。

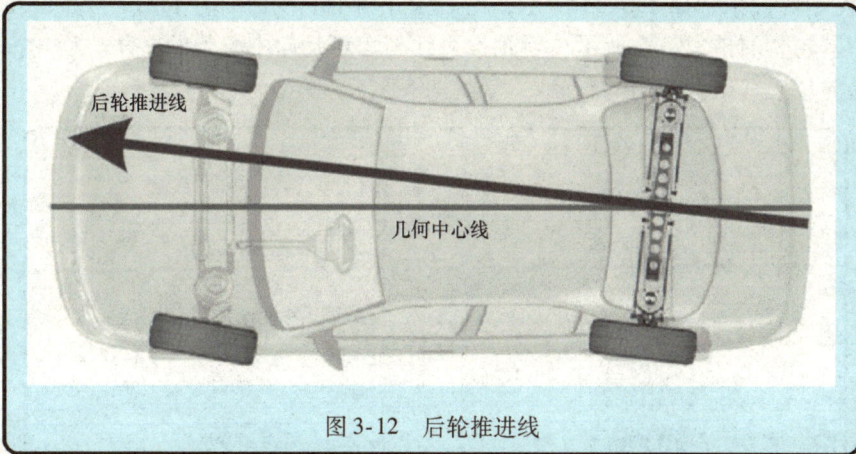

后轮推进线

几何中心线

图 3-12 后轮推进线

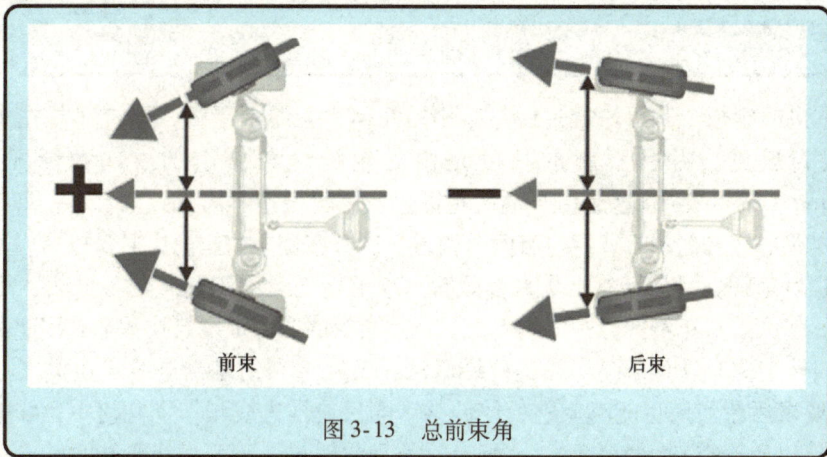

前束

后束

图 3-13 总前束角

这种定位类型在调整前轮前束时是以车辆的几何中心线为参照的。

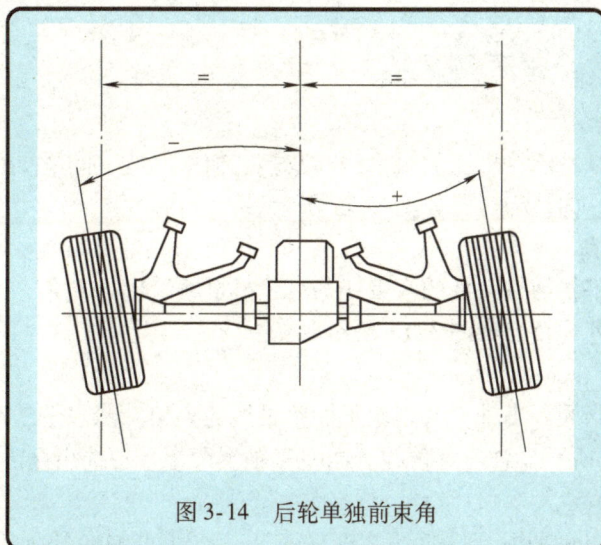

图 3-14 后轮单独前束角

4）后轮单独前束角如图3-14所示，由车辆几何中心线与后轮平面的水平线所组成。

5）后轮推进角如图3-15所示，后轮推进线与车辆几何中心线的夹角。后轮推进角大小为右、左后轮单独前束差值的一半。

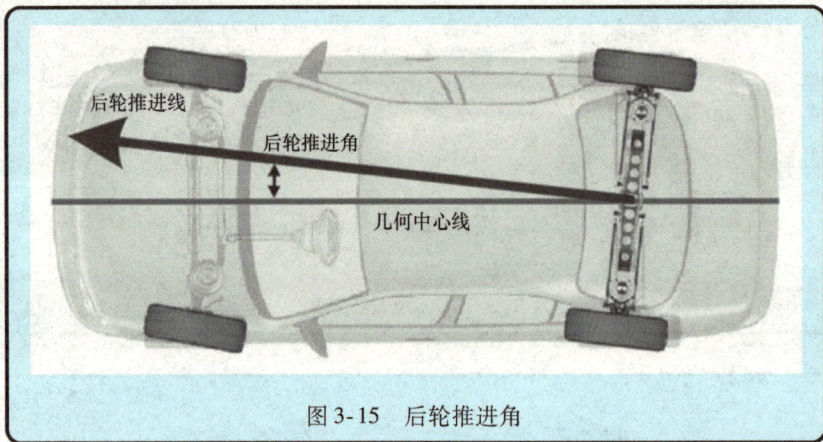

图 3-15　后轮推进角

（2）推进线定位　若后轮推进线与车辆的几何中心线不平行，则汽车是在车身歪斜的状态下直线行驶的，并且歪斜的角度是由后轮推进角决定的。这种情况通常称为"横跑"（Dog Tracking），这是由车辆后轮循迹与前轮循迹不同导致的。

该定位类型相比几何中心线定位有明显改进。因其在调整前轮前束时是以后轮推进线为参照的，能够很好地解决用几何中心线为参照时出现的转向盘不正的问题。虽然"横跑"的问题没有解决，但大多对车辆的行驶影响不大。目前高级的四轮定位仪技术都采用此种方法。

（3）四轮定位　这是最终车轮定位维修法，实际上它仍是推进线定位类型。所不同的是这种情况要求后轮前束也能够调整，使调整后的后轮推进线与车辆几何中心线平行，调整前轮前束时再以后轮推进线为参照。这种定位类型既解决了车辆直线行驶时转向盘不正的问题也解决了车身歪斜的问题。

四、术语解释

1. 后轮单独前束角

后轮单独前束角是指后轮平面的水平线与车辆几何中心线之间的夹角，水平线前端相对几何中心线向内为正，向外为负，如图3-16所示。

2. 前轮单独前束角

前轮单独前束角是指前轮平面的水平线与后轮推进线之间的夹角，水平线前端相对后轮推进线向内为正，向外为负，如图3-17所示。

3. 车轮总前束角

车轮总前束角是指同一车轴上两车轮平面水平线的夹角，两水平线前端向内为正，向外张开为负，如图3-18所示。总前束角等于同一车轴上两个单独前束角之和。

4. 车轮外倾角

车轮外倾角是指车轮平面与垂直面之间的夹角，车轮上端向外为正，向内为负，如图3-19所示。

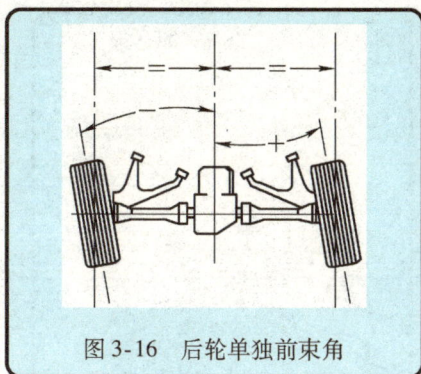

图 3-16　后轮单独前束角

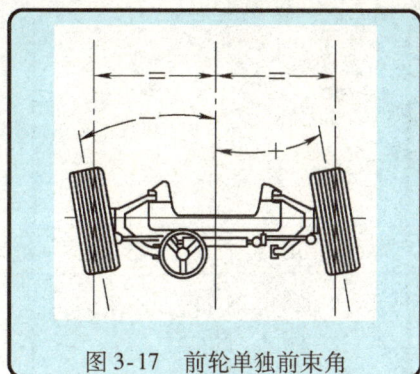

图 3-17　前轮单独前束角

5. 主销轴线

主销轴线是指上球头或滑柱铰链与下球头两中心点的连线，即转向时，车轮围绕其进行转向运动的转向轴线，如图 3-20 所示。

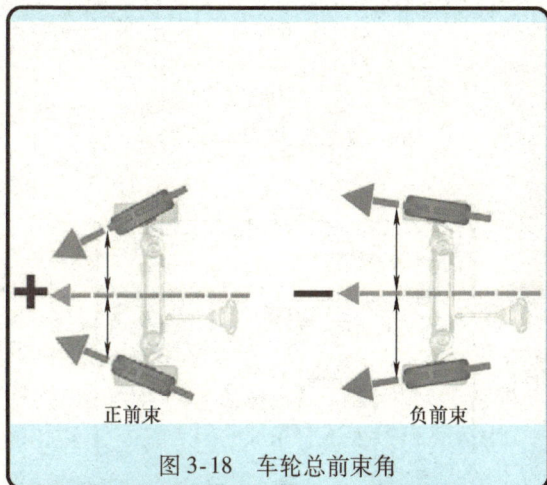

图 3-18　车轮总前束角

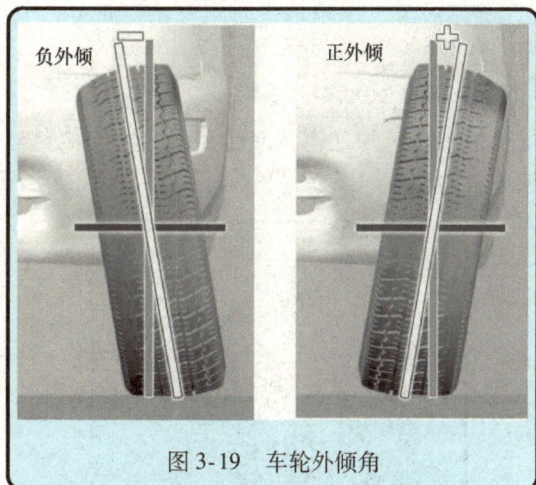

图 3-19　车轮外倾角

6. 主销后倾角

主销后倾角是指从侧面看，主销轴线与铅垂线之间的夹角，主销轴线的上端向后为正，向前为负，如图 3-21 所示。

7. 主销内倾角

主销内倾角是指从前面看，主销轴线与铅垂线之间的夹角，主销轴线的上端向内为正，向外为负，如图 3-22 所示。

8. 包容角

主销内倾角与车轮外倾角之和为包容角，如图 3-23 所示。

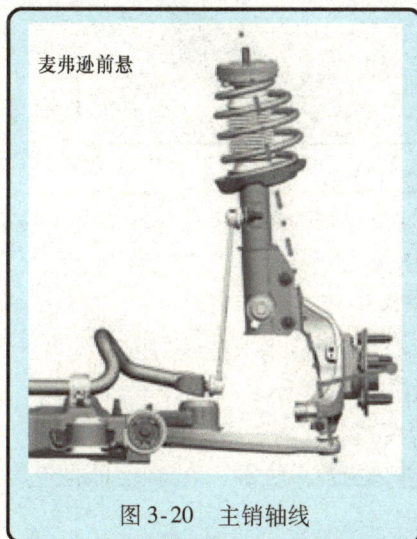

图 3-20　主销轴线

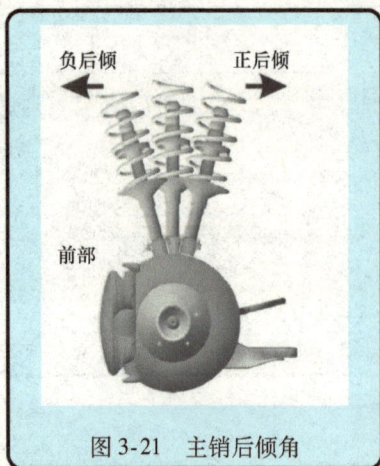

图 3-21　主销后倾角

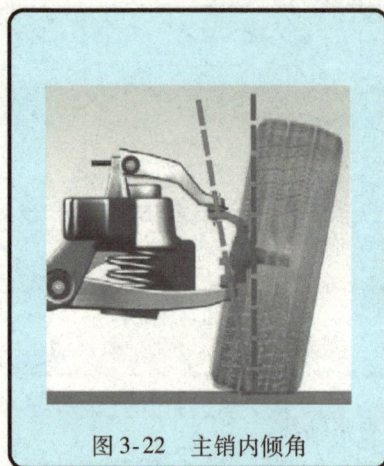

图 3-22　主销内倾角

9. 转向20°前展角

转向20°前展角是指内侧车轮转向20°时，内、外侧车轮转向角之间的差值，如图3-24所示。

10. 最大转向角

最大转向角是指转向轮在最大转向位置时，内侧车轮和外侧车轮相对两转向轮左、右单独前束角相等时所转过的角度，如图3-25所示。

图 3-23　包容角

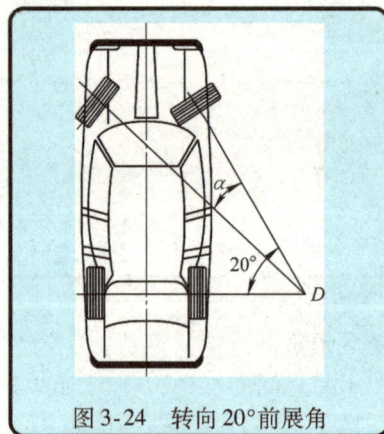

图 3-24　转向20°前展角

11. 前退缩角

前退缩角是指前车轴轴线与推进线垂线之间的夹角，右前轮在左前轮的后方为正，前方为负，如图3-26所示。

12. 后退缩角

后退缩角是指后车轴轴线与推进线垂线之间的夹角，右后轮在左后轮的后方为正，前方为负，如图3-27所示。

13. 轴距差

轴距差是指前车轴和后车轴之间的夹角，右轴距大于左轴距为正，小于为负，如图3-28所示。

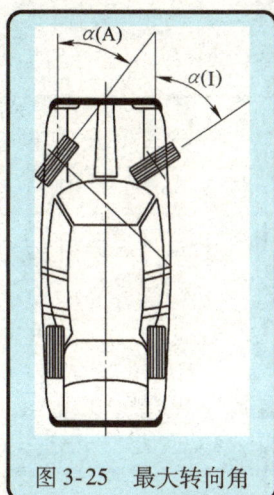

图 3-25　最大转向角

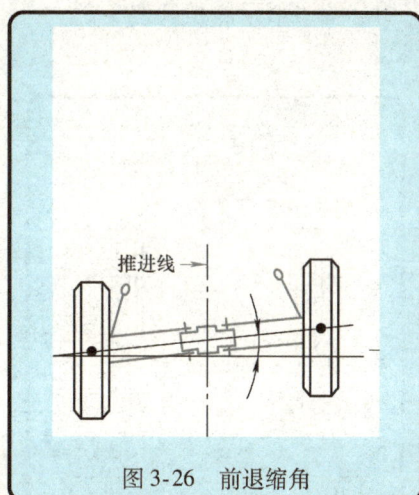

图 3-26　前退缩角

14. 轮距差

轮距差是指左侧两车轮中心点的连线与右侧两车轮中心点连线之间的夹角，后轮距大于前轮距为正，小于为负，如图 3-29 所示。

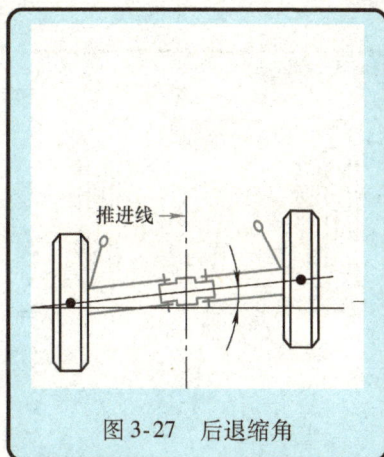

图 3-27　后退缩角

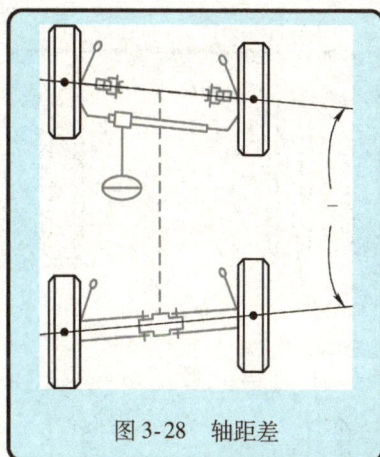

图 3-28　轴距差

15. 右横向偏位

右横向偏位是指右侧两车轮中心点的连线与推进线之间的夹角，右后轮相对右前轮向外偏移时为正，向内为负，如图 3-30 所示。

16. 左横向偏位

左横向偏位是指左侧两车轮中心点的连线与推进线之间的夹角，左后轮相对左前轮向外偏移时为正，向内为负，如图 3-31 所示。

17. 轴偏移

轴偏移是指轮距差的角平线与推进线的夹角，后轴向右偏移为正，向左为负，如图 3-32 所示。

各附加测量值示意图见表3-2。

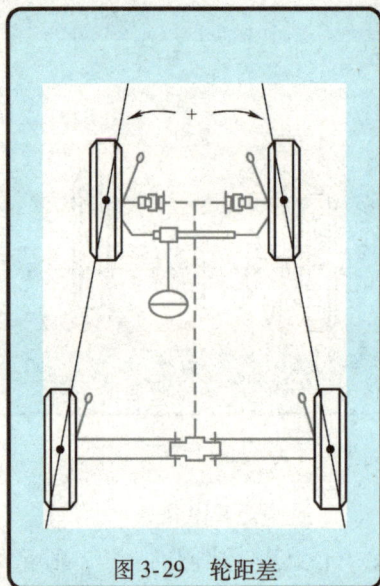

图 3-29　轮距差

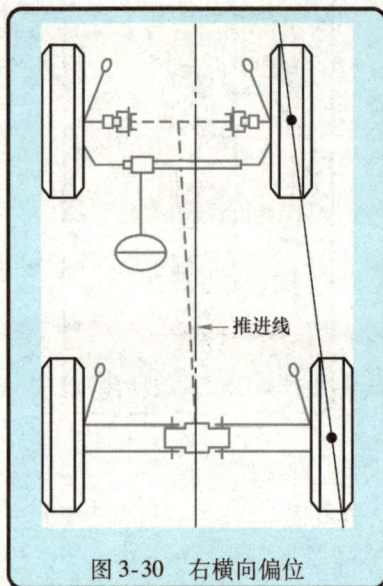

图 3-30　右横向偏位

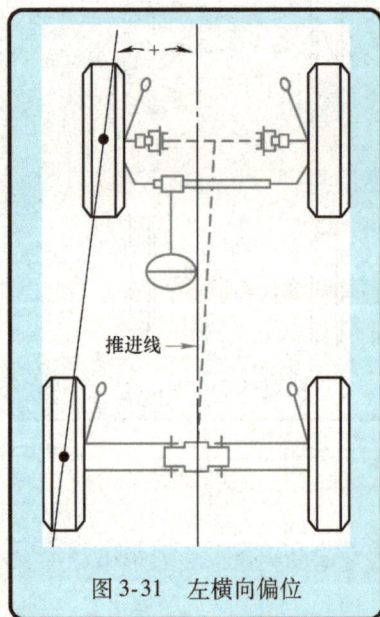

图 3-31　左横向偏位

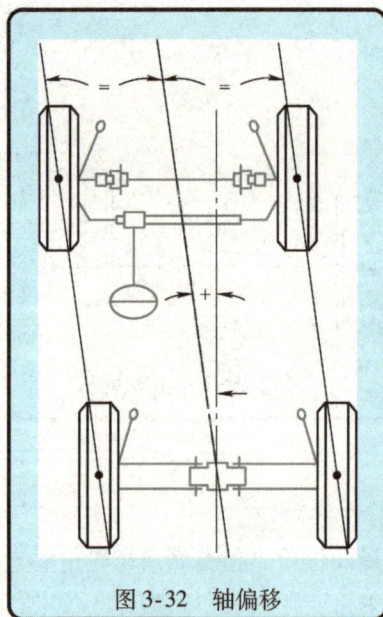

图 3-32　轴偏移

表 3-2　各附加测量值示意图

前退缩角、后退缩角及轴距差	轮距差、左横向偏位及右横向偏位	轴偏位
以角度显示附加测量	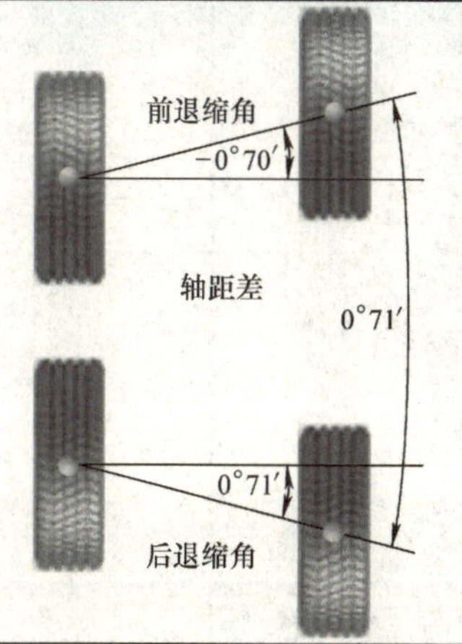	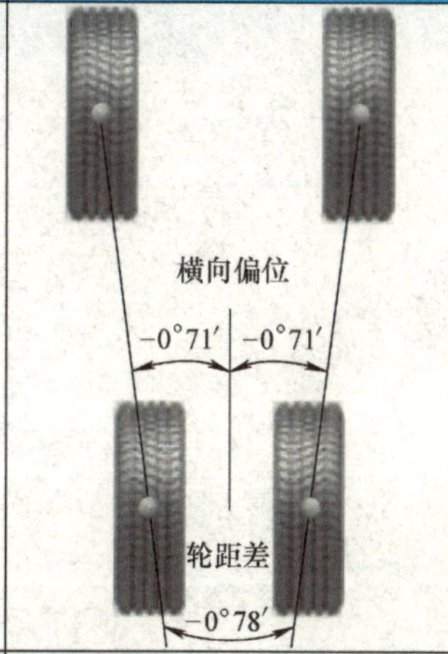	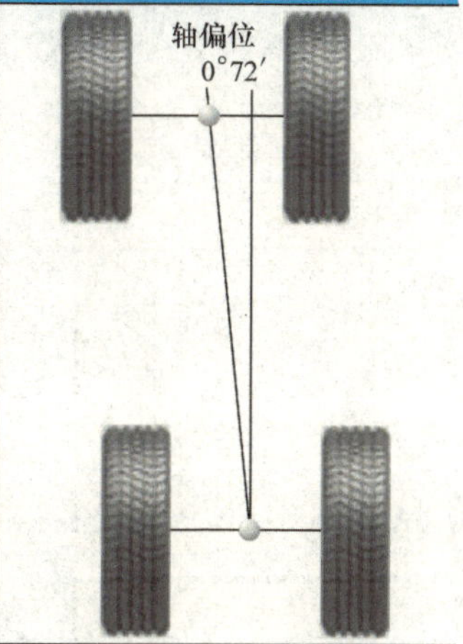
如果输入轴距和轮距，还可用距离显示	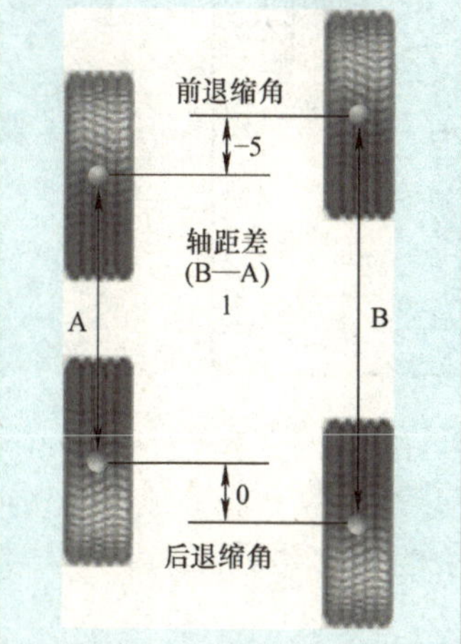	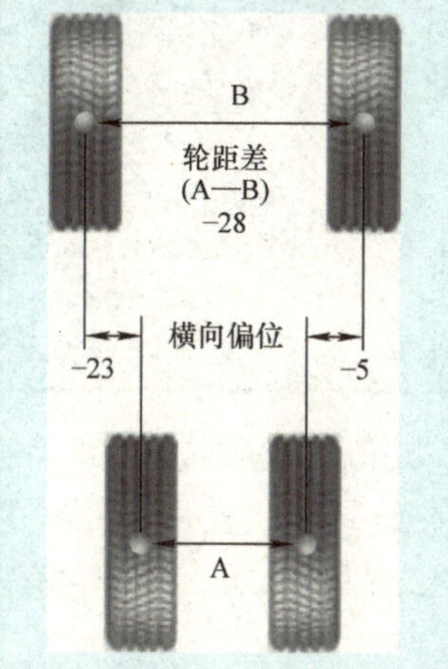	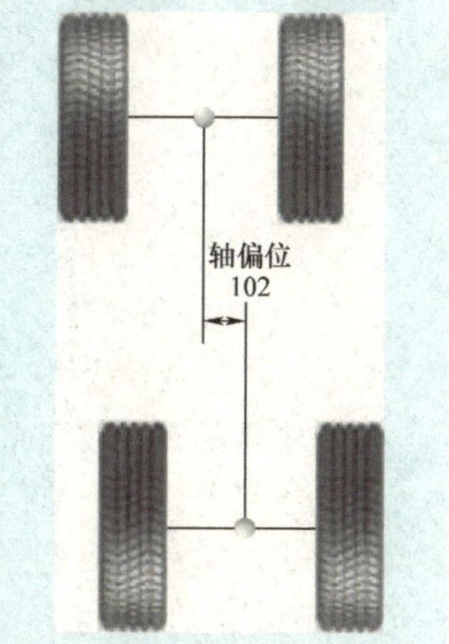

第二节　四轮定位仪的结构

一、概论　▶▶

1. 外观

四轮定位仪的外观如图 3-33 所示。

2. 功能描述

以元征公司的 X531 为例，它是一新款四轮定位产品，其采用了许多新技术和先进元器件，具有许多较新的功能和较高的测量精度。它可以快速精确地完成多种测量工作，包括前束（总前束和各分前束）、内/外倾角、主销的前/后/内/外倾角及轴距、推力角等的测量。

测量模式多样化，针对不对用户群，有普通用户、专家模式、快速测量等。可以测量目前市场上各种型号的绝大部分车型，针对一些低底盘的车可以使用降位仪或探杆本身具有的软件降位功能来解决；最大的测量轴距不低于 3.5m。

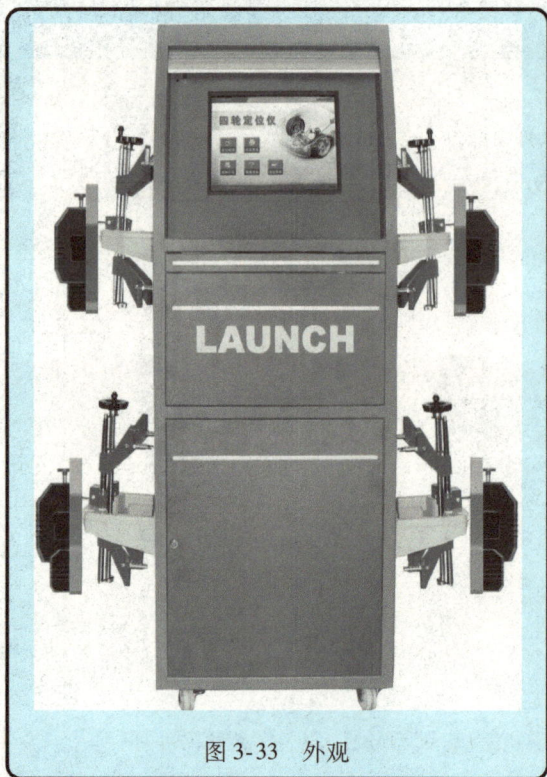

图 3-33　外观

含有丰富的车型数据库，最新数据库有 20000 种以上车型的四轮定位数据。

采用了目前国际上流行的 CCD 测量技术，并采用了电子水平和机械水平相结合的方式来调整水平。一套有四个独立的探杆，每个探杆含有两个 CCD 相机，八个 CCD 相机通过红外光束相连成矩形排列。

采用无线传输模式，分射频传输和蓝牙传输方式。采用锂电池供电，选用国内知名锂电供应商，保证锂电池最小工作时限为 500 次充放电。

提供丰富的调车动画和帮助信息，提供语音操作提示功能。

技术参数如下：

机柜尺寸：1750mm×760mm×740mm	机柜重量：104kg
工作电压：AC220（1±10%）V 功率：0.4kW	电源频率：50/60Hz 熔丝：10A
探杆尺寸：730mm×230mm×160mm	探杆重量：5.5kg
无线通信频率：433MHz(射频)/2.4GHz(蓝牙)	
锂电池规格：7.4V、4400mAh	
环境温度：-10~40℃	
相对湿度：≤85%	
外磁场强度：≤400A/m	
举升机前后倾斜度：≤1°	

X531 四轮定位仪由机柜、PC 机系统、无线通信组件、开关电源、探杆、轮夹、转角盘、转向盘固定架、制动板固定架等组成。

1. 机柜

机柜左右两侧安装有轮夹挂架，用于放置轮夹和探杆，显示器装在上部，打印机和 PC 主机在中部，转向盘和制动板固定架可放在机柜下部，开关电源放在右后下部，主发收模块安装在机柜左后上方。

PC 主机配置见表 3-3。图 3-34 所示为 PC 主机接口，对应的接口功能见表 3-4。

表 3-3 PC 主机配置

电脑主机	联 想	电脑主机	联 想	电脑主机	联 想
主板	946GZ	硬盘	80G	声卡	集成
CPU	3.0GHz	CD-ROM	N/A	网卡	集成
RAM	256M	显卡	集成	操作系统	Windows XP

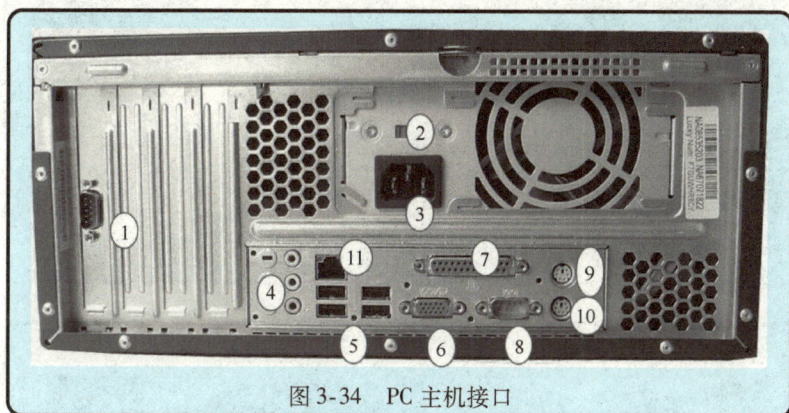

图 3-34 PC 主机接口

表 3-4 图 3-34 所示 PC 主机对应接口功能

1	串口 2	5	USB 插座	9	鼠标插座
2	电压切换档位	6	显示器数据插座	10	键盘插座
3	电源插座	7	并行插口	11	网卡插座
4	音箱插座	8	串口 1		

2. 无线发射接收盒

无线发射接收盒工作在 433MHz 频率，用于 PC 机和探杆数据通信，特殊情况下可在 429～438MHz 工作。电源通过 USB 连线取自 PC 机（+5V），和 PC 机的数据通信通过 DB9 插头接 PC 机串口。

无线发射接收盒外观如图 3-35 所示，内部 PCA 板如图 3-36 所示。无线发射接收盒与 PC 机的连接如图 3-37 所示，所用连接线

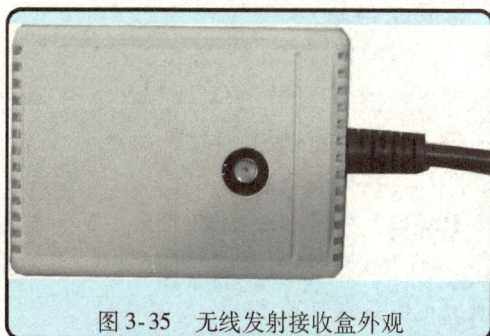

图 3-35 无线发射接收盒外观

如图 3-38 所示。

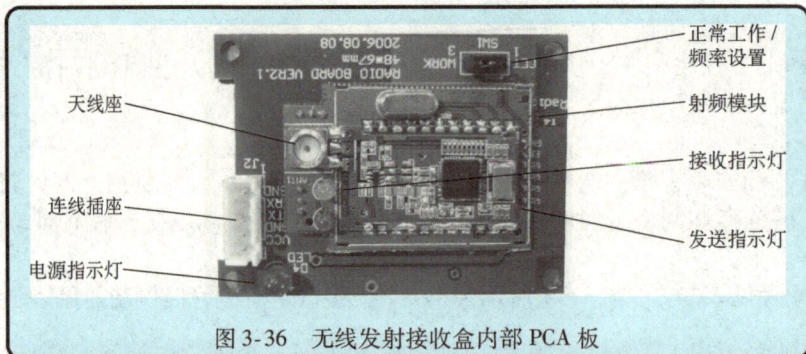

图 3-36 无线发射接收盒内部 PCA 板

天线座

连线插座

电源指示灯

正常工作 / 频率设置

射频模块

接收指示灯

发送指示灯

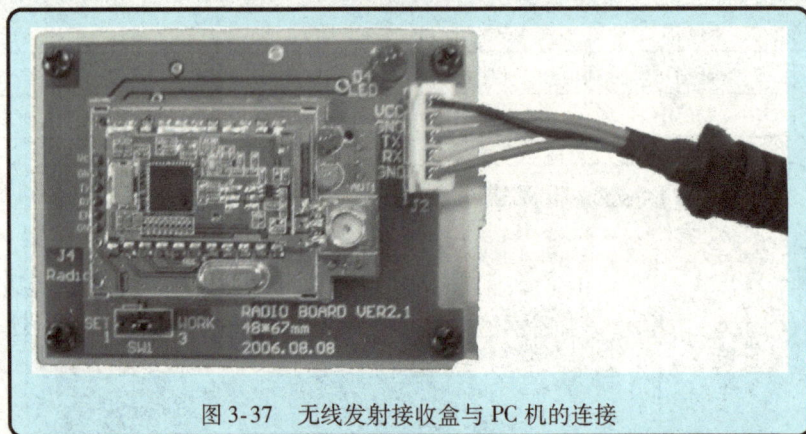

图 3-37 无线发射接收盒与 PC 机的连接

图 3-38 连接线

3. 开关电源

开关电源输入 220（1±10%）V 交流电压，输出（9.3±0.1）V 直流电压，输出电压不对时可使用十字螺钉旋具调节电压调节电位器，使输出电压在要求的范围之内。

交流电源通过电源连接线取自机柜的排插插座，输出直流电源供机柜两侧的充电插座使用，为探杆提供充电电源。

开关电源外观如图 3-39 所示。开关电源上各接脚定义如图 3-40 所示。AC 电源连接线如图 3-41 所示。开关电源上各连线如图 3-42 所示，对应功能见表 3-5。机柜充电电源转接线及充电电源线如图 3-43。

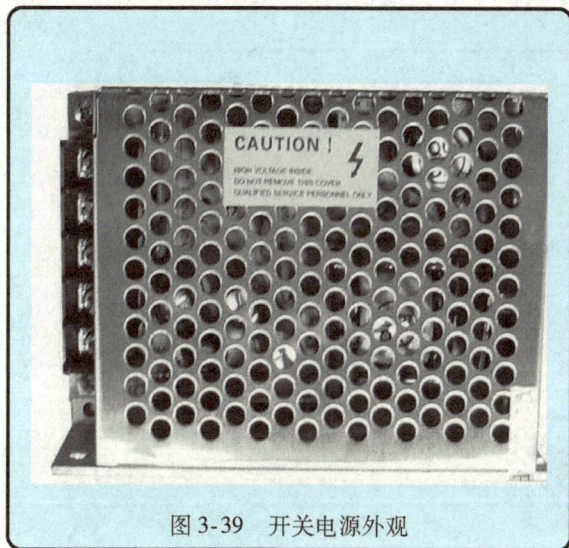

图 3-39　开关电源外观

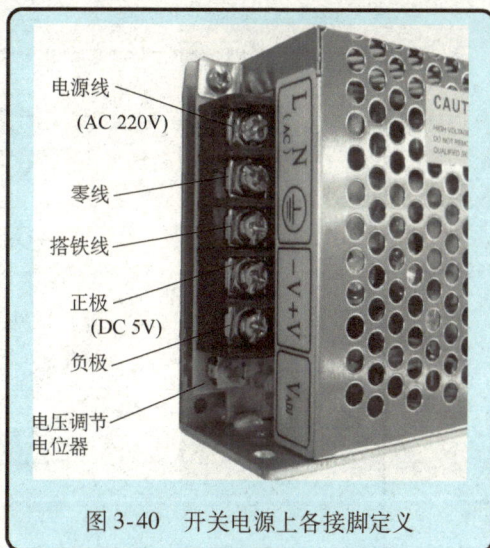

电源线
（AC 220V）

零线

搭铁线

正极
（DC 5V）

负极

电压调节
电位器

图 3-40　开关电源上各接脚定义

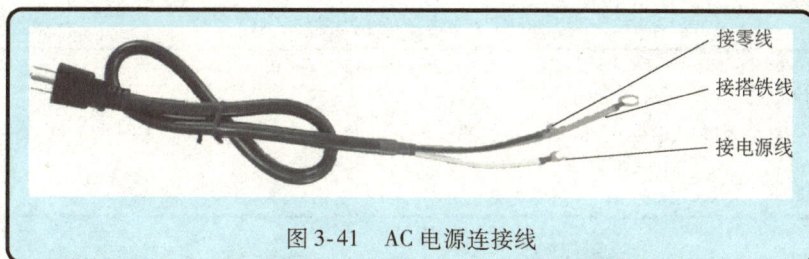

接零线

接搭铁线

接电源线

图 3-41　AC 电源连接线

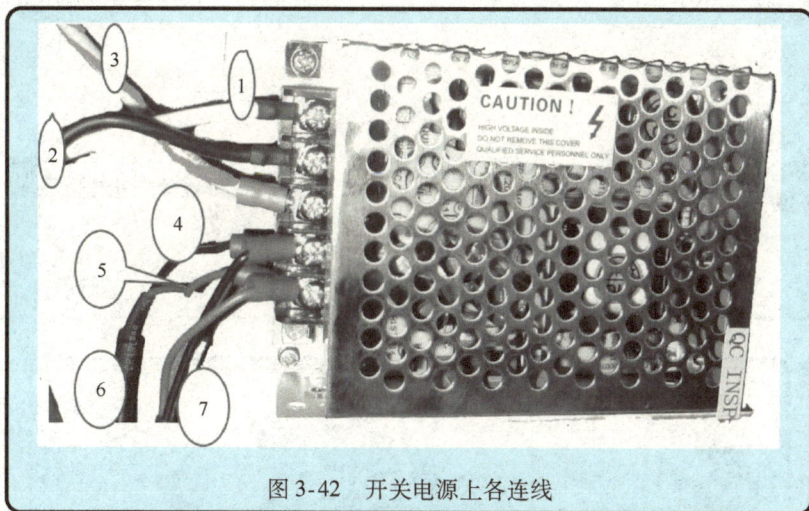

图 3-42　开关电源上各连线

表 3-5　图 3-42 所示开关电源上各连线对应功能

1（白）	接 L（电源线）	5（红）	接 V−（充电线）
2（黑）	接 N（电源线）	6	左侧机柜充电转接线
3（黄绿）	搭铁（电源线）	7	右侧机柜充电转接线
4（黑）	接 V+（充电线）		

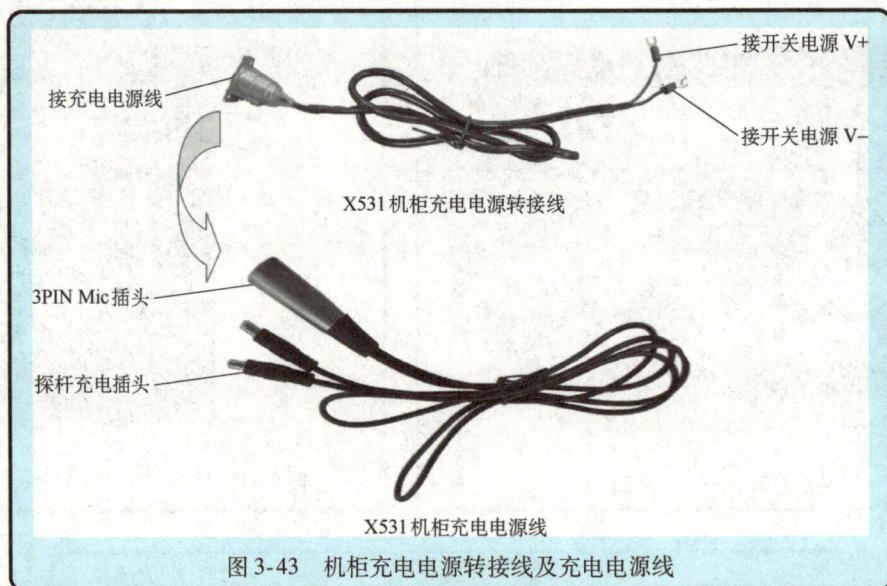

接充电电源线

接开关电源 V+

接开关电源 V−

X531机柜充电电源转接线

3PIN Mic 插头

探杆充电插头

X531机柜充电电源线

图 3-43　机柜充电电源转接线及充电电源线

4. 测量探杆

测量探杆整套组件如图 3-44 所示。探杆外观如图 3-45 所示。探杆内部结构如图 3-46 所示。

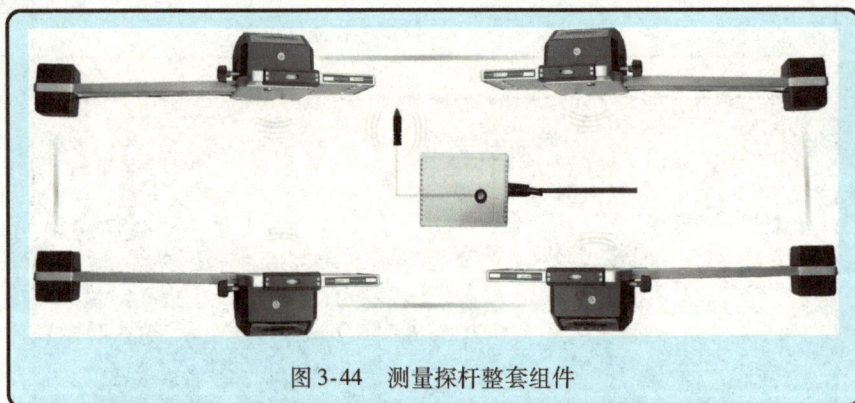

图 3-44　测量探杆整套组件

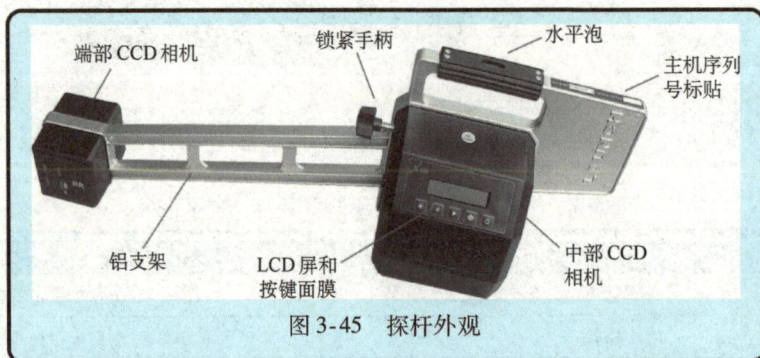

端部 CCD 相机

锁紧手柄

水平泡

主机序列号标贴

铝支架

LCD 屏和按键面膜

中部 CCD 相机

图 3-45　探杆外观

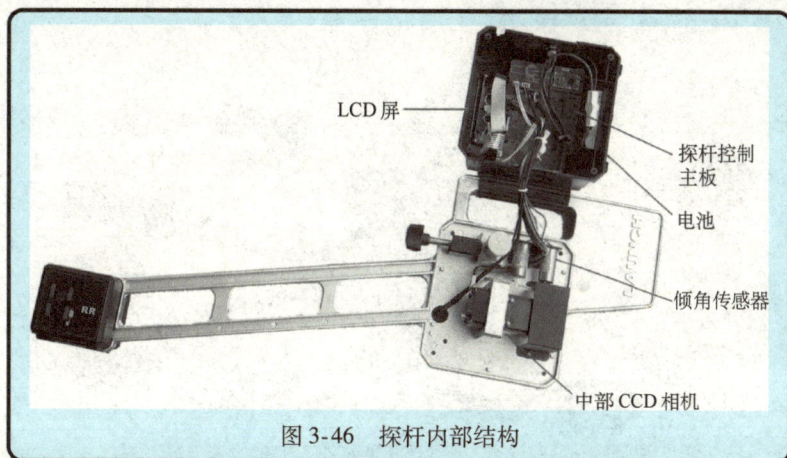

图 3-46 探杆内部结构

探杆控制主板有如下功能：

1）完成对外接 CCD、倾角传感器、红外发射管的驱动及信号处理。

2）实现探杆和主 PC 机间的数据通信。

3）为各电气元件提供可靠电源。

4）实现锂电池的正常、可靠充放电。

主板上各功能块如图 3-47 所示，对应功能见表 3-6。主板连接示意如图 3-48 所示，对应名称见表 3-7。

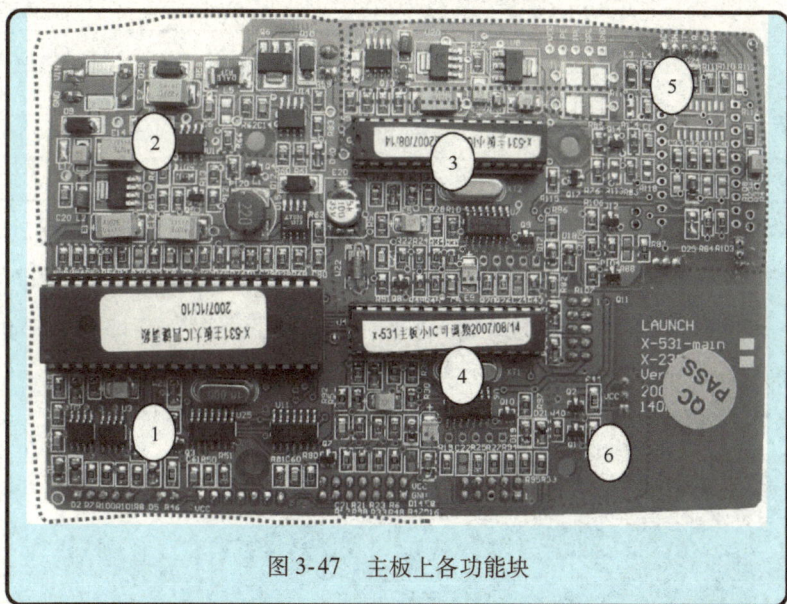

图 3-47 主板上各功能块

表 3-6 图 3-47 所示主板上各功能块对应功能

1	主处理器及接口电路	4	中部 CCD 信号处理电路
2	电源及充电电路	5	无线模块相关电路
3	端部 CCD 信号处理电路	6	红外发射二极管驱动电路

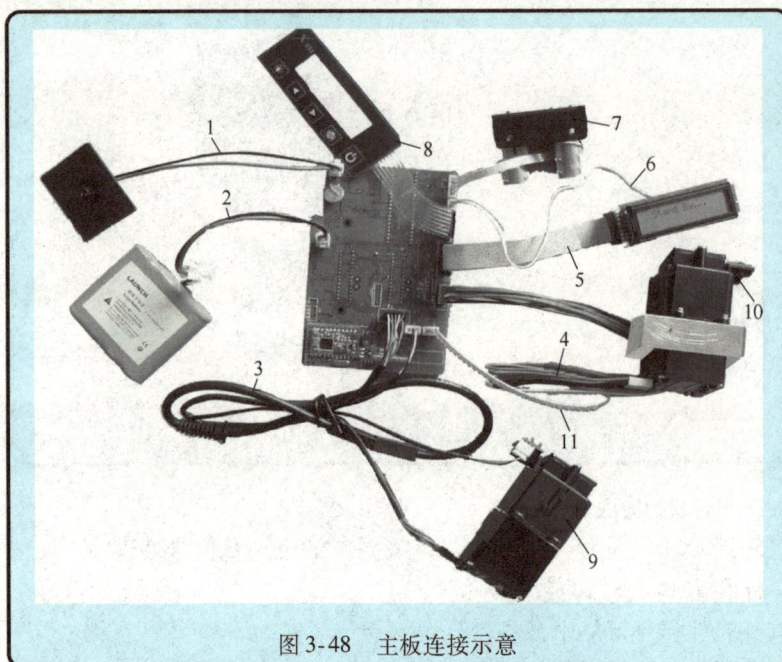

图 3-48　主板连接示意

表 3-7　图 3-48 所示主板连接示意对应名称

1	充电电源线	7	倾角角感器及连线
2	电池连接线	8	按键面膜
3	端部信号连接线	9	端部 CCD 相机盒
4	中部 CCD 连线	10	中部 CCD 相机盒（带 CCD 固定支架）
5	LCD 数据线	11	中部红外发射板连线
6	LCD 背光线		

各主板上的无线收发器如图 3-49 所示，该收发器工作频率为 433MHz，传输速率为

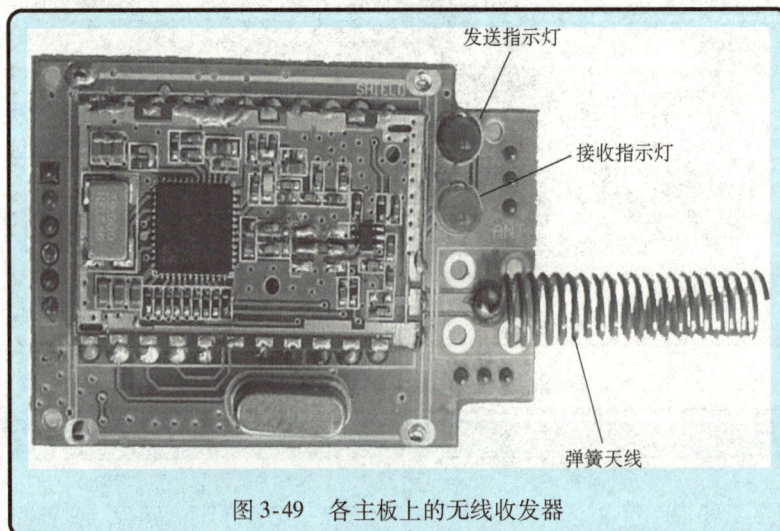

图 3-49　各主板上的无线收发器

9.600bit/s，8 位数据位 1 位停止位。当附近有同频率探杆工作时（发送信号）绿灯色的指示灯会闪烁，当按按键时红色指示灯会闪烁向外发送数据。其工作电压为 5V，待机电压小于 2.5V，通信距离大于 15m。

X531 探杆内有 10 个不同频率可以设置，从 429MHz 到 438MHz 每个频率间隔 1MHz，出厂时默认设置频率为 433MHz，当有特殊情况时（如工作于此频段有干扰时）可以设置为其他频率。

充电控制如下：

1）探杆采用"bq2057"芯片组成的锂电池标准充电电路进行充电。

2）初始最大充电电流为 600mA，截止充电电压为 8.4V。

3）前半段时间采用恒流充电，后半段时间采用恒压充电。

主板上的主处理器的主控制芯片采用著名品牌的单片机，LF、RF、LR、RR 四个探杆就是靠写在该芯片内的不同地址号来区分的，地址由三位双字节的 16 进制数组成：XX XX XX，在修改时需要专用的 PC 软件来配合更改。

CCD 相机盒外观如图 3-50 和图 3-51 所示。它采用线阵 CCD 模块，2048PIXS，单色。采用 CCD 和红外发射二极管集成模式。每两个红外发射管一组，垂直安装。每个测量过程需两个红外光束和一个 CCD 传感器完成。CCD 盒入射口由一片柱面镜、一片光栅和一片滤光片构成，它的数字测量系统使用线型 CCD 测量片。前束和主销测量使用 CCD 传感器。CCD 相机为 2048 像素，8lines/mm，最大测量角度为 ±8°。

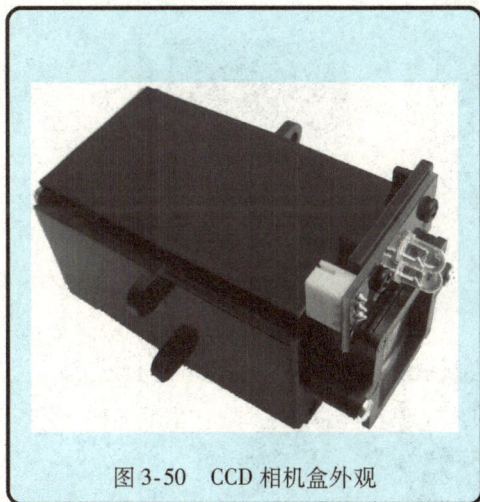

图 3-50 CCD 相机盒外观

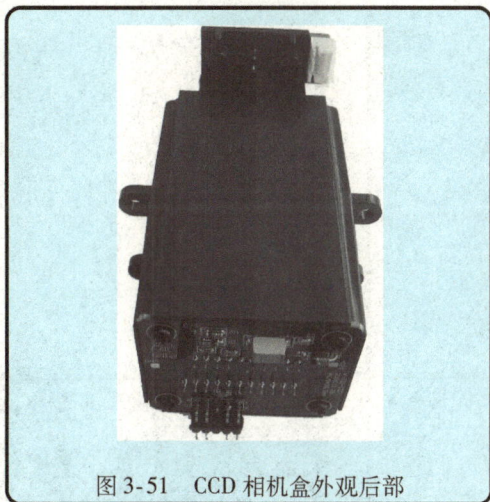

图 3-51 CCD 相机盒外观后部

CCD 功能示意如图 3-52 所示。CCD 相机组件如图 3-53 所示。供电电池组如图 3-54 所示。供电电池是 7.4V、4400mA·h 锂电池，以两并一串形式包装，红色线为正极，黑色线为负极，满电压为 8.36V，截断电压为 6.5V。

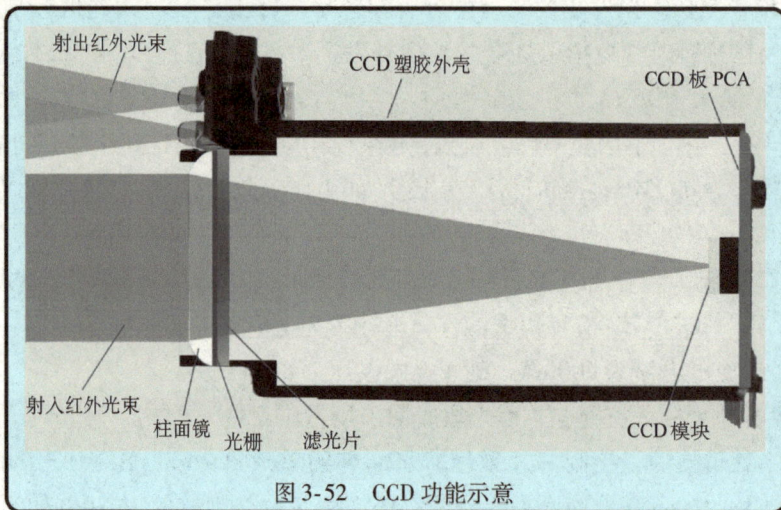

图 3-52 CCD 功能示意

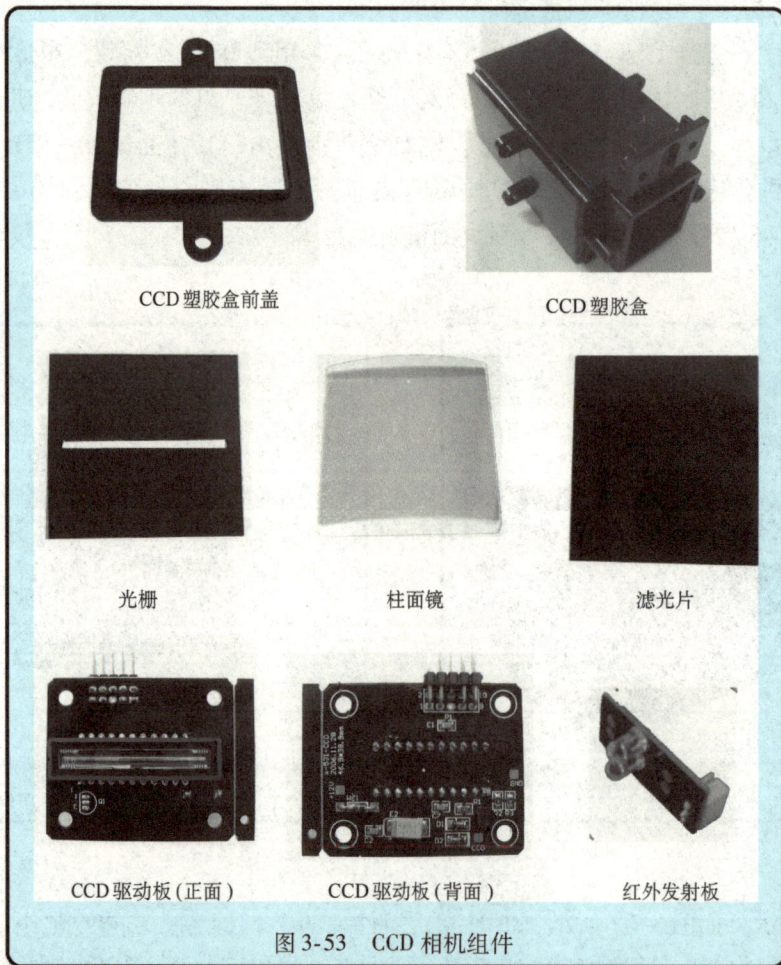

图 3-53 CCD 相机组件

每个探杆的中部都有一操作面板，如图 3-55 所示，它分为 LCD 显示区域和按键操作区域。按键操作区域共有五个按键开关，从左至右依次为：背光、上一步、下一步、偏心补偿、电源开关。

[LED 背光]：该按键开关可以控制开/关 LCD 显示屏的背光灯。

[下一步]：能够使整个测量过程按照系统的默认顺序（车型选择→偏心补偿→主销测量→后轴测量→前轴测量→报表打印）进行操作。

[上一步]：在测量过程中，让系统返回到上一个操作步骤。

[偏心补偿]：在对轮辋进行偏心补偿操作时使用。

[电源开关]：启动/关断探杆中的电池向探杆供电。

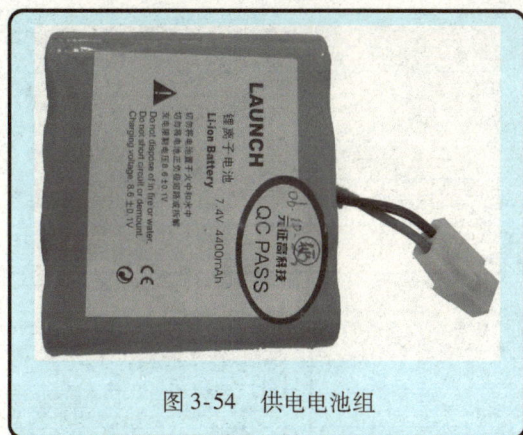

图 3-54　供电电池组

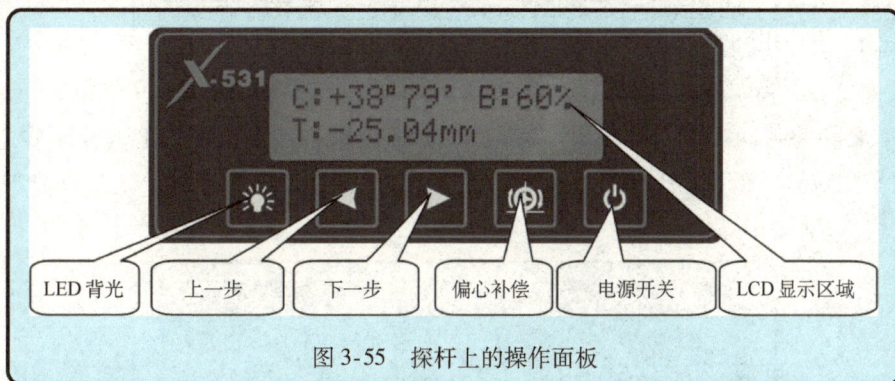

| LED 背光 | 上一步 | 下一步 | 偏心补偿 | 电源开关 | LCD 显示区域 |

图 3-55　探杆上的操作面板

探杆盒的侧壁上有一个 9V 电源输入插孔，为探杆的充电电池充电使用。当充电电池电量充足时，充电电路会自动停止充电。

注意：探杆为精密器件，请注意保管。如果发生磕碰将会造成测试结果不准。

LCD 显示区域能实时反映出六种不同的工作状态：开机画面显示、充电状态显示、电子水平显示、探杆测量显示、探杆状态显示、空闲状态显示。

[开机画面显示]：LCD 上显示字符"Welcome to use X531"，如图 3-56 所示。

图 3-56　探杆开机画面

[充电状态显示]：LCD 上显示字符"Battery Charging"，表示探杆正在充电如图 3-57 所示。LCD 上显示字符"Charge Finished!"，表示充电电池充电完成，如图 3-58 所示。

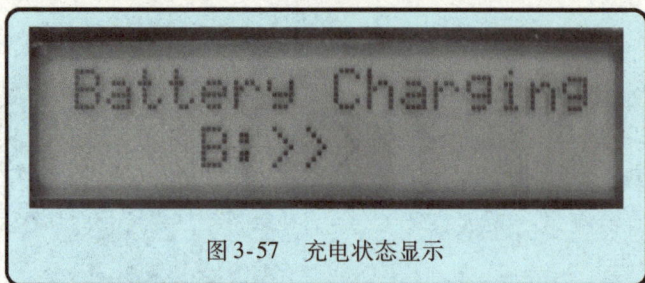

图 3-57　充电状态显示

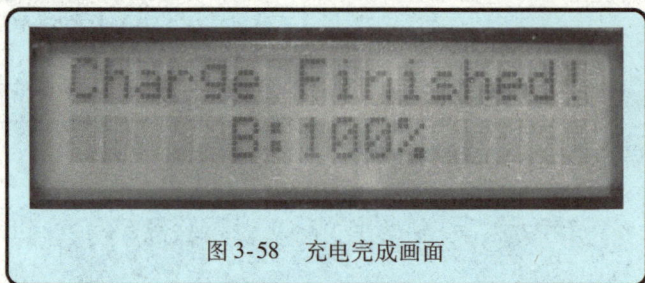

图 3-58　充电完成画面

[电子水平显示]：LCD 上显示字符"level"，表示探杆正在进行水平位置调节，黑色浮标表示水平泡位置，如图 3-59 所示。当黑色浮标变成字符"OK"时，表示探杆位置已经水平，如图 3-60 所示。

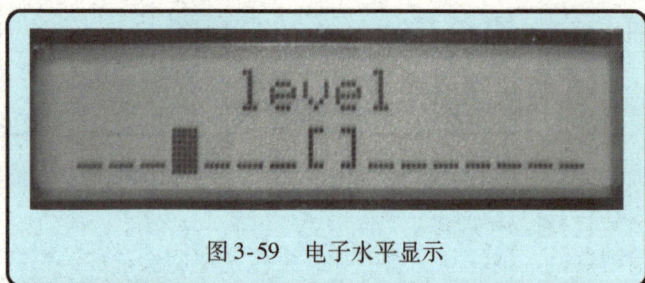

图 3-59　电子水平显示

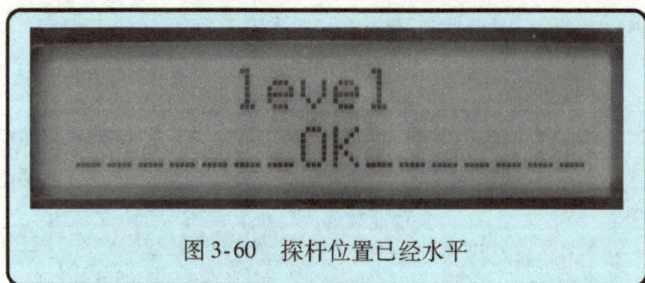

图 3-60　探杆位置已经水平

[探杆测量显示]：实时显示探杆测量到的车轮的外倾(C)、前束(T)和电池电量(B)(X231 无电池电量功能)，如图 3-61 所示。

[探杆状态显示]：显示探杆（Sensor Heads）的位置以及电池电量（B）（X231 无电池电量功能），如图 3-62 所示。

[空闲状态显示]：LCD 上显示字符"Stand By..."如图 3-63 所示，表示探杆处于省电的空闲模式。

图 3-61　探杆测量显示

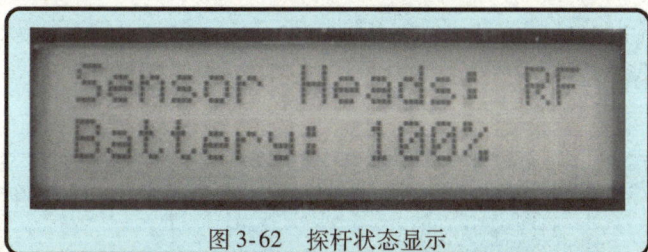

图 3-62　探杆状态显示

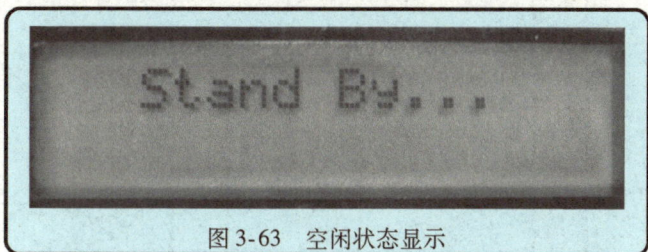

图 3-63　空闲状态显示

5. 轮夹

X231/X531 四轮定位仪配有四个轮夹（图 3-64）。使用时首先需通过调节旋钮将轮爪的间距调整合适，再与汽车轮辋相连。通过调节旋钮使轮夹与汽车轮辋紧密相连。为了安全起见，必须采用轮夹绑带把轮夹与轮辋连接起来。

6. 转角盘

X231/X531 四轮定位仪配有两个机械转角盘（图 3-65）。转角盘放置于举升机的汽车前轮位置处。汽车驶入前，用锁紧销将转角盘锁紧，防止其转动；汽车驶入后，松开锁紧销。在测试中，要尽量使汽车前轮正对转角盘中心位置。

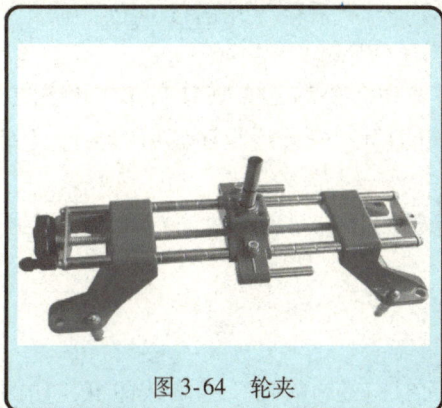

图 3-64　轮夹

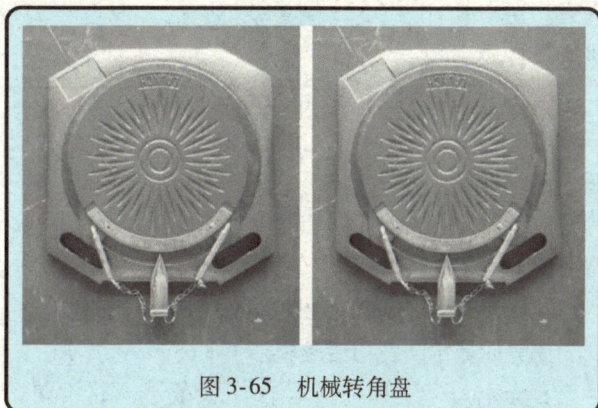

图 3-65　机械转角盘

7. 转向盘固定架

X231/X531 四轮定位仪配有一个转向盘固定架（图3-66）。测试过程中，需根据提示放置转向盘固定架，以保证测试过程中汽车方向不会发生变化。

8. 制动板固定架

X231/X531 四轮定位仪配有一个制动板固定架（图3-67），用于固定汽车制动板，使汽车在测试中不会发生前后移动的现象，并保证主销参数的测量精度。

9. 轮夹绑带

X231/X531 四轮定位仪配有四个轮夹绑带（图3-68），它固定在轮夹上，轮夹装在轮辋上时，轮夹绑带两端的钩子分别钩在轮辋上，以免坠下损坏探测杆和轮夹。

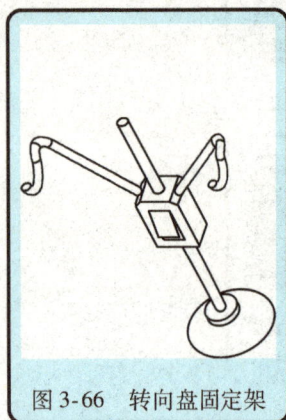

图 3-66　转向盘固定架　　图 3-67　制动板固定架　　图 3-68　轮夹绑带

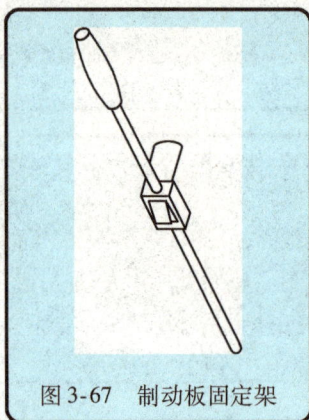

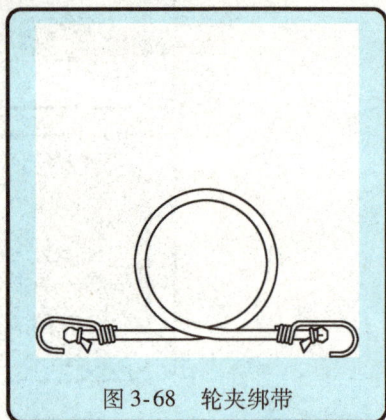

三、软件系统

1. 软件系统与路径

四轮定位仪采用 Windows XP HOME 中文操作系统。资料和安装软件备份在如图3-69 所示的"D:\bak\"目录下，主要包括的应用软件备份见表3-8。

PC 机系统出厂时安装有一键还原系统恢复软件，系统恢复时默认设置为开机按 F11 键进入。用户软件为 X531 测量软件，出厂时已安装设置好，开机后会自动运行，用户可以直接操作使用（配合 X531 探杆）来进行车辆的相关四轮定位测试。

若有必要再重新安装 X531 软件时，可直接运行 D 盘所备份的 LAUNCH 目录下的 SET-UP. EXE 文件（图3-70），然后输入安装密码按步骤执行即可。安装后程序调用的文件夹如图 3-71 所示。

安装目录下的 check. ini 文件包含有上位机和下位机的相关地址信息、端口设置及各 CCD 和倾角传感器的标定值，如图 3-72 和图 3-73 所示。

2. X531 软件各功能模块介绍

主界面显示的各功能模块菜单如图 3-74 所示。

首先来看一下如何查看软件版本号，右键单击界面空白处，然后单击确认即可，如图 3-75 所示。

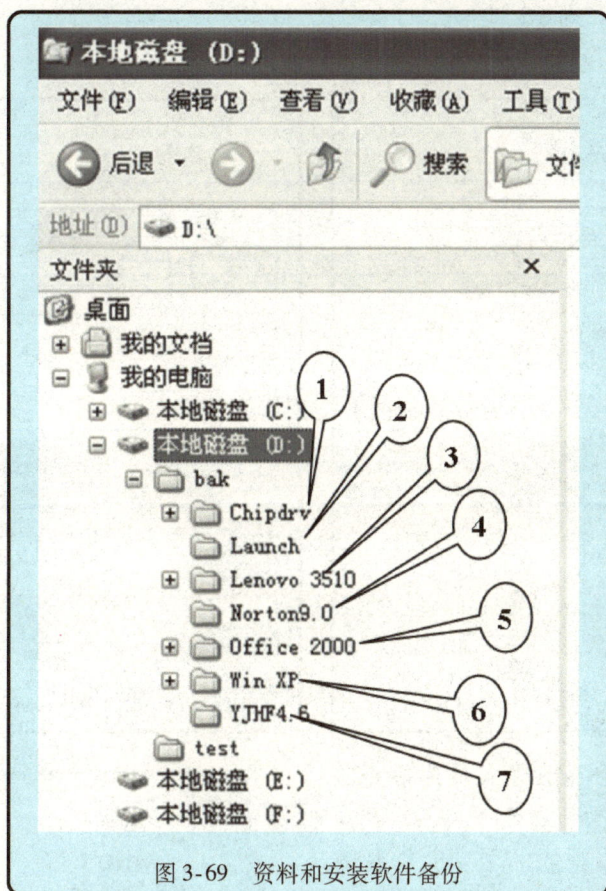

图 3-69 资料和安装软件备份

表 3-8 资料和安装软件备份对应

1	PC 主板相关驱动程序
2	X531 测量软件
3	联想打印机驱动程序
4	Norton 杀毒软件
5	OFFICE 办公软件
6	Win XP 操作系统软件
7	一键还原软件

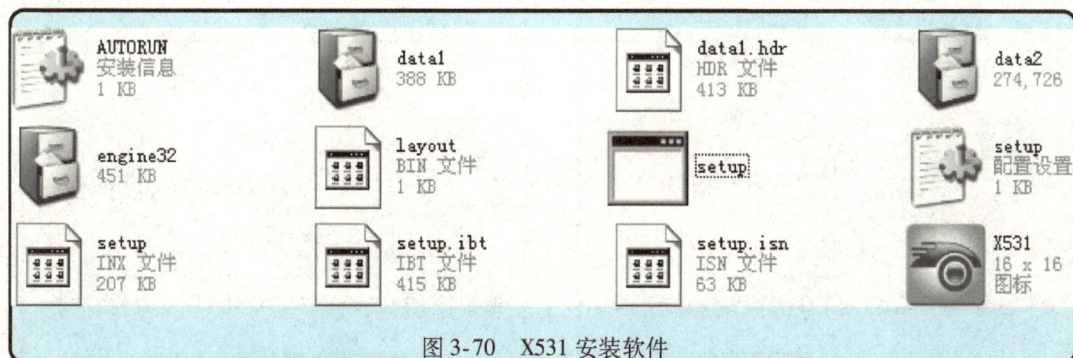

图 3-70 X531 安装软件

再来看一下各功能模块的功用：

（1）简单的系统管理模块

1）退出系统。测量完成后退出测量程序。

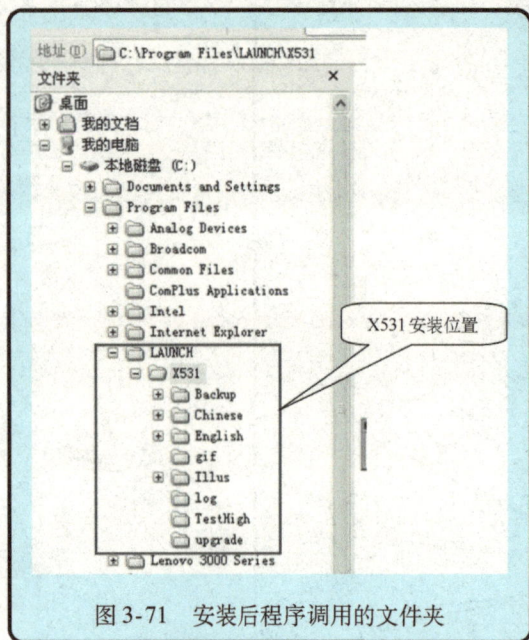

图3-71 安装后程序调用的文件夹

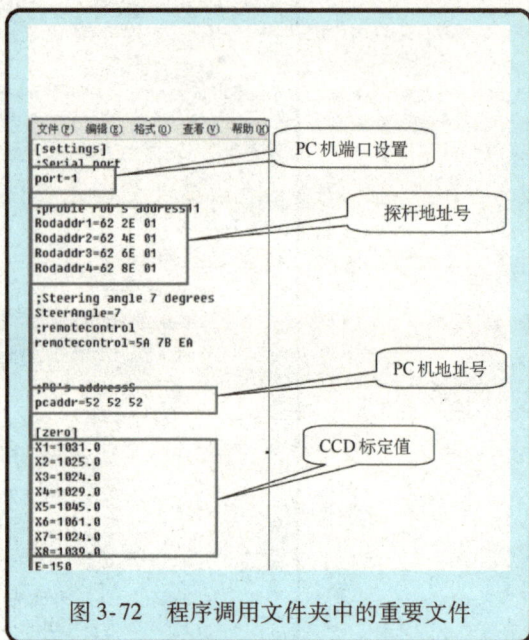

图3-72 程序调用文件夹中的重要文件

2）帮助系统。为不熟练人员提供相关帮助信息。

3）报表打印。以报表的形式打印相关测量数据。

4）快速测量。快速测量显示四轮的前束和倾角。

5）定位检测（图3-76）。主要测量车轮的前束、倾角及主销值。

（2）复杂的系统管理模块

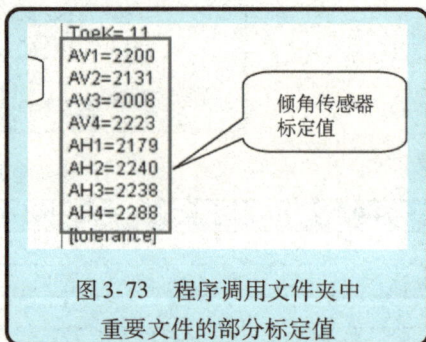

图3-73 程序调用文件夹中
重要文件的部分标定值

图3-74 主界面显示的各功能模块菜单

图3-75 查看软件版本号

1）系统管理。如图 3-77 所示，可以在该界面下设置探杆、数据库、客户信息以及其他的测试环境设置。

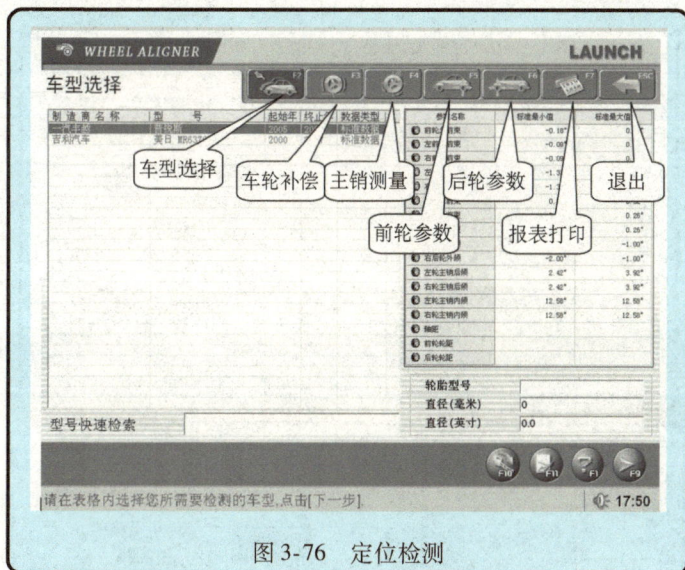

图 3-76 定位检测

图 3-77 系统管理

2）语言选择。选择用户所用的语言文字（这里选择中文即可）。

3）系统设置（图 3-78）。设置测量运行环境及测量对象等。

4）探杆模块。该模块又分探杆状态、探杆详细信息和探杆维护三个子模块。

① 探杆状态。该模块的作用是检测 PC 机和四个探杆的通信功能，在主界面上实时显示。通信较好时会在对应探杆上显示绿色的勾，否则显示红色的叉，同时用红色和绿色条格显示电池电量满或不满，如图 3-79 所示。

② 探杆详细信息。在该界面下可详细查看每个探杆的 CCD 状态和倾角传感器状态，如图 3-80 所示。

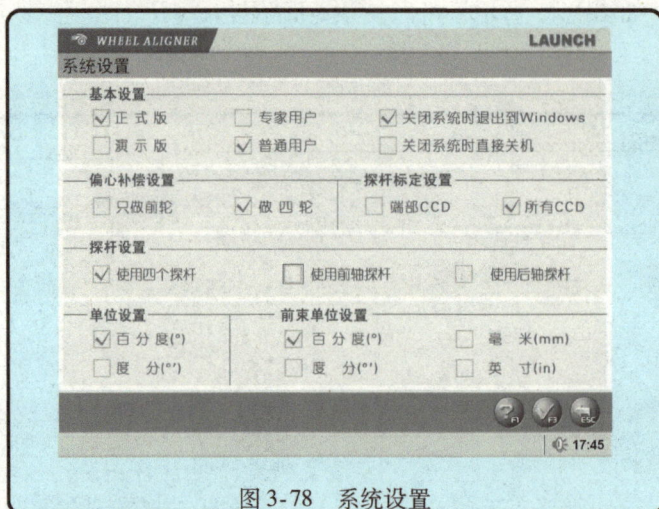

图 3-78　系统设置

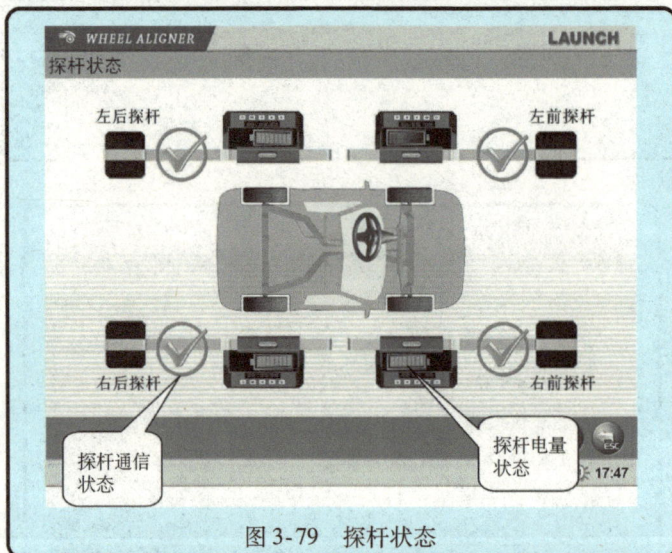

图 3-79　探杆状态

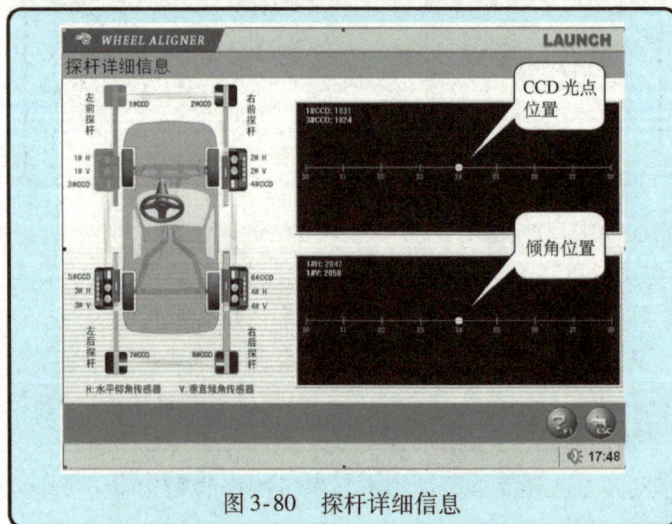

图 3-80　探杆详细信息

③探杆标定。当探杆使用一段时间后或受到外力碰撞后造成探杆测量精度下降时都需要做探杆标定，来重新定位 CCD 和倾角传感器的零位置。下面结合小标定架来说明一下标定过程。

a. 探杆维护界面下输入密码，如图 3-81 所示。小标定架如图 3-82 所示。

图 3-81　探杆维护界面下输入密码

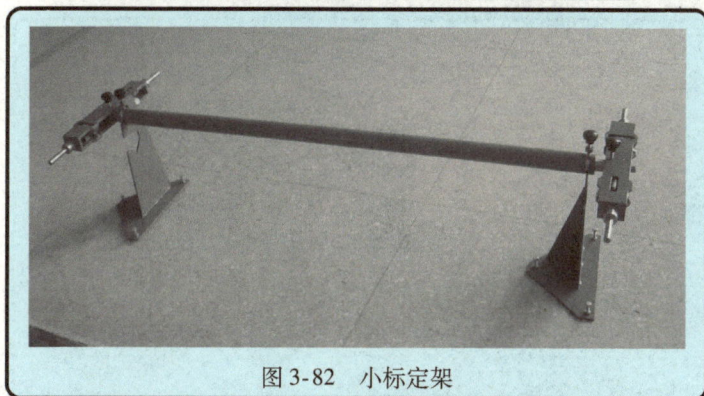

图 3-82　小标定架

b. 输入密码后进入警示页面，如图 3-83 所示。

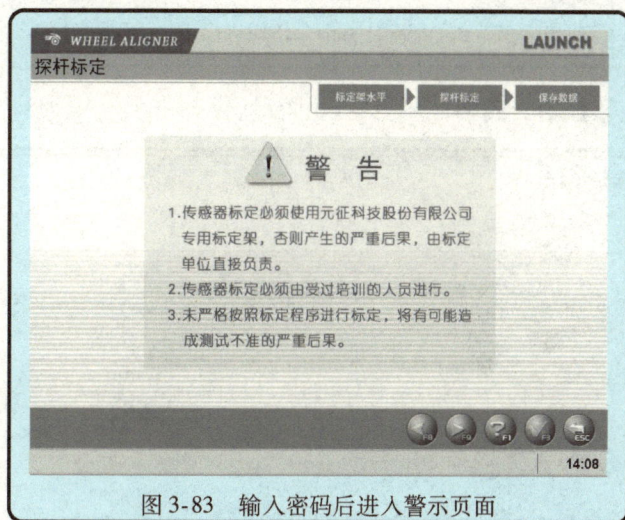

图 3-83　输入密码后进入警示页面

c. 把小标定架按照安装要求架好，调整其横轴和纵轴水平，如图 3-84 所示。

d. 进行中部 CCD 相机标定，如图 3-85 所示。

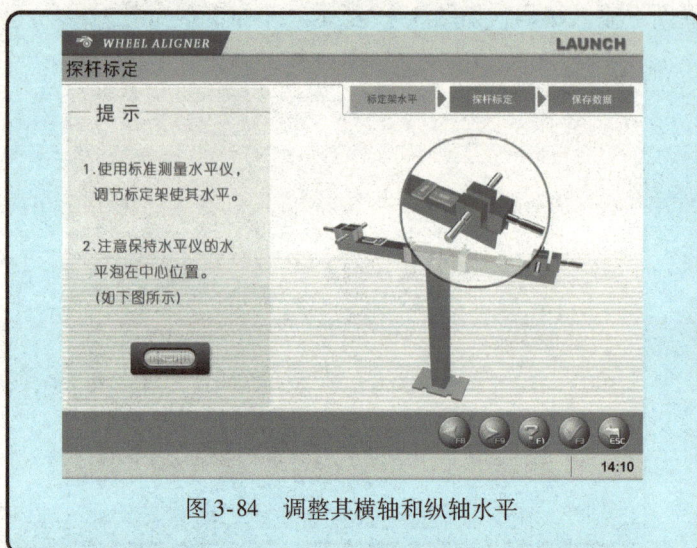

图 3-84　调整其横轴和纵轴水平

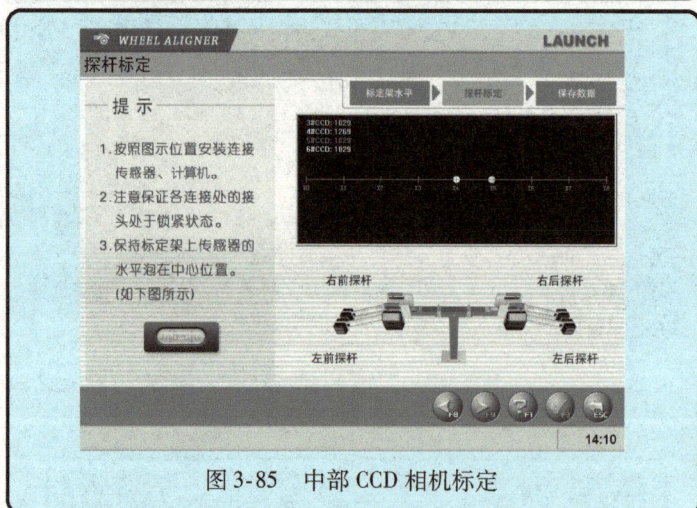

图 3-85　中部 CCD 相机标定

e. 探杆装于标定架横轴的四端，如图 3-86 所示。

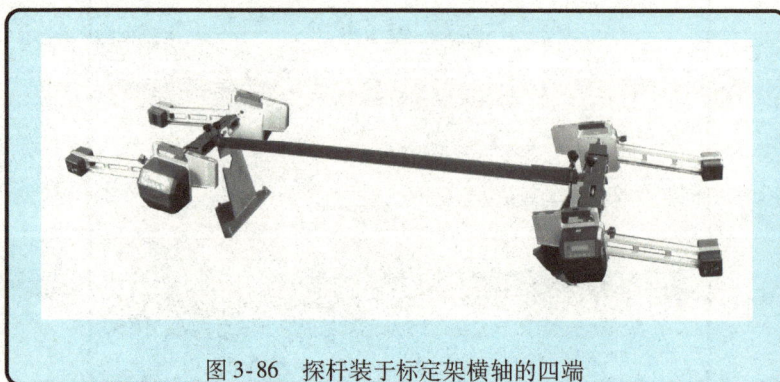

图 3-86　探杆装于标定架横轴的四端

f. 进行1、2号探杆倾角传感器和端部CCD标定，如图3-87所示。

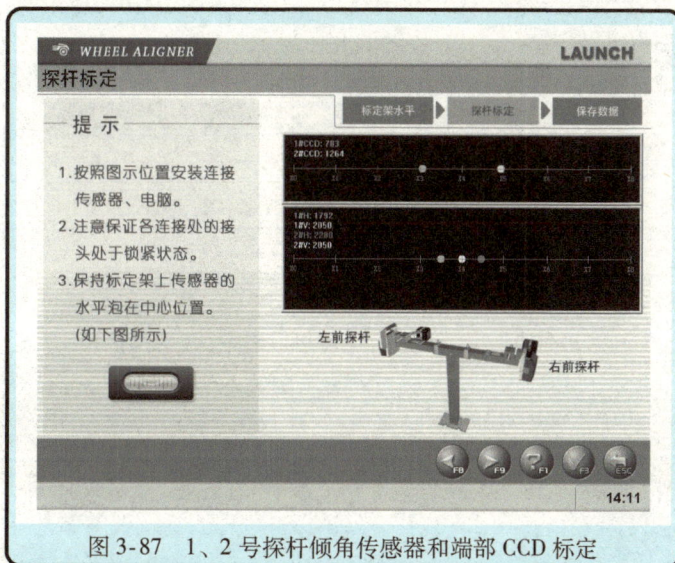

图 3-87 1、2号探杆倾角传感器和端部CCD标定

g. 先把小标定架的两个纵轴取下，把1、2号探杆装于长横轴的两端并调水平，如图3-88所示。

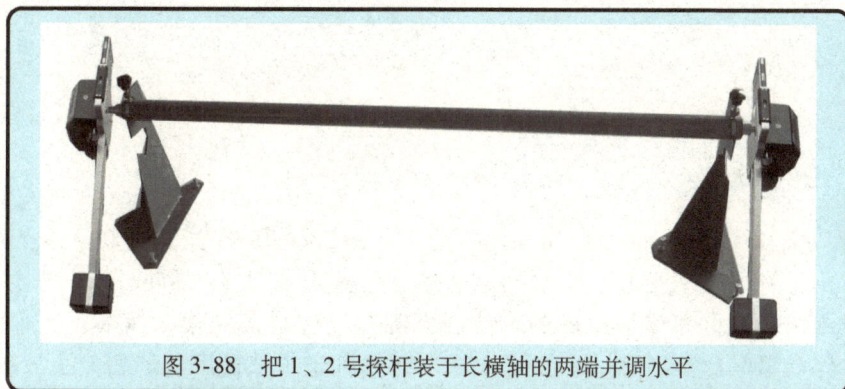

图 3-88 把1、2号探杆装于长横轴的两端并调水平

h. 3、4号探杆倾角传感器和端部CCD标定（操作方法同上一步），如图3-89所示。

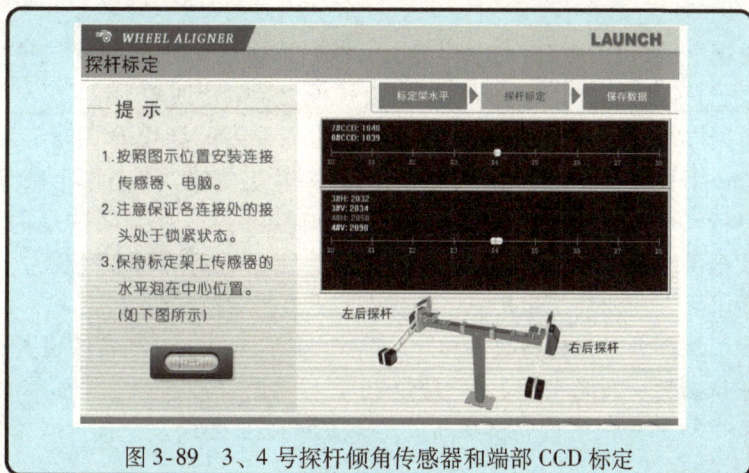

图 3-89 3、4号探杆倾角传感器和端部CCD标定

i. 最后一步数据存储，如图 3-90 所示单击下一步即可（新 check. ini 文件存于安装目录下）。

图 3-90　标定结束

第三节　现代 3D 四轮定位仪的结构与工作原理

一、四轮定位仪发展史

1920 年，美国 John Bean（杰奔）公司的创始人 John Bean 注意到装满水的救火车由于负重使得车轮发生严重变形，轮胎严重磨损。受此现象启发，John Bean 先生想：能否设计一个仪器，来测量和调整车轮的定位状态呢？经过艰苦探索，他率领战车的工程师们发明了世界上第一台车用机械定位仪。1932 年这种定位仪被广泛地贴上了战车的标志，成为了最早应用于商业领域的定位仪。John Bean 也因此注册成为汽车维修设备的知名品牌。

1955 年，美国亨特（HUNTER）公司推出了根据简易光束测量原理研制的四轮定位仪。

1980 年，德国百斯巴特（BEISSBARTH）公司推出了电子四轮定位仪。

1990 年，百斯巴特（BEISSBARTH）公司推出世界上第一台 CCD 四轮定位仪。

1995 年，John Bean 公司推出世界上第一台 3D 四轮定位仪，装备两个摄像头。

1998 年，亨特（HUNTER）公司也推出了 3D 四轮定位仪，但装备的是 4 个摄像头。

2001 年，我国深圳元征公司也推出了基于摄像头技术的 2D 四轮定位仪。

2005 年，我国深圳元征公司也推出了中国第一台 3D 四轮定位仪。

2013 年，我国深圳圳天元科技公司推出了完全具有自主知识产权的可与亨特（HUNTER）、John Bean 抗衡的全新的 3D 四轮定位仪。

从目前来看，3D 四轮定位仪必将全面取代主流的 CCD 四轮定位仪，四轮定位仪技术已进入 3D 时代。

二、四轮定位仪的结构与工作原理 ▶▶

1. 概述

深圳圳天元科技有限公司是 2013 年成立的一家专门研发和生产 3D 四轮定位仪的专业公司，该公司研发骨干曾是推出国内第一台 3D 四轮定位仪的著名公司的研发主力，已有十年有余的 3D 研发经验，拥有并完全掌握 C＋＋代码级 3D 四轮定位仪核心算法，因此也就具有产品更新换代可持续性的绝对优势，可以说在目前阶段是国内真正具有自主知识产权的并能与国际大品牌抗衡的唯一一家公司。

本书以该公司生产的代表目前国内最高 3D 技术水平的 ZTY－300M 全自动跟踪豪华版 3D 四轮定位仪为例，对 3D 四轮定位仪的结构与工作原理进行剖析。ZTY－300M 外观如图 3-91 所示。

图 3-91　典型机型 ZTY－300M 外观

2. 3D 四轮定位仪的结构与工作原理

相对于传统 CCD 四轮定位仪，现代 3D 四轮定位仪的结构要简单得多，对于全自动跟踪豪华版 ZTY－300M 而言，主要包括三大部分：由两个摄像头、四个标靶和四个轮夹组成的数据采集部分；由计算机和显示器组成的数据处理与显示部分；以及控制横梁自动跟踪的电动机驱动部分。

将 4 个目标反光板安装在车辆的 4 个轮辋上，推动车辆，由摄像机对目标反光板上的几何图形进行连续拍摄（图 3-92），通过计算机对几何图形的变化进行分析与运算，从而得出车辆相应的定位参数，再由显示屏显示出来。

该技术主要采用物理透视学的基本原理与计算机信息处理技术。

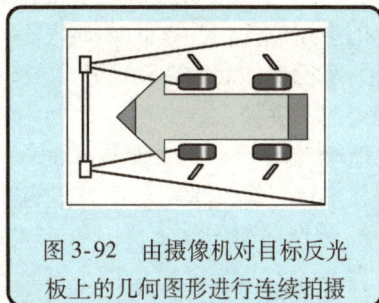

图 3-92　由摄像机对目标反光板上的几何图形进行连续拍摄

3D 四轮定位仪的测量原理是四个车轮中心构成基础平面及定位四边形，车轮平面间的几何关系以及车轮平面与基础平面间的几何关系构成四轮定位仪角度，车轮转向过程中的车轮旋转轴线构成主销计算轴线。车辆移动过程中车轮旋转轴线与车轮平面几何角度变化构成偏心补偿计算基础，如图 3-93 所示。车辆测试过程动态建立车身参数空间立体坐标系，不受举升机倾斜影响。

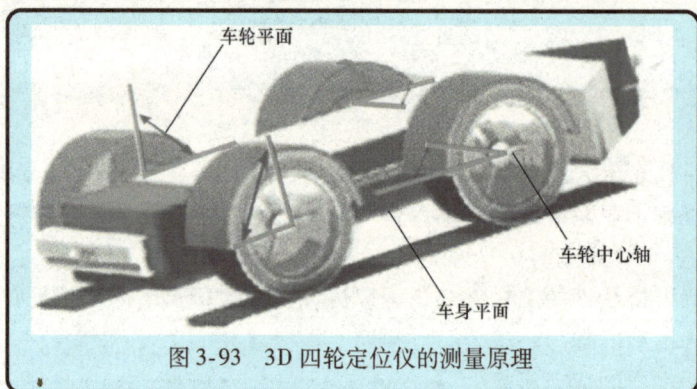

图 3-93　3D 四轮定位仪的测量原理

全自动跟踪豪华版 ZTY-300M 独有的技术有全方位自动跟踪技术、巡航引导定位技术、动态车身坐标计算技术。下面对这些技术的概念及作用进行详细介绍。

（1）全方位自动跟踪技术

① 全方位自动跟踪技术的概念。全方位自动跟踪技术是指在不用遥控器控制情况下，计算机通过反射标靶图像位置的精确计算，无论在标靶监视（或相机维护）还是在测试、调车过程中，摄像机都可以自动跟踪举升机升降的一种技术。

② 全方位自动跟踪技术的作用。全方位自动跟踪技术的作用是：省时间，当举升机在较低位置测试后，需要升高举升机调整定位角度时，不需要切换到标靶监视（或相机维护）界面，直接举起车辆调整定位角；定位精度更高，因为摄像机与反射标靶始终保持着一个最合适的位置，可提高图像质量，保证定位精度。

（2）巡航引导定位技术

① 巡航引导定位技术的概念。巡航导引定位技术是指当反射标靶图像不在摄像机拍摄区域内时，计算机指示横梁运动机构巡航，发现反射标靶后自动定位在最佳拍摄位置的一种技术。

② 巡航引导定位技术的作用。巡航导引定位技术的作用是省时间，当车辆开上举升机时处在较低位置，横梁处在高处，无须人工操作，自动定位在最佳拍摄位置。

（3）动态车身坐标计算技术

① 动态车身坐标计算技术的概念。动态车身坐标计算技术就是指实时地计算 4 个车轮中心的空间位置，并在此基础上建立动态的三维车身坐标系 $Oxyz$，Oxz 为水平面，y 轴与其垂直，车辆前、后轴在动态建立的坐标系下分解，实时补偿因举升机不平、倾斜造成的定位角偏差的一种技术。

② 动态车身坐标计算技术的作用。动态车身坐标计算技术的作用是定位角度不会因为举升机不平、倾斜影响，不受车辆轴距长短、轮距大小影响。

3. 程序界面

（1）主程序界面　主程序界面（图 3-94）显示有定位检测、系统管理、常用设置、报表打印、帮助系统和退出程序。

1）定位检测功能界面。定位检测功能界面显示有车型选择、滚动补偿、前束外倾数据、主销测试、全部测试结果、附加测量、标靶监视和打印结果。

① 车型选择界面。车型选择界面（图 3-95）包括常用数据库、当地数据库、分区数据库、厂商快速检索和车型快速检索。

② 滚动补偿界面。滚动补偿界面，如图 3-96 所示，滚动过程中无须停顿等待。

图 3-94　主程序界面

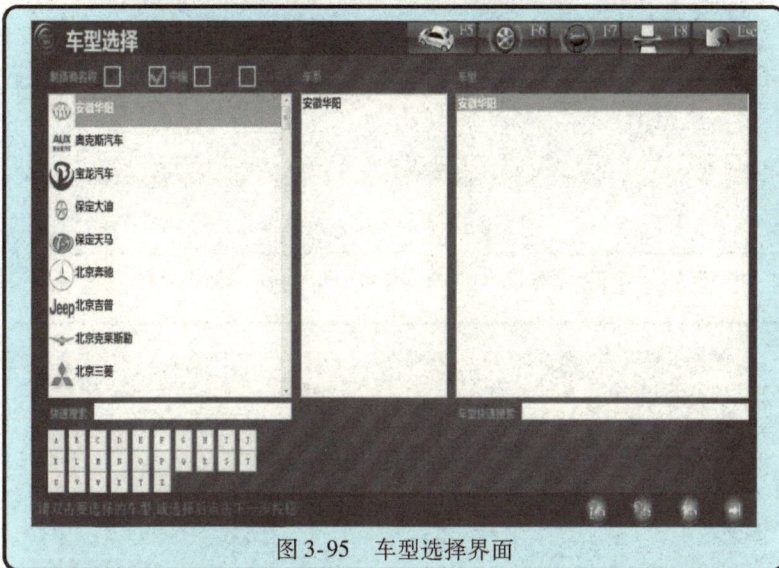

图 3-95　车型选择界面

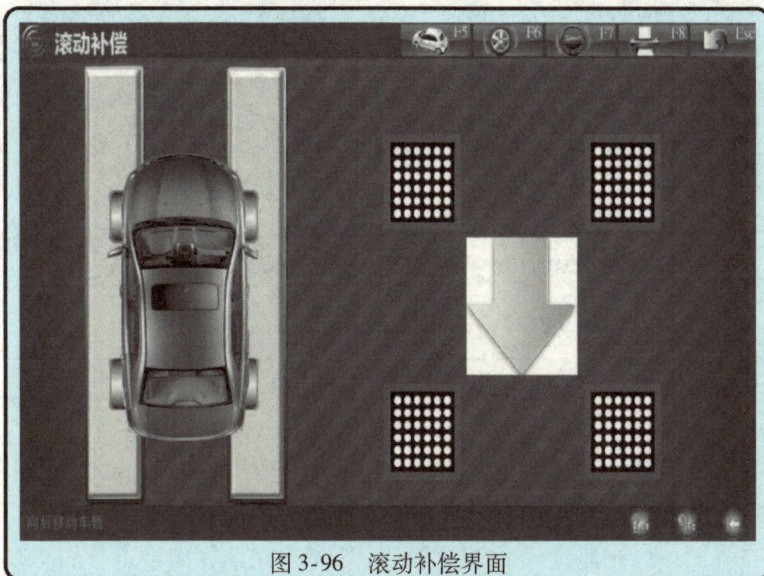

图 3-96　滚动补偿界面

③ 前束外倾数据界面。前束外倾数据界面如图 3-97 所示，滚动补偿结束后实时显示主要角度，不作主销测试时可直接在此界面试车；另外，ZTY－300M 可在此界面实时跟踪标靶。

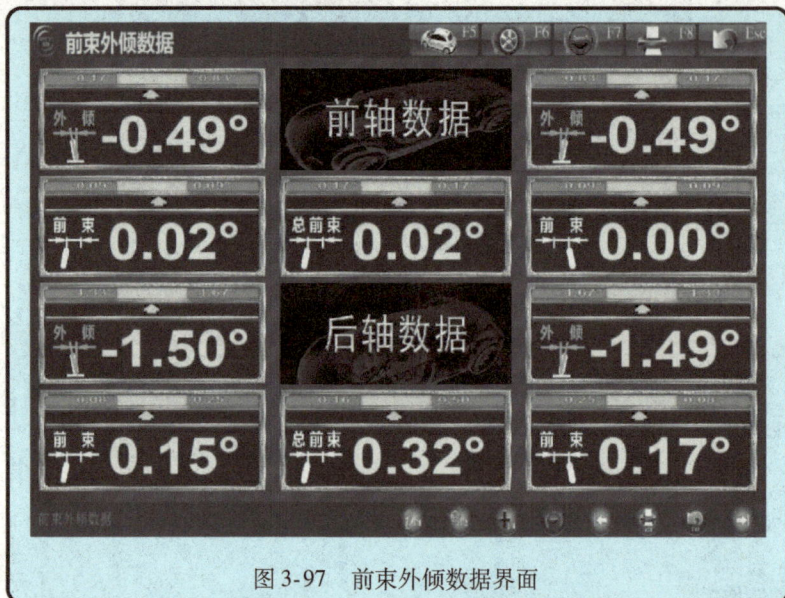

图 3-97　前束外倾数据界面

④ 主销测试界面。主销测试界面如图 3-98 所示，测试过程中转向盘无须停顿等待。

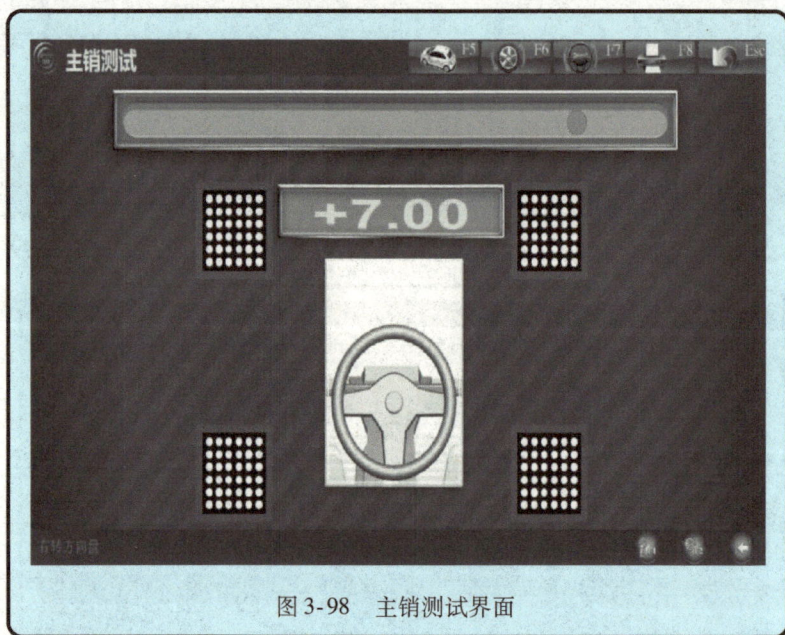

图 3-98　主销测试界面

⑤ 全部测试结果界面。全部测试结果界面如图 3-99 所示，主销测试结束后实时测试显示结果，可在此界面调车；另外，ZTY－300M 可在此界面实时自动跟踪标靶。

⑥ 附加测量界面。附加测量界面（图 3-100）显示有轴距/轴偏移、轮距/轮偏距、对角/中心偏移和轮胎直径。

⑦ 标靶监视界面。标靶监视界面如图 3-101 所示，在此界面可进行相机曝光时间调节；另外，ZTY－300M 可在此界面实时自动跟踪标靶及手动调节横梁高度。

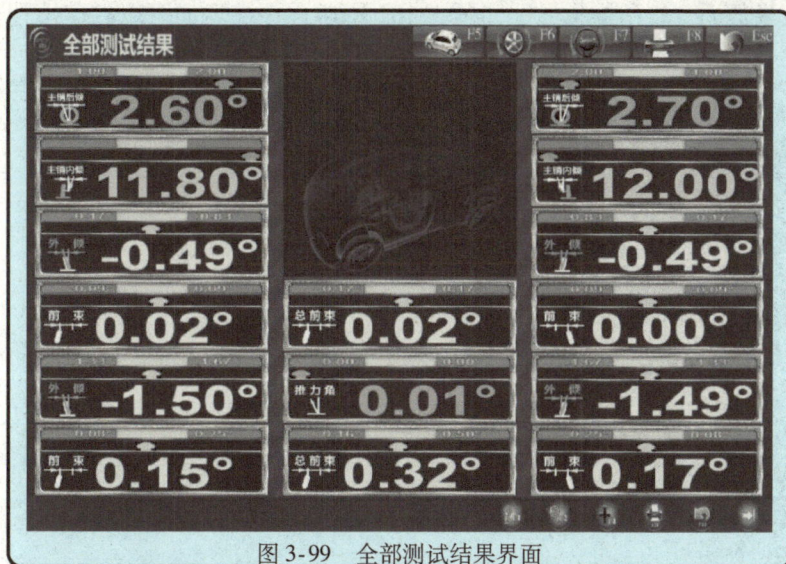

图 3-99 全部测试结果界面

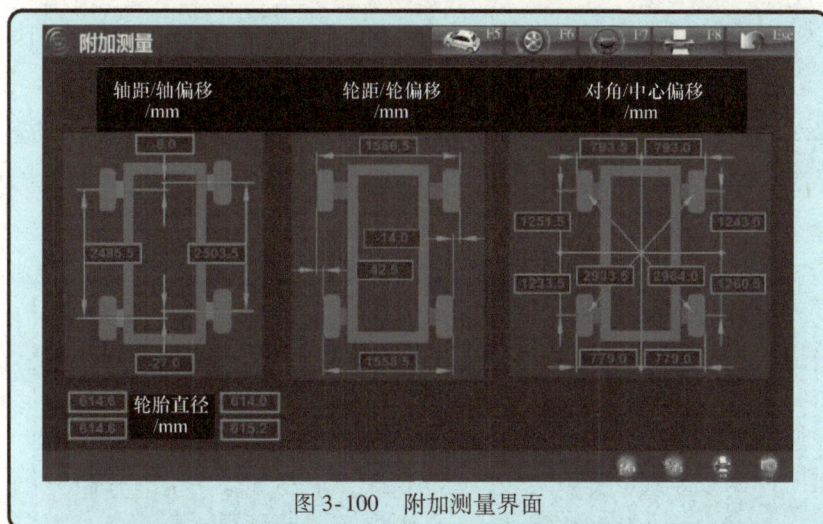

图 3-100 附加测量界面

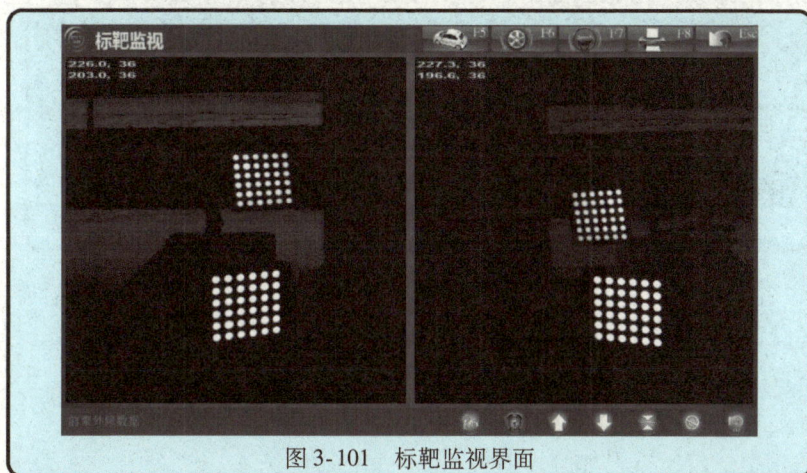

图 3-101 标靶监视界面

⑧ 打印结果界面。打印结果界面如图 3-102 所示，在此界面可以打印当前测试车辆的结果。

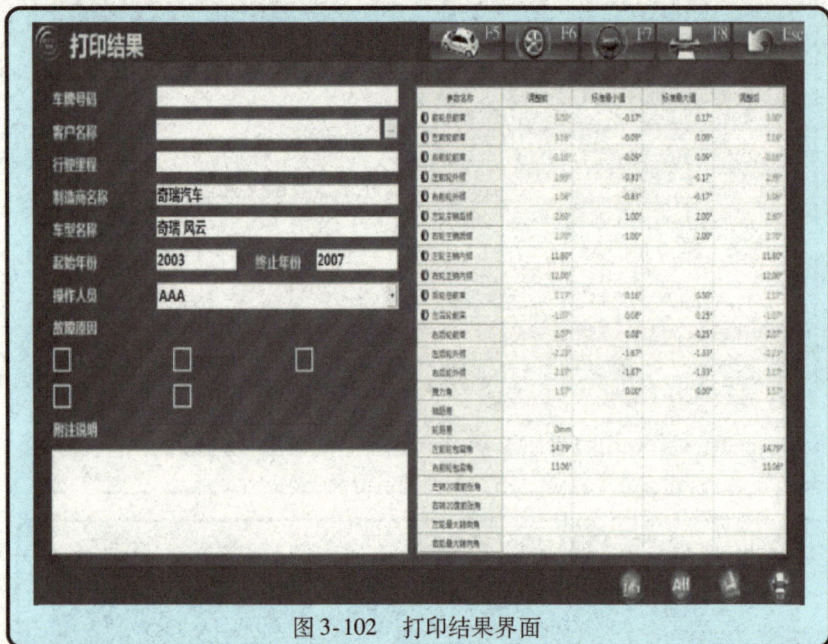

图 3-102　打印结果界面

2）系统管理界面。系统管理界面（图 3-103）显示有维修站信息、客户信息、语言选择、标准数据、常用数据和退出系统管理。

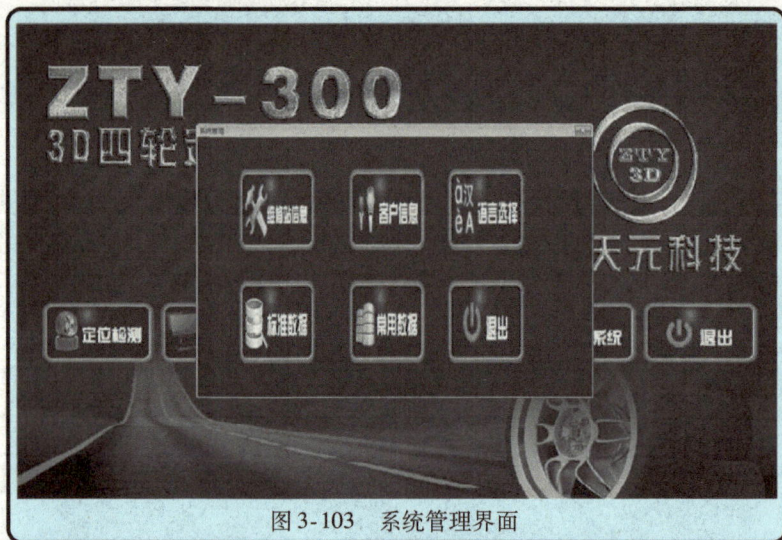

图 3-103　系统管理界面

3）常用设置界面。常用设置界面（图 3-104）显示有模式设置、语音播放设置、主销测试转动角度设置、基本定位角单位设置和前束单位设置。

4）报表打印界面。报表打印界面如图 3-105 所示，在此界面既可以打印历史测试车辆，也可以进行历史测试车辆车牌检索。

（2）按钮索引　按钮索引如图 3-106 ~ 图 3-140 所示。

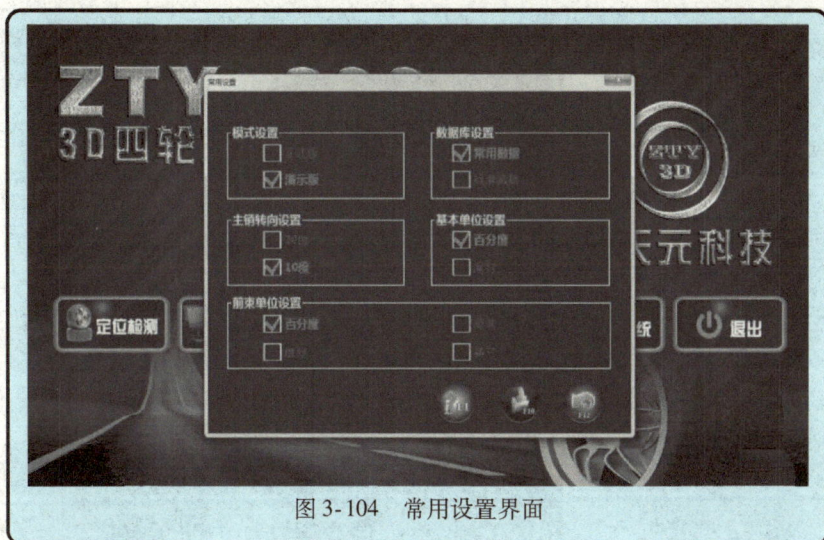

图 3-104 常用设置界面

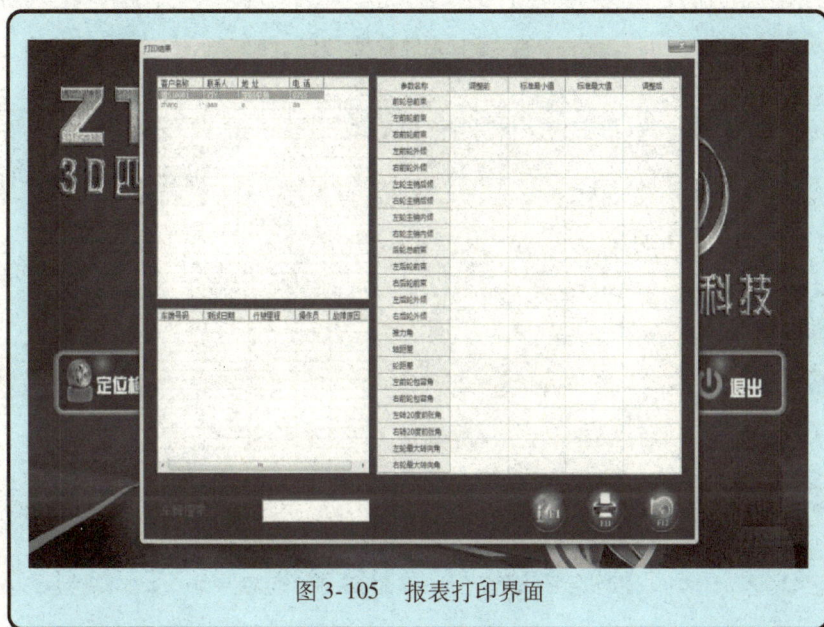

图 3-105 报表打印界面

图 3-106 单击进入
定位检测界面

图 3-107 单击进入系统
管理界面

图 3-108 单击进入常用
设置界面

图 3-109 单击进入历史测试
车辆报表打印界面

图 3-110 单击打开帮助系统页面

图 3-111 单击退出当前界面

图 3-112 维修站信息设置

图 3-113 客户信息设置

图 3-114 语言选择

图 3-115 单击进入标准
数据维护界面

图 3-116 单击进入常用
数据维护界面

图 3-117 单击进入车型
选择界面

图 3-118 单击进入滚动补偿界面

图 3-119 单击进入主销测试界面

图 3-120 打印当前测试结果

图 3-121 单击返回主界面

图 3-122 界面帮助

图 3-123 标靶监视

图 3-124 上一步

图 3-125 下一步

图 3-126 快速检测

图 3-127 附加检测

图 3-128 曝光时间设置

图 3-129 全部测试结果

图 3-130 保存

图 3-131 界面打印

图 3-132 返回上一界面

图 3-133 添加

图 3-134 删除

图 3-135 修改

图 3-136 编辑

图 3-137 横梁向上移动 图 3-138 横梁向下移动 图 3-139 停止横梁移动 图 3-140 横梁自动跟踪标靶

4. 3D 四轮定位仪相关

（1）为什么说四轮定位仪技术已进入 3D 时代？

正如 3G 手机现已全面淘汰掉 2G 手机一样，业已成熟的 3D 四轮定位仪必将全面淘汰掉传统的四轮定位仪，这是时代科技进步的结果。

说到底，四轮定位仪也不过是一种汽车的测量工具，而相对于高科技含量汽车的飞速普及，自然对汽车测量工具有了更高的要求，那么作为汽车测量工具的四轮定位仪就必须要测得准。

并非传统四轮定位仪测得不准，其前提条件是必须作偏心补偿，就是要先通过举升机把四个车轮悬空，然后经过一系列操作程序，之后再把车轮放下来。作偏心补偿费时费力，非常不方便，不适用于大多数用户。

但对于新设备而言，若不作偏心补偿，似乎对测量的准确性影响不大，但等到设备使用两年左右之后就会发现没有以前好用了。这是为什么呢？

原因有以下两个方面：

1）新轮夹在出厂时都经过精确调校，对中性很好，但用久了就达不到对中要求了，再加上新旧程度不同的车辆的钢辋不圆度误差，还有探杆和轮夹的配合误差，三者叠加的结果就导致测量不准了。解决办法就是每次都要作偏心补偿。

2）新安装的举升机都要经过抄平，可以满足测量要求，但用久了举升机的水平就达不到要求，也就测量不准了。解决办法就是要重新抄平。

也就是说对传统四轮定位仪而言，要想保证基本的测量准确性，就对操作技能和举升机设备有较为苛刻的要求，这给测量作业带来了极大的不方便性。

而 3D 四轮定位仪技术的进步性恰恰解决了这两个头疼的问题。3D 四轮定位仪的优势在于：

1）作偏心补偿时只要把车辆向后推一点距离再推回原位就可以了，相当地省时省力，相比于传统四轮定位仪的偏心补偿程序取得了极大的进步。

2）测量基准是以四个车轮中心决定的车身平面为参照而并不是以举升机平台的平面为参照的，因此举升机平台是否水平对测量的准确度没有任何影响。

并且，3D 四轮定位仪还有比传统四轮定位仪无可比拟的其他优点：

1）相比于传统四轮定位仪，其偏心补偿程序大大简化，节省了大量的时间和人力。

2）标靶内无任何电子元件，因此不需要供电，也就不需要充电和更换电池。

3）标靶内无任何传感器，不存在传统探杆因时间久了或摔碰而需要标定的问题。

4）传统四轮定位仪的核心器件和传感器都放在每次都要搬动的 4 个探杆内，出现故障的可能性较大，而 3D 四轮定位仪的核心器件数量大大减少且都是固定安装，可靠性大幅提高。

5）轮夹和标靶更轻，减轻了劳动强度。

6）4个标靶无须调水平，因此不再需要确认4个探杆的水平。

7）不受车辆底盘高低的影响。

因此，从测量技术的进步性来看，3D四轮定位仪相比于传统四轮定位仪能更好地满足日常使用要求，应用前景非常广阔。

（2）市面上的3D四轮定位仪技术都是成熟的吗？

目前市面上3D四轮定位仪技术的实际使用状况参差不齐，下面主要对轮夹乱夹问题、安装问题、水平要求问题和标定问题进行介绍。

1）关于轮夹乱夹问题。对某品牌3D四轮定位仪进行轮夹随意安装时精度测量测试，发现不能随意安装轮夹，必须严格安装轮夹，否则就测量不准。

这是严重的设计缺陷，也许在新轮夹、新标靶、新轮辋或一般轮辋容易夹轮夹的情况下可能是准确的，但无法解决以下问题：

① 即使是新轮夹、新标靶、新轮辋，但若轮胎是高档的超扁平轮胎，则非常难以夹上轮夹，而且即使好不容易夹上轮夹，也很难达到轮夹和轮辋中心的对中性。这种高档轮胎一般在高档车上才会配有，而高档车恰恰又对测量精度要求很高。因此，该设备根本达不到要求。

② 即使是新轮夹、新标靶、新轮辋，但若轮辋装有与轮辋一起被轮辋固定螺栓固定的装饰板时，轮夹的对中性难于保证，必须把轮胎螺栓取下后再取下装饰罩测量，非常繁琐，和传统四轮定位仪一样繁琐，没有技术进步优势。

③ 新轮夹和新标靶使用一两年势必引起机械损伤，难于保证轮夹的对中性，再加上车辆本身新旧不一的轮辋圆度误差的影响，测量的不准度则更加凸显。

总之，重复性精度问题根本没有解决。

2）关于安装问题。某品牌3D四轮定位仪安装要求是转角盘到摄像头的距离是2.5m，但对于空间有限的客户而言，若距离为1.8m，则误差很大。该设备采用的措施是用人工手拉的办法进行补偿，用低一级的测量技术来标定高一级的设备，显然是非常不严谨的，甚至是可笑的。

3）关于对举升平台的水平要求问题。该设备对举升机平台的水平要求与传统四轮定位仪一样有严格的要求，难于解决因设备用一两年后举升机轻微不平引起的测量不准问题。没有技术进步性可言。

4）关于标定问题。仍然采用的是传统的标准矩形的标定方法，根据转角盘到摄像机距离引起的误差，当轴距、轮距、轮胎高度等参数远离标定架参数时，精度难于保证。没有最新3D四轮定位仪技术的优势。

综上，该3D四轮定位仪技术是落后的技术，难于跟上目前对3D四轮定位仪新技术的要求。

（3）如何判断3D四轮定位仪的好坏？

1）下面给出3D四轮定位仪实例。我于2013年8月初出差到印度处理和了解3D四轮定位仪的事宜，在解决客户问题之余，也验证了快速判断3D四轮定位仪精度的方法。

图3-141所示为印度一典型轮胎店的环境条件及精度较高的3D四轮定位仪。

图 3-141　印度一典型轮胎店的环境条件及精度较高的 3D 四轮定位仪

　　作为技术交流，经销商带我们到图 3-141 所示的一家生意火爆的轮胎店作终端客户拜访。

　　尽管该门面很破，还使用落后的地沟，且没有后侧滑板，可以说环境条件远没有达到专业四轮定位仪的使用要求，但生意却很好，几乎是车主在排队作四轮定位，我们专门做了计时，我们在现场呆了约 1h，该店连续检测和作前轮前束调整的频率平均为每 10min 一台。据了解，该店最先用的是传统的 CCD 四轮定位仪，很少出现作完四轮定位后转向盘不正的问题，但换成一家杂牌的 3D 四轮定位仪后就出现转向盘不正的问题，现在换成一家俄罗斯品牌的 3D 四轮定位后，就不会出现转向盘不正的问题了。

　　据了解，该俄罗斯 3D 四轮定位仪品牌，在俄罗斯除亨特知名国际品牌外，即是该家品牌了，因价格占优势，它的销量已超过亨特了，并且反响很好。

　　我将信将疑，虽然我亲眼看到连续调整了 5 辆车都不用试车就交给了车主，佐证了该俄罗斯品牌的准确度不容置疑，但我还是想用我们专业的试验方法，来验证一下该设备的精准度。

　　经与店主沟通，店主同意做一下测试，测试结果如下：

　　正规操作测试结果如图 3-142 所示。

KALSI AUTOMOB SHOPPIE		C-119 GANESH NAGAR COMPLEX DELHI 110092		
Adjustment report				
Start time:	14.08.2013 17:35:57	End time: 14.08.2013 17:43:19		
Car model:	EECO/EECO CNG			
Technician:	Administrator			
Total:	07 min			
Client:	Noname			
License plate:		Mileage: o		
VIN:				
Parameter name:		Specifications		Measurement	
		Min	Max	Before	After

图 3-142　正规操作测试结果

Front Axle					
Left camber	+0°38′	+2°38′	✓	+0°49′	
Right camber	+0°38′	+2°38′	✓	+0°59′	
Cross camber				+0°10′	
Left caster	+1°40′	+3°40′	✓	+2°31′	
Right caster	+1°40′	+3°40′	✓	+2°26′	
Cross caster				−0°04′	
Left toe	−0°15′	+0°36′	✓	+0°18′	
Right toe	−0°15′	+0°36′	✓	+0°18′	
Total toe	−0°30′	+1°13′		+0°36′	
Setback				−0°24′	
Left SAI				+9°57′	
Right SAI				+10°21′	
Cross SAI				+0°24′	
Rear Axle					
Left camber				+0°01′	
Right camber				−0°01′	
Cross camber				−0°01′	
Left toe				−0°12′	
Right toe				+0°06′	
Total toe				−0°06′	
Thrust Angle				−0°09′	
Setback				−0°08′	

图 3-142　正规操作测试结果（续）

较为极端情况下的测试结果如图 3-143 所示。

KALSI AUTOMOB SHOPPIE　　　　　　　　　　　　　C−119 GANESH NAGAR COMPLEX DELHI 110092

Adjustment report

Start time :　　　　　14.08.2013 17:51:19　　　　End time : 14.08.2013 17:53:26
Car model :　　　　　EECO/EECO CNG
Technician :　　　　　Administrator
Total :　　　　　　　02 min
Client :　　　　　　　Noname
License plate :　　　　　　　　　　　　　　　　Mileage：o
VIN :

Parameter name :	Specifications		Measurement	
	Min	Max	Before	After
Front Axle				
Left camber	+0°38′	+2°38′	✓ +0°46′	
Right camber	+0°38′	+2°38′	✓ +1°02′	
Cross camber			+0°16′	
Left caster	+1°40′	+3°40′	✓ +2°41′	
Right caster	+1°40′	+3°40′	✓ +2°29′	
Cross caster			−0°13′	
Left toe	−0°15′	+0°36′	✓ +0°19′	
Right toe	−0°15′	+0°36′	✓ +0°19′	
Total toe	−0°30′	+1°13′	+0°38′	
Setback			−0°23′	
Left SAI			+9°36′	
Right SAI			+9°47′	
Cross SAI			+0°11′	

图 3-143　较为极端情况下的测试结果

Rear Axle				
Left camber			+0°03′	
Right camber			−0°03′	
Cross camber			−0°05′	
Left toe			−0°07′	
Right toe			+0°04′	
Total toe			−0°04′	
Thrust Angle			−0°06′	
Setback			−0°03′	

图 3-143　较为极端情况下的测试结果（续）

比较影响转向盘不正的关键因素有前轮和后轮的左、右单独前束及总前束，共计六个参数。我们发现只有左后轮的差值是 5 分（我们分析这个差值较大与车辆稍旧并且后轮没有后侧滑板等因素有关），而其余 5 个参数都在 2 分之内。

从专业的角度讲，我不由地对该产品当着经销商技术经理的面竖起了大拇指。

2）以下给出快速判断 3D 四轮定位仪优劣的方法，以飨读者。

① 误差的基本概念：

a. 误差的定义：误差 = 测量值 − 真值。

b. 误差的表示方法

（a）绝对误差：绝对误差 = 测量值 − 真值（约定真值）。在检定工作中，常用高一等级准确度的标准作为真值而获得绝对误差。如：用一等活塞压力计校准二等活塞压力计，一等活塞压力计示值为 $100.5N/cm^2$，二等活塞压力计示值为 $100.2N/cm^2$，则二等活塞压力计的测量误差为 $−0.3N/cm^2$。

（b）相对误差：相对误差 = 绝对误差/真值×100%。如：用一等标准水银温度计校准二等标准水银温度计，一等标准水银温度计测得 20.2℃，二等标准水银温度计测得 20.3℃，则二等标准水银温度计的相对误差为 0.5%。

（c）引用误差：引用误差 = 示值误差/测量范围上限（或指定值）×100%。引用误差是一种简化且使用方便的仪器仪表示值的相对误差。如：测量范围上限为 3000N 的工作测力计，在校准示值 2400N 处的示值为 2392.8N，则其引用误差为 −0.3%。

c. 误差的分类

（a）系统误差：在重复性条件下，对同一被测量值进行无限多次测量所得结果的平均值与被测量的真值之差。

（b）随机误差：测量结果与在重复性条件下，对同一被测量值进行无限多次测量所得结果的平均值之差。

（c）粗大误差：超出在规定条件下预期的误差。

② 精度：精度细分为准确度（系统误差对测量结果的影响）和精密度（随机误差对测量结果的影响）。对测量而言，精密度高的准确度不一定高，准确度高的精密度不一定高，但精确度高的准确度与精密度都高（精度是精确度的简称）。图 3-144 所示为准确度和精密度的比较。

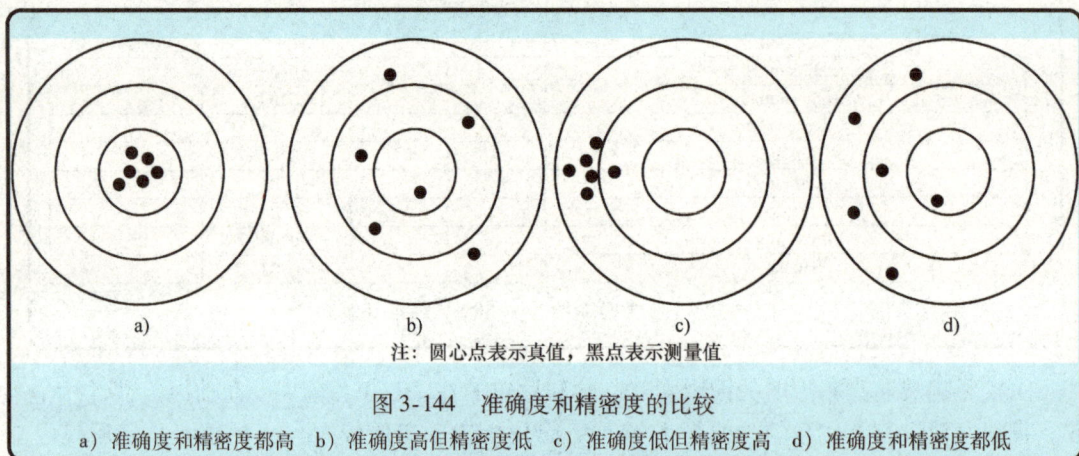

注：圆心点表示真值，黑点表示测量值

图3-144 准确度和精密度的比较

a）准确度和精密度都高 b）准确度高但精密度低 c）准确度低但精密度高 d）准确度和精密度都低

我们通过以下试验方法从精密度也就是从重复性来间接判断精度的。

1）人为把被测量车的车头向左开歪，并把4个轮夹的轴线人为地偏离轮辋的轴线安装，测量后打印数据。

2）开车在路上跑一圈后再测量，这次人为把被测量车的车头向右歪，并把4个轮夹的轴线人为偏离轮辋的轴线，测量后打印数据。

3）两次测量时要注意转向盘都是居中的，若两次测量对比4个单独前束的数据的差值都在2分之内为最好。

注意：

1）不同的操作人员，把车开上测量平台的歪斜程度肯定是不同的，若3D产品对因车辆开歪而形成的误差没有处理好，那么它的精度肯定达不到要求。

2）不同车辆的轮辋变形程度肯定是不一样的，时间久了轮夹不同程度的变形也是难免的，若3D产品对因轮辋变形及轮夹变形而造成的误差没有处理好，那么它的精度也肯定达不到要求。

3）若3D产品精度高，在两次测量转向盘都居中的情况下，两次测量的两前轮单独前束值应基本一致。

（1）乘用车的定义 乘用车是指在其设计和技术特性上主要用于载运乘客及其随身行李和/或临时物品的汽车，包括驾驶人座位在内最多不超过9个座位。它也可以牵引一辆挂车。

（2）乘用车的分类 乘用车可分为11类，见表4-3。其中的1-6类乘用车俗称为轿车。

第四章 ▶▶▶▶▶

汽车底盘知识

第一节 汽车类型及汽车行驶基本原理

一、汽车类型

1. 汽车的定义

汽车由自身的动力装置驱动，通常是指具有 4 个(或 4 个以上)车轮的非轨道、无架线车辆。通常车辆的动力装置多用汽油机，"汽车"的名称由此得来。

2. 汽车的用途

汽车的主要用途是运输，也即载送人和货物或牵引载送人或货物的车辆。

3. 汽车的分类

(1) 按用途分类 按用途的不同，汽车分为运输汽车和特种用途汽车。

根据 GB 3730.1—1988 的规定，运输汽车可分为轿车、客车和货车，并按照汽车的主要特征参数分级，也即轿车按照发动机排量、客车按照车辆总长度、货车按照汽车的总质量分级，见表 4-1。

表 4-1 运输汽车分级

轿 车		客 车		载 货 车	
载送 2~9 个乘员， 主要供私人用的汽车		载送 9 个以上乘员， 供公共服务用的汽车		载送货物的运输汽车	
分级	发动机排量/L	分级	车辆总长度/m	分级	汽车总质量/t
微型	≤1.0	微型	≤3.5	微型	≤1.8
普及型	>1.0~≤1.6	轻型	>3.5~≤7	轻型	>1.8~≤6
中级	>1.6~≤2.5	中型	>7~≤10	中型	>6~≤14
中高级	>2.5~≤4	大型	>10~≤12	重型	>14
高级	>4	特大型	指铰接式客车与 双层客车		

特种用途汽车包括特种作业汽车、竞赛汽车和娱乐汽车。具有装甲或武器的军用作战车辆不属于此类。商业售货车、救护车、消防车、环卫环保作业车、市政建设工程作业车、农牧副渔作业车、石油地质作业车、机场作业车等属于特种作业汽车。旅居车、高尔夫球场专用汽车、海滩游玩汽车等属于娱乐汽车。

（2）按动力装置类型分类 按动力装置类型的不同，汽车分为活塞式内燃机汽车、电动汽车、燃气轮机汽车、喷气式汽车。

陆上车辆行驶速度的最高纪录是由喷气式汽车创造的，即1227.73km/h；若不依靠喷气驱动，而是依靠车轮驱动的话，则是由燃气轮机汽车创造的，即648.71km/h。

（3）按行驶道路条件分类 按行驶道路条件的不同，汽车分为公路用车和非公路用车。

非公路用车一类是其外廓尺寸（总长、总宽、总高）和单轴负荷等参数超过公路用车法规的限制，只能在矿山、机场、工地、专用道路等非公路地区使用。另一类是能在无路地面上行驶的高通过性汽车，称为越野汽车。越野汽车可以是轿车、客车、货车或其他用途的汽车。根据GB 3730.1—1988的规定，越野汽车按总质量分级见表4-2。

表4-2 越野汽车分级

分 级	汽车总质量/t	分 级	汽车总质量/t
轻型	≤5	重型	>13
中型	>5 ~ ≤13		

（4）按行驶机构的特征分类 按行驶机构特征的不同，汽车分为轮式汽车和其他类型行驶机构的车辆。

轮式汽车可按驱动情况分为非全轮驱动和全轮驱动两种类型。汽车的驱动情况常用代号"$n \times m$"表示，n是车轮总数（装在同一个轮毂上的双轮胎仍算1个车轮），m是驱动轮数。例如，普通轿车和大多数汽车通常都是4×2（非全轮驱动）类型，而越野汽车属于全轮驱动类型，有4×4（BJ2020轻型越野汽车）、6×6（EQ2080中型越野汽车）等。

履带式车辆、雪橇式车辆属于其他类型行驶机构的车辆，广义上讲还包括气垫式、步行式等无车轮的车辆。

4. 关于GB/T 3730.1—2001

目前的GB/T 3730.1—2001《汽车和挂车类型的术语和定义》是对GB/T 3730.1—1988《汽车和半挂车的术语和定义 车辆类型》的修订，新标准已于2002年3月1日实施之日起代替旧标准，但之所以在本书中仍然列入了旧标准，是因为目前阶段还有大量的旧标准术语在使用，作为汽车专业人士又不能不知道，而同时也要对新的标准及时补充，以跟上时代步伐，故在此对新标准也加以大致了解。

新标准与上一版本在标准内容上有较大差别，不再对车辆进行分类和分级，而是给出各种车型的具体术语和定义，并给出了相应的示意图。

新标准把道路上运行的车辆分为三种类型：汽车、挂车和汽车列车。

而把汽车这种类型的车辆按用途分为商用车辆和乘用车。商用车辆又分为客车、半挂牵引车和货车。而乘用车又包括11种车型，见表4-3。

平时接触最多的是乘用车，因此本书着重介绍乘用车。

1. 汽车的总布置形式

为满足不同的使用要求，汽车的总体布置有不同的形式。现代汽车按发动机相对于各总成的位置，有下列几种布置形式：

（1）发动机前置后轮驱动（FR） 这是传统的布置形式。大多数货车、部分轿车和部分客车采用这种形式。

（2）发动机前置前轮驱动（FF） 这是现代大多数轿车盛行的布置形式，具有结构紧凑、整车质量小、地板低、高速时操纵稳定性好等优点。

（3）发动机后置后轮驱动（RR） 这是目前大、中型客车盛行的布置形式，具有室内噪声小、空间利用率高等优点。少数轿车也采用这种布置形式。

（4）发动机中置后轮驱动（MR） 这是方程式赛车和大多数跑车采用的布置形式。将功率和尺寸很大的发动机布置在驾驶人座椅与后轴之间，有利于获得最佳分配和提高汽车的性能。少数大、中型客车也采用这种布置形式，把卧式发动机安装在地板下面。

（5）全轮驱动（nWD） 这是越野汽车特有的布置形式，通常发动机前置，在变速器之后的分动器将动力分别输送给全部驱动轮。

汽车向前行驶时，承受较复杂的各种力的作用，有纵向力、横向力和垂直力以及力矩。为解释汽车向前行驶的基本原理，本节只讨论汽车直线行驶时各种纵向力的相互关系。

2. 汽车的驱动力与阻力

（1）驱动力 发动机的动力经传动系统传给驱动轮，驱动轮对地面施加作用力的同时，地面对汽车施加的反作用力，就是促使汽车行驶的驱动力。

（2）滚动阻力 车轮滚动时轮胎与地面发生变形而产生的阻力就是滚动阻力。它分为以下两种情况：

1）车轮沿坚硬的路面滚动时，驱动汽车的一部分动力消耗在轮胎变形的内摩擦上，而路面变形较小。

2）车轮沿软地面滚动时，地面变形大，所产生的阻力就成为滚动阻力的主要部分。

滚动阻力与汽车的总重力、轮胎的结构和压力以及地面的性质有关。

（3）空气阻力 形成空气阻力的原因有以下三点：

1）汽车在稠密的空气中向前行驶时，前部承受气流的压力而后部抽空，产生压力差。

表4-3 乘用车的分类

序 号	术 语	定 义	示意图
2. 1. 1. 1	普通乘用车 saloon（sedan）	车身： 封闭式，侧窗中柱有或无。 车顶（顶盖）： 固定式，硬顶。有的顶盖一部分可以开启。 座位： 4个或4个以上座位，至少两排。 后座椅可折叠或移动，以形成装载空间。 车门： 2个或4个侧门，可有一后开启门	

（续）

序　号	术　　语	定　　义	示意图
2.1.1.2	活顶乘用车 convertible saloon	**车身：** 具有固定侧围框架的可开启式车身。 **车顶（顶盖）：** 车顶为硬顶或软顶，至少有两个位置： 1. 封闭；2. 开启或拆除。 可开启式车身可以通过使用一个或数个硬顶部件和/或合拢软顶将开启的车身关闭。 **座位：** 4个或4个以上座位，至少两排。 **车门：** 2个或4个侧门。 **车窗：** 4个或4个以上侧窗	
2.1.1.3	高级乘用车 pullman saloon （pullman sedan）（ex-ecutive limou‑sine）	**车身：** 封闭式。前后座之间可以设有隔板。 **车顶（顶盖）：** 固定式，硬顶。有的顶盖一部分可以开启。 **座位：** 4个或4个以上座位，至少两排。后排座椅前可安装折叠式座椅。 **车门：** 4个或6个侧门，也可有一个后开启门。 **车窗：** 6个或6个以上侧窗	
2.1.1.4	小型乘用车 coupé	**车身：** 封闭式，通常后部空间较小。 **车顶（顶盖）：** 固定式，硬顶。有的顶盖一部分可以开启。 **座位：** 2个或2个以上的座位，至少一排。 **车门：** 2个侧门，也可有一个后开启门。 **车窗：** 2个或2个以上侧窗	
2.1.1.5	敞篷车 convertible（open tourer）（roadster）（spider）	**车身：** 可开启式。 **车顶（顶盖）：** 车顶可为软顶或硬顶，至少有两个位置：第一个位置遮覆车身；第二个位置车顶卷收或可拆除。 **座位：** 2个或2个以上的座位，至少一排。 **车门：** 2个或4个侧门。 **车窗：** 2个或2个以上侧窗	

（续）

序　号	术　语	定　义	示意图
2.1.1.6	仓背乘用车 hatchback	车身： 封闭式，侧窗中柱可有可无。 车顶（顶盖）： 固定式，硬顶。有的顶盖一部分可以开启。 座位： 4个或4个以上座位，至少两排。 后座椅可折叠或可移动，以形成一个装载空间。 车门： 2个或4个侧门，车身后部有一仓门	
2.1.1.7	旅行车 station wagon	车身： 封闭式。车尾外形按可提供较大的内部空间。 车顶（顶盖）： 固定式，硬顶。有的顶盖一部分可以开启。 座位： 4个或4个以上座位，至少两排。 座椅的一排或多排可拆除，或装有向前翻倒的座椅靠背，以提供装载平台。 车门： 2个或4个侧门，并有一后开启门。 车窗： 4个或4个以上侧窗	1
2.1.1.8	多用途乘用车 multipurpose passenger car	上述2.1.1.1~2.1.1.7车辆以外的，只有单一车室载运乘客及其行李或物品的乘用车。但是，如果这种车辆同时具有下列两个条件，则不属于乘用车而属于货车： 1. 除驾驶员以外的座位数不超过6个； 只要车辆具有可使用的座椅安装点，就应算"座位"存在。 2. $P-(M+N\times68)>N\times68$ 式中：P——最大设计总质量； 　　　M——整车整备质量与1位驾驶员质量之和； 　　　N——除驾驶员以外的座位数	
2.1.1.9	短头乘用车 forward control passenger car	一种乘用车，它一半以上的发动机长度位于车辆前风窗玻璃最前点以后，并且方向盘的中心位于车辆总长的前四分之一部分内	

（续）

序　号	术　　语	定　　义	示意图
2.1.1.10	越野乘用车 off – road passenger-car	在其设计上所有车轮同时驱动（包括一个驱动轴可以脱开的车辆），或其几何特性（接近角、离去角、纵向通过角，最小离地间隙）、技术特性（驱动轴数、差速锁止机构或其他形式机构）和它的性能（爬坡度）允许在非道路上行驶的一种乘用车	
2.1.1.11	专用乘用车 special purpose passenger car	运载乘员或物品并完成特定功能的乘用车，它具备完成特定功能所需的特殊车身和/或装备。 例如：旅居车、防弹车、救护车、殡仪车等	

2）空气与车身表面以及各层空气之间存在摩擦。

3）引入车内冷却发动机和室内通风以及外伸零件引起的气流干扰。

空气阻力与汽车形状、汽车的正面投影面积，特别是与汽车 – 空气相对速度的平方成正比。可见，当汽车速度很高时，空气阻力相当可观，并将成为总阻力的主要部分。

（4）坡度阻力　汽车在坡道上行驶时，其总重力沿坡道方向的分力称为坡度阻力。

（5）驱动力与总阻力的关系　汽车的总阻力$\sum F$是上述各阻力之和。

$$\sum F = F_f（滚动阻力）+ F_w（空气阻力）+ F_i（坡度阻力）$$

当F_t（驱动力）$= \sum F$时，汽车匀速行驶；当$F_t > \sum F$时，汽车速度增加，总阻力随空气阻力而增加，在某个较高的车速达到新的平衡，然后匀速行驶；当$F_t < \sum F$时，汽车减速或停驶。

3. 汽车的附着条件

在冰雪或泥泞路面上，汽车速度提不上来甚至不能前进，即使开大节气门或换入低速档，车轮也只会滑转而驱动力不能增大，这说明汽车能否充分发挥其驱动力，还受到车轮与地面间附着作用的限制。

那么如何理解车轮与地面的附着作用呢？

在平整的干硬路面上，车轮的附着作用是由于轮胎与路面之间存在摩擦力，这个摩擦力阻碍车轮的滑动，使车轮能够正常地向前滚动并承受路面的驱动力。如果驱动力大于摩擦力，那么车轮与路面之间就会发生滑动。在松软的地面上，除了轮胎与地面的摩擦阻碍车轮滑动外，还有嵌入轮胎花纹凹处的软地面凸起所起的抗滑作用。

由附着作用所决定的阻碍车轮滑动的力的最大值称为附着力，用F_ϕ表示。附着力与车轮所承受垂直于地面的法向反力G（称为附着重力）成正比。

$$F_\phi = G\phi$$

式中，ϕ称为附着系数，其值与轮胎的类型及地面的性质有关；附着重力G则是汽车总重力G_a分配到驱动轮上的部分。

由此可知，附着力限制了驱动力的发挥，其表达式为

$$F_t \leqslant F_\phi$$

此式称为汽车行驶的附着条件。

在冰雪或泥泞地面上，由于附着力很小，汽车的驱动力受到附着力的限制而不能克服较大的阻力，导致汽车减速甚至不能前进。即使加大节气门开度或换入低速档，车轮也只会滑转而驱动力仍不能增大。为了增加车轮在冰雪地面的附着力，可采用特殊花纹轮胎、镶钉轮胎或普通轮胎上绕装防滑链，以提高其对冰雪的抓着能力。非全轮驱动汽车的附着重力只是分配到驱动轮上的那部分汽车总重力；而全轮驱动汽车的附着重力则是全车的总重力，因而其附着力较前者显著增大。

4. 路面制动力与附着力的关系

汽车制动时，制动器对车轮施加制动力矩，通过车轮与路面间的附着作用，车轮即对路面施加一个向前的制动周缘力，同时路面也对车轮作用一个向后的切向反力，即制动力 F_B。同汽车在正常行驶中路面作用于车轮的驱动力一样，制动力也不可能超过车轮与路面间的附着力 F_ϕ，即

$$F_B \leqslant F_\phi = G\phi$$

式中，G 为车轮对路面的垂直载荷；ϕ 为轮胎与路面间的附着系数。

车轮上的制动力 F_B 一旦达到了附着力 F_ϕ 的数值，车轮即完全停止旋转（车轮被抱死），只是沿路面作纯滑移。这时，即使进一步加大制动系统促动管路压力，以进一步加大制动器的制动力矩（此时表现为静摩擦力矩），制动力 F_B 也不会再随之增大。

在附着条件许可的情况下，希望制动力尽可能大，以期获得尽可能大的汽车减速度。但制动力大到等于附着力，以致车轮抱死滑移，也不一定能收到预期的最佳效果。

第二节　汽车操纵稳定性及行驶平顺性

一、汽车的主要性能 ▶▶

汽车的主要性能包括动力性、燃料经济性、制动性、操纵稳定性、行驶平顺性、通过性、排放及噪声污染等。其中，操纵稳定性和行驶平顺性与车轮定位密切相关。为了深刻理解车轮定位，下面对操纵稳定性和行驶平顺性加以剖析论述。

二、汽车的操纵稳定性 ▶▶

操纵稳定性是汽车的一种运动性能，这种性能通过驾驶人在一定路面和环境下的操纵反映出来。通常认为汽车的操纵稳定性包含相互联系的两个部分：一是操纵性，二是稳定性。

操纵性是指在驾驶人不感觉过分紧张、疲劳的条件下，汽车能按照驾驶人通过转向系统及转向轮给定的方向行驶（直线行驶或转弯行驶）的能力。

稳定性是指汽车受到外界扰动（路面不平扰动、侧风扰动或偏载扰动等）时，能抵抗扰动而保持稳定行驶（不发生侧滑和翻车等）的能力。

两者很难断然分开，因为汽车操纵性的破坏常常会引起侧滑或翻车，而汽车的侧滑有时又会使操纵失灵，因此通常只统称为操纵稳定性。

按照运动稳定性的一般理论原则，汽车的正常运动受干扰后，无论时间经过多长，若原始偏离变化很小，驾驶人有充分的时间利用转向盘和制动装置来保证汽车的安全行驶，那

么汽车的运动是稳定的；如果原始偏差增加很快，以至于无法控制，那么汽车的运动是不稳定的，很可能引发事故。

汽车的运动是在驾驶人的操纵下实现的，因此要对汽车的运动性能作深入分析，必须研究包括驾驶人特性在内的驾驶人－汽车系统。驾驶人－汽车系统在一定路面和环境下的操纵运动响应，一方面取决于汽车的操纵稳定性，另一方面也取决于驾驶人的行为特性和驾驶技术，二者配合良好才能使驾驶人－汽车系统获得良好的操纵运动响应。

三、汽车的行驶平顺性 ▶▶

汽车行驶时，路面不平度会激起汽车的振动。当这种振动达到某种程度时，会使乘客感到不舒服和疲劳，或使运载的货物损坏，这就是汽车的行驶平顺性问题。

汽车平顺性讨论的对象是路面－汽车－人系统。系统的输入是路面纵剖面的变化，此输入经轮胎、悬架、车身和座椅等构件传到人体，再由人的生理、心理和机械等复杂因素的综合，最后产生输出——人对振动的反应。

四、汽车的抗侧翻性能 ▶▶

当汽车由于某种原因，一侧车轮离开地面，车身绕着另一侧车轮与地面的交线转动，并且不可恢复，汽车将发生侧滑。常见的侧滑形式有以下三种：

1）一辆发生侧滑从而具有侧向速度的汽车，如遇到路面凸起等障碍物，则可能发生侧翻。

2）在干燥路面上，如果汽车转弯时的侧向加速度较大，则因地面附着力较大，汽车在发生侧滑之前可能发生侧翻。若轮胎与路面间的附着系数较小，则汽车在侧翻之前会发生侧滑。

3）当汽车在侧坡上直线行驶时，如果坡度大到重力通过一侧车轮接地线时，则汽车将发生侧翻。如果轮胎与侧坡路面间的附着系数较小，则汽车在侧翻之前会发生侧滑。

从上述的三种侧滑形式不难想象，加大轮距、降低重心高度，可以提高汽车的抗侧滑能力。

五、汽车的运动及坐标系 ▶▶

汽车的运动通常是指车身的运动。图4-1描述了车身在空间运动的六个自由度及坐标系。

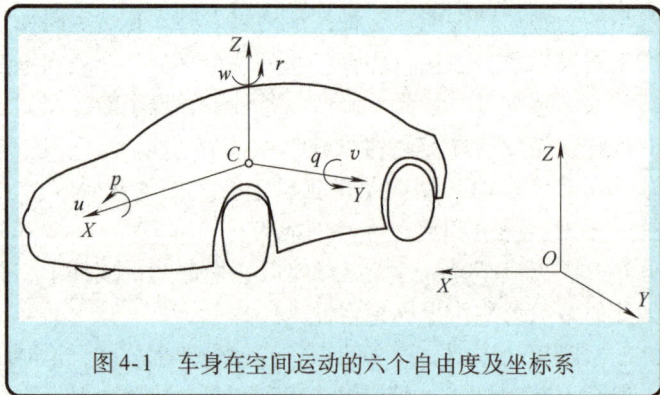

图4-1　车身在空间运动的六个自由度及坐标系

图4-1中 O-XYZ 坐标系固定在地面上，称为惯性坐标系或大地坐标系，C-XYZ 固定在车身上，质点 C 为车身质心，X 轴为车身纵向水平轴，方向向前，Z 轴铅锤向上，Y 轴水平向左，构成一个右手直角坐标系。车身的六个运动速度可以方便地在车身坐标系内度量，其符号、名称及意义见表4-4。

表4-4　车身的运动速度代码释义

符号	名　称	意　义	符号	名　称	意　义
u	纵向速度	车身质心速度沿车身系 X 轴分量	p	侧倾角速度	车身角速度沿车身坐标系 X 轴分量
v	侧向速度	车身质心速度沿车身系 Y 轴分量	q	俯仰角速度	车身角速度沿车身坐标系 Y 轴分量
w	垂直速度	车身质心速度沿车身系 Z 轴分量	r	横摆角速度	车身角速度沿车身坐标系 Z 轴分量

在车身的六个运动自由度中，侧向运动、侧倾运动、横摆运动是操纵稳定性研究最关心的因素。

六、轮胎坐标系及轮胎六分力

以车轮平面（垂直于车轮旋转轴线的轮胎中分平面）与地面的交线为 x 轴，如图4-2所示，方向向前；以车轮自转轴线在地平面上的垂直投影为 y 轴，方向向左；x 轴与 y 轴的交点 O 为原点，以过原点的铅垂线为 z 轴，方向向上；建立如图4-2所示的轮胎坐标系。

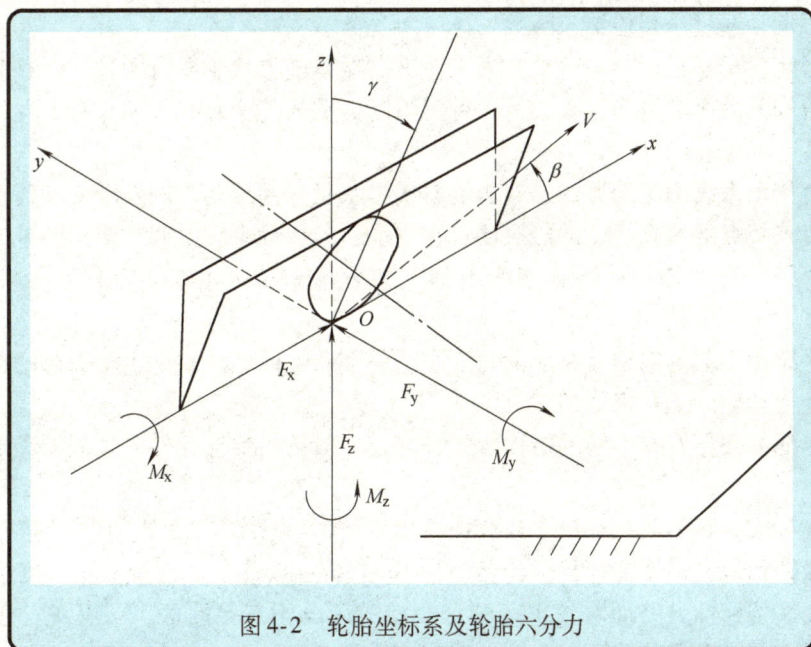

图4-2　轮胎坐标系及轮胎六分力

车轮中心（车轮旋转轴线与车轮平面的交点）相对地面的运动速度为 V，V 在水平地面上与 x 轴的夹角 β 定义为侧偏角，图4-2中所示方向为正。车轮平面与 xOz 平面的夹角 γ 定义为侧倾角，图4-2中所示方向为正。

轮胎胎面与地平面的接触区域称为印迹，轮胎坐标系的原点称为印迹中心，虽然它并不总是印迹图形的形心。一般情况下地平面通过印迹作用在台面上的应力既有垂直于地平面的正应力 q_z，也有沿着地平面的剪应力 q，q 又可分解为 x 方向的纵向应力 q_x 和 y 方向的侧向

应力 q_y。将印迹上各点的 q_x、q_y 及 q_z 向原点 O 简化，可得到沿轮胎坐标系各轴的三个力 F_x、F_y 和 F_z，及三个力矩 M_x、M_y 和 M_z，即六分力，其正方向如图 4-2 所示，其名称及意义见表 4-5。

表4-5 轮胎六分力意义

符　号	名　称	意　义
F_x	纵向力	地面对轮胎作用力沿轮胎坐标系 x 轴分量
F_y	侧向力	地面对轮胎作用力沿轮胎坐标系 y 轴分量
F_z	垂直力	地面对轮胎作用力沿轮胎坐标系 z 轴分量
M_x	翻转力矩	地面对轮胎作用力矩沿轮胎坐标系 x 轴分量
M_y	滚动阻力矩	地面对轮胎作用力矩沿轮胎坐标系 y 轴分量
M_z	回正力矩	地面对轮胎作用力矩沿轮胎坐标系 z 轴分量

七、汽车的振动与汽车的悬架 ▷▷

汽车作为一种运输工具，在行驶过程中产生振动是不可避免的。根据汽车具体的构造特点进行分析，引起汽车振动的振源主要有两个：一是动力传动系动，工作中的动力传动系动将自身的振动通过连接件传到车身；二是不平的路面，汽车行驶时，不平的路面使车轮相对于车身上下振动，通过悬架传给车身。

振动是影响汽车舒适性的一个重要因素。减少振动的方法主要有两种：一种是减少振源的振动，如缓和发动机自身的振动；另一种是阻断振动的传递路径，如将振源通过隔振器与其他设备连接。

对于动力传动系统引起的振动，通常的解决方法是采用振动小的发动机和传动系统；在发动机和车身连接点处加装高性能的隔振器；在发动机与传动系统之间加装扭转减振器或液力变矩器等。另外，动力传动系统在汽车上的安装设计和布置也在一定程度上影响车身的振动。

对于不平路面引起的振动就是所谓的汽车行驶平顺性问题。路面不平引起的振动主要是通过连接车身与车轮的悬架来隔离。

现代汽车的悬架尽管有不同的结构形式，但是一般都由弹性元件、减振器和导向机构三部分组成。

按照国际标准，路面等级可以分成 8 级，以 A、B、C、D、E、F、G、H 表示，A 级路面最好，H 级路面最差。据统计我国公路级别基本上在 A、B、C 三级范围之内，俗称好路面、中等路面和坏路面。路面对汽车行驶平顺性的影响不仅与路面等级有关，还与车速有关。一般来说在同样等级的路面上行驶，速度越快，振动越大。

由于汽车行驶的路面不可能绝对平坦，因此路面作用于车轮上的垂直反力往往带有冲击性，尤其在坏路面上高速行驶时，这种冲击力将很大，可能引起汽车机件的早期损坏，还会使驾驶人感到极不舒服，或使货物受到损伤。为了缓和冲击，在汽车行驶中，除了采用弹性的充气轮胎外，在悬架中还必须装有弹性元件，使车轮与车身之间作弹性连接。但弹性系统在受到冲击后将产生振动，持续的振动易使乘员感到不舒服或疲劳，故悬架还应具有减振作用，使振动迅速衰减（振幅迅速减小）。为此，在许多结构形式的汽车悬架中都设有专门的减振器。

车轮相对于车身跳动时，车轮（特别是转向轮）的运动轨迹应符合一定的要求，否则对汽车的某些行驶性能（特别是操纵稳定性）有不利的影响。因此，悬架中某些传力构件同时还承担着使车轮按一定轨迹相对于车身跳动的任务，因而这些传力构件还起导向作用，故称导向机构。

在多数轿车和客车上，为了防止车身在转弯行驶等情况下发生过大的倾斜，在悬架中还设有辅助弹性元件——横向稳定器。

由此可见，汽车悬架的功能是缓冲、导向、减振，然而总的功能是传力。应当指出，悬架要具备上述功能，在结构上并非一定要设置满足上述各功能的单独的装置。例如，常见的钢板弹簧，除了作为弹性元件起缓冲作用外，当它在汽车上纵向安置并且一端与车架作固定铰链连接时，它本身还能起到传递各向力和力矩以及决定车轮运动轨迹的作用，因而可不再另设导向机构。此外，一般钢板弹簧是多片叠成的，本身具有一定减振能力，在对减振器要求不高的车辆上，也可以不装减振器。

由悬架刚度和悬架弹簧支撑的质量（簧载质量）所决定的车身固有频率（也称振动系统的自由振动频率），是影响汽车行驶平顺性的悬架重要性能指标之一。人体所习惯的垂直振动频率大致在人的心跳频率附近，因为人体对心跳的振动比较适应，这个频率与步行时身体上下运动的频率也比较接近，为 $1 \sim 1.6 \text{Hz}$。车身固有频率应当尽可能地处于或接近这一频率范围。取值过高，悬架隔振性能下降；取值过低，汽车在坏路面行驶时容易蹭地或频繁地撞击限制器，反而造成冲击，影响乘客。此外，车轮的设计动行程也是影响汽车行驶平顺性的一个重要参数。一般当汽车在坏路面上行驶时，希望设计动行程大些，可减少限制器的次数，但设计行程过大则将增大汽车底盘的离地高度。城市道路车辆的动行程一般比越野车辆要小。

根据力学分析，如果将汽车看成一个在弹性悬架上作单自由度振动的质量，则悬架系统的固有频率为

$$n = \frac{1}{2\pi}\sqrt{\frac{C}{M}} = \frac{1}{2\pi}\sqrt{\frac{g}{f}}$$

式中，g 为重力加速度；f 为悬架垂直变形（挠度）；M 为悬架簧载质量；C（$C = Mg/f$）为悬架刚度（不一定等于弹性元件的刚度），它是指使车轮中心相对于车身向上移动单位距离（即使悬架产生单位垂直压缩变形）所需要加于悬架上的垂直载荷。

由上式可见：

在悬架所受垂直载荷一定时，悬架刚度越小，则汽车固有频率越低。但悬架刚度越小，在一定载荷下悬架垂直变形就越大，即车轮上下跳动所需要的空间越大，这对于簧载质量大的货车，在结构上是难于保证的。因此，实际上货车的车身固有频率往往偏高，而大大超过了上述理想的频率范围。

当悬架刚度一定时，簧载质量越大，则悬架垂直变形越大，而固有频率越低，故空车行驶时的车身固有频率要比满载行驶时的高。簧载质量变化越大，则频率变化范围也越大。

为了使簧载质量从相当于汽车空载到满载的范围内变化时，车身固有频率保持不变或变化很小，就需要将悬架刚度做成可变的，即空车时悬架刚度小，而载荷增加时，悬架刚度随之增加。

有些弹性元件本身的刚度就是可变的，如气体弹簧；有些悬架所用弹性元件的刚度虽然不变，但是安装在悬架上之后，可使整个悬架具有可变的刚度，如扭杆弹簧悬架。

减振器可加速车身振动的衰减，以改善汽车的行驶平顺性，它和弹性元件是并联安装

的。减振器的阻尼力越大，振动消除得越快，但却使并联的弹性元件的作用不能充分发挥，同时，过大的阻尼力还可能导致减振器连接零件及车架损坏。为解决弹性元件与减振器之间的这一矛盾，对减振器提出如下要求：

1）在悬架压缩行程（车桥与车架相互移近的行程）内，减振器阻尼力应较小，以便充分利用弹性元件的弹性来缓和冲击。

2）在悬架伸张行程（车桥与车架相互远离的行程）内，减振器阻尼力应较大，以求迅速减振。

当车桥与车架的相对速度较大时，减振器应当能自动增大液流通道截面积，使阻尼力始终保持在一定限度之内，以避免承受过大的冲击载荷。

特别要注意的是，悬架的设计是整体的，弹性元件、减振器和轮胎等的设计选择与汽车的簧上质量、簧下质量、车身的质量分布及刚度分布都有关系。因此，一般来说，不同型号汽车的上述部件的相互替换是受限制的，替换不当会造成振动加大，甚至影响汽车的操纵稳定性，危及安全。

还要注意的是，汽车的簧上质量和簧下质量通常是容易被忽略的参数，而它们对汽车行驶平顺性也有较大的影响。一般来说，在同等条件下，簧上质量大而簧下质量小的汽车振动要小些。另外，簧上质量大的汽车在承载质量改变时车身垂直振动的固有频率变化不大，因而对悬架的隔振性能影响不大。

八、汽车转弯时的离心力 ▶▶

汽车转弯行驶，除了受到由驱动力引起的作用在车轮上的纵向作用力和横向作用力外，还有离心力、横向风力、横向坡道的重力分力等的影响。这些横向力的作用都对汽车的操纵性和稳定性都有较大的影响。

汽车转弯行驶要产生离心力，向心力公式 $F = m \times (v^2/r)$，容易理解，影响离心力的主要因素是车速，而且是呈平方的比例增加，车速增加2倍，离心力就要增加4倍，因此车速越高，产生的离心力越大。在急转弯时出现横向翻车事故，常常是因为行车的速度太快，离心力大的结果。而转弯半径越小，汽车越重则离心力也越大。因此车辆在车速高而转弯半径小的情况下，离心力往往是很大的。

离心力方向是沿着转弯半径远离汽车中心的，从图4-3可以看出，离心力可分为平行汽车纵轴方向和垂直纵轴方向的两个分力，即离心力的纵向分力和离心力的横向分力。由于转向轮的最大转向角为35°~45°，所以汽车转向时离心力的横向

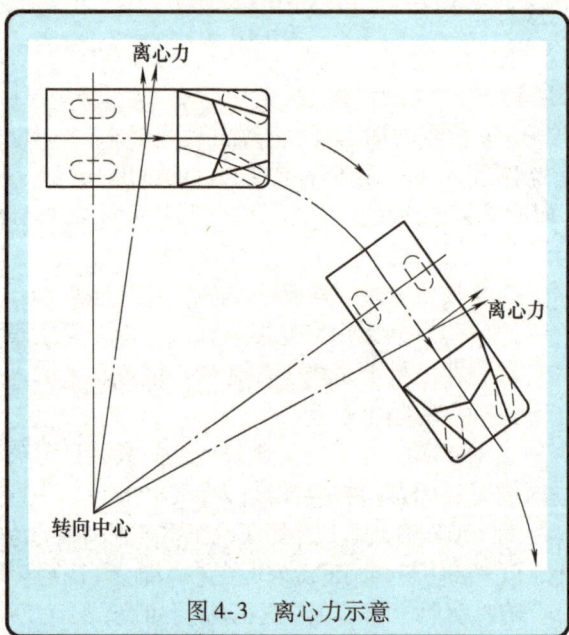

图4-3　离心力示意

分力远远大于离心力的纵向分力。离心力的横向分力是构成汽车横向作用力的主要因素，因

此在转向时，它对汽车稳定性和操纵性有着重要的影响。

九、轮胎的偏离现象

汽车上装用的弹性轮胎，在侧向力（车轮平面垂直于路面时的横向力）作用下将产生侧向变形，使车轮中心行驶的方向不和车轮平面与路面的交线重合，而与交线成一夹角β，此即称为偏离现象，β角称为偏离角。

需要强调的是汽车转向时的瞬时转向中心是全部车轮中心行驶方向垂线的交点，而不是车轮平面与路面交线的垂线的交点。

偏离角随着侧向力的增加而增大，一般行车中偏离角不大于$5°\sim6°$，此时侧向力与偏离角保持正比例关系。当侧向力增大到一定数值后，轮胎在路面上出现局部滑动，当侧向力等于附着力时，车轮发生侧滑，偏离角便急剧增加。如果路面的附着条件很差，则轮胎与路面在较小的侧向力作用下会发生局部滑动或完全侧滑，这样轮胎的偏离现象也必然会加重。

十、汽车转向特性表示方法

1. 汽车转向半径

汽车行驶中，由于离心力的作用，车轮发生偏离。实际使用表明，有侧向偏离的转向半径与无侧向偏离的转向半径是不同的。汽车转向行驶时，由于偏向力的作用，各个车轮均发生偏离，前、后桥中点由于车轮的偏离，必将产生某一偏离角度（严格来讲此偏离角度除轮胎影响外，还要包括悬架结构的影响）。

转向半径分三种情况：将转向盘转过一定角度后，汽车等速圆周行驶时，随着车速的提高，圆周半径增加的称为不足转向，圆周半径减小的称为过度转向。具有不足转向的汽车操纵稳定性最好。汽车的转向特性取决于前轴偏离角与后轴偏离角之差。当前轴偏离角大于后轴偏离角时，汽车具有不足转向特性。当前轴偏离角小于后轴偏离角时，汽车具有过度转向特性。如果前、后轴偏离角相等时，装用弹性车轮的汽车则与刚性车轮的转弯半径大致相等，此种情况称为中性转向。

具有过度转向的汽车，在侧向力的作用下作转向运动时的瞬时转向中心是经过前、后桥中点且垂直于前、后轴偏离方向的垂线的交点。因前轴偏离角小于后轴偏离角，所以瞬时转向中心在与侧向力方向相反的汽车的一侧，侧向力的方向与离心力的横向分力相同，两力重叠作用的结果使汽车偏离现象更加严重。如果车速很高，离心力也很大，则即使侧向作用力消失，汽车转弯半径也会不断减小。而转弯半径减小后，离心力会不断增加，这样恶性循环的结果将使汽车出现侧滑，甚至发生翻车事故，如图4-4所示。

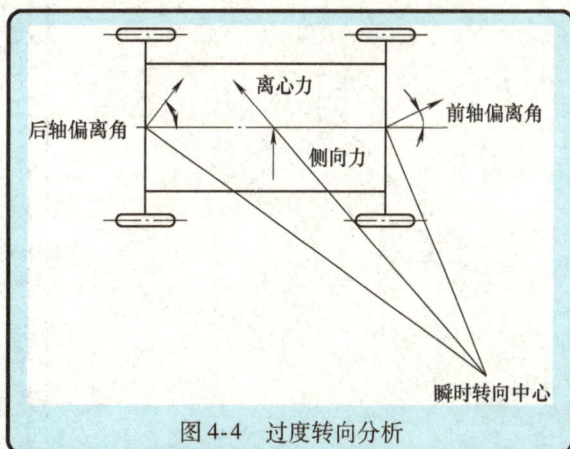

图4-4　过度转向分析

转向特性表示方法：常以不同向心加速度时汽车前、后偏离角之差来衡量汽车的转向特性。如当北京 BJ2020 型汽车在潮湿沥青路面上行驶，向心加速度小于 $0.6g$ 时，汽车为不足转向，而向心加速度大于 $0.6g$ 以后，则要出现过度转向。

2. 转向半径的三种情况

（1）中性转向　若前、后车轮的偏离角相等，即 $\delta_B = \delta_A$，有 $R' = R$，即汽车的转向半径与具有刚性车轮的转向半径相等，称为中性转向。

图 4-5 所示为汽车中性转向运动简图，其反应如图 4-6 所示。设汽车沿 xx 方向直线行驶，在侧向力的作用下，车轮产生偏离角，使汽车改为沿着与 xx 线成 δ 角 mm 线方向直线行驶。所以欲保持原定线路行驶，驾驶人必须将转向盘转向偏离的相反方向，使汽车的纵轴与原定路线成 δ 角，然后将转向盘回转到中间位置。

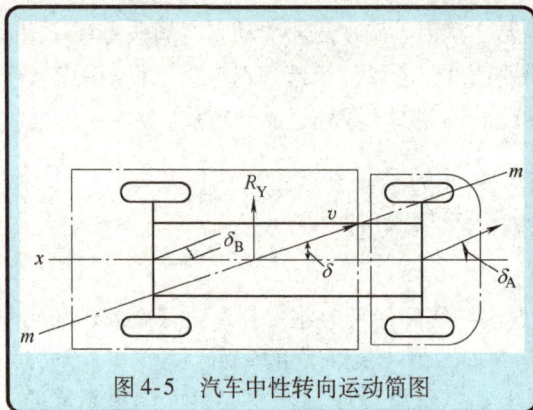

图 4-5　汽车中性转向运动简图

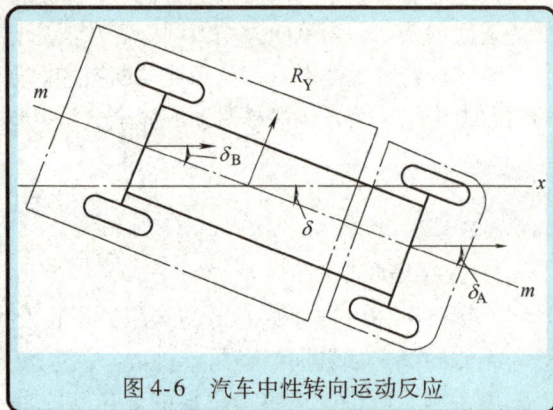

图 4-6　汽车中性转向运动反应

若是前、后轮的横向偏离角相等，则车辆就是中性转向，如图 4-7 所示。这是一个合乎要求的特性，因为一旦发生危险情况，这样就能为车辆转入或转出一个曲线留下一个足够的转向角。

（2）不足转向　若前轮的偏离角大于后轮，即 $\delta_B < \delta_A$，有 $R' > R$，也就是说，当车轮产生弹性偏离时，与刚性车轮运动情况相比较，汽车将沿着更为平缓的曲线行驶，此时称为不足转向。图 4-8 所示为不足转向汽车运动简图。

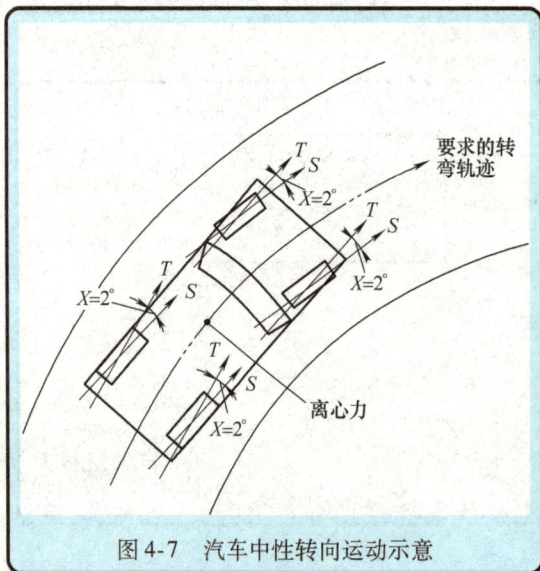

图 4-7　汽车中性转向运动示意

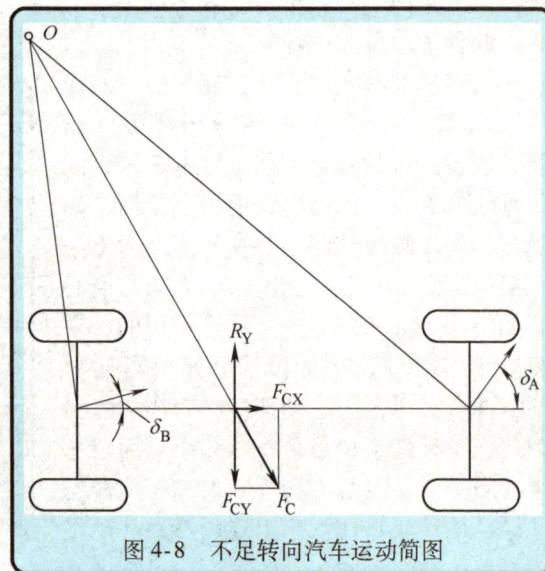

图 4-8　不足转向汽车运动简图

不足转向汽车在侧向力的作用下，因前轮偏离角大于后轮偏离角，决定了由分别通过前、后轴中点且垂直于前、后轴中点偏离方向的两条垂线的交点，即瞬时转向中心，必将在与侧向力相同方向的汽车的一侧。因此，汽车重心受离心力侧向分离的作用方向与侧向力的方向相反，故起到减弱的作用。当侧向力消失后，在离心力的作用下，汽车具有自动恢复直线行驶的倾向。

如果前轮的横向偏离角大于后轮的横向偏离角，则车辆将产生不足转向。这就是说，必须使转向盘增加缩紧，从而确保车辆保持在转弯曲线上，如图4-9所示。一般的不足转向特性是能够由驾驶人很容易予以控制的，并且效果令人十分满意。

从上述分析可知，要提高汽车行驶稳定性，保证行驶安全，应使汽车具有一定程度的不足转向特性。减小胎压，可使轮胎更富有弹性，抗偏离系数变小，偏离角增加，故一般均使前轮胎小于后轮，以使转向时的行驶稳定性提高。

不足转向的汽车，虽在高速行驶时可减轻驾驶人的紧张程度，但在汽车转向时，将转向盘要多转过一些角度，增加了驾驶人的疲劳。另外，当前轮偏离角增大时，轮胎磨损及滚动阻力均增大。所以，不需要过多的不足转向。

（3）过多转向　前轮偏离角小于后轮偏离角，即 $\delta_B > \delta_A$，即为 $R' < R$，即在车轮产生偏离时，与刚性运动相比较，汽车沿着更为弯曲的曲线行驶，称为过度转向。图4-10所示为过度转向汽车运动简图。

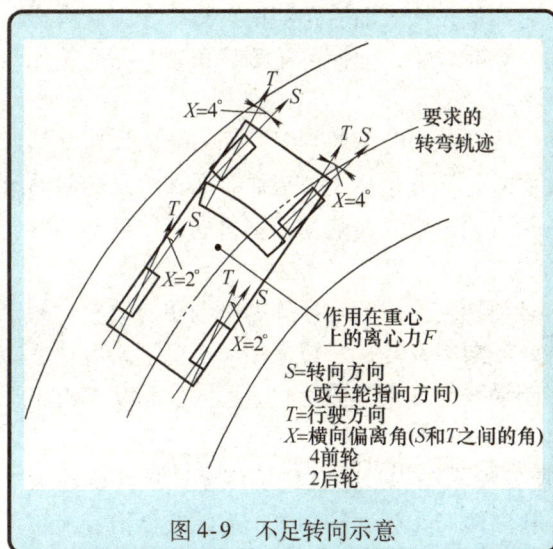

图4-9　不足转向示意

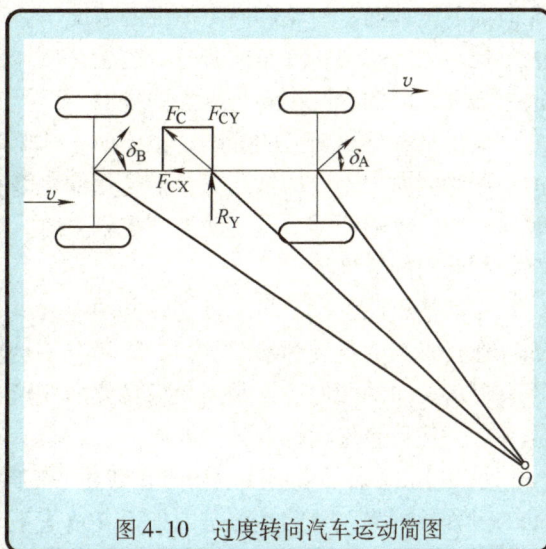

图4-10　过度转向汽车运动简图

具有过度转向的汽车，在转向时在侧向力的作用下将绕瞬心作曲线运动。这时汽车的位置恰与不足转向的瞬心位置相反，离心力的侧向反力则与侧向力作用方向相同，将使偏离扩大，转向半径又要减小的恶性循环。即使侧向力消失之后，转向半径也会越来越小，而离心力不断加大，最后导致汽车发生侧滑，汽车失去稳定性。

如果后轮的横向偏离角大于前轮的横向偏离角，则车辆转弯时将产生过度转向，即车辆更多地转入转弯曲线内侧，而转向盘不得不"回转"，以纠正这种倾向，如图4-11所示。

十一、驱动或制动时的转向特性 ▶▶

汽车的不足－过度转向特性取决于很多因素，但轮胎的侧偏特性是主要的。而轮胎的侧偏特性又受车轮上纵向力和垂直负荷的影响。由轮胎侧偏特性理论可知，同一侧向力，当轮荷较大时对应的侧偏角较小，当纵向力较大时对应的侧偏角较大。

当汽车进行驱动或制动时，不但使各轮上纵向力发生变化，也通过轮荷移动使各轮上的垂直负荷发生变化。因此在分析驱动或制动时汽车的不足－过度转向特性，必须考虑纵向力和垂直负荷这两部分影响的综合效果。在湿路面上，由于轮荷转移较小，轮胎接地状态离附着极限很近，因此纵向力影响有决定性意义。

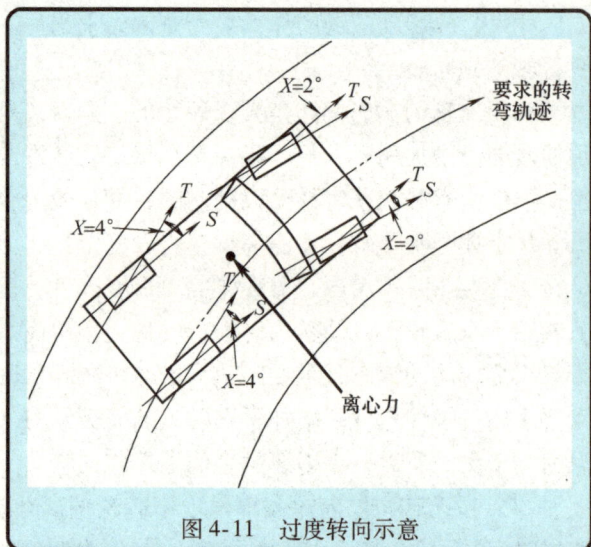

图 4-11　过度转向示意

如果只考虑垂直负荷的影响，则由于汽车加速时前轮负荷减小而后轮荷增大，致使同一侧向加速度即前、后轮侧向力不变的情况下，前轮侧偏角增大而后轮侧偏角减小，因而有增大不足转向的倾向；汽车减速时，前轮荷增大而后轮荷减小，致使前轮侧偏角减小而后轮侧偏角增大，因而有减小不足转向的倾向。

如果只考虑纵向力的影响，则当前轮的驱动力或制动力分配较大时，同一侧向加速度即前、后轮侧向力不变的情况下，前轮侧偏角增大而后轮侧偏角减小，从而有增加不足转向的倾向；当后轮的驱动力或制动力分配较大时，后轮侧偏角增大而前轮侧偏角减小，因此有减小不足转向的倾向。

在其他影响汽车不足－过度转向的因素中，必须特别注意的是悬架的侧倾转向效应。例如，在正常圆周行驶的情况下，后轮具有不足转向倾向的设计，在转弯制动工况下，后轮反而有过度转向的倾向。这是因为后悬架的变形在制动时与正常圆周行驶时不同，制动时由于车身前倾使后悬架大幅度伸张的缘故。

图 4-12 给出了干路面上转向盘转角一定时在各种驱动力分配比例下汽车作加速圆周运动的过程。可见，总的趋势是因加速导致了不足转向倾向，在此基础上，后轮驱动力分配越大，其不足转向倾向越小。

图 4-13 给出了干路面上转向盘转角一定时在各种制动力分配比例下汽车作减速圆周运动的过程。可见，总的趋势是因减速导致了过度转向倾向，在此基础上，前轮制动力分配越大，其过度转向倾向越小。

图 4-14 给出了雪地上转向盘转角一定时在各种驱动方式下汽车作加速圆周运动的状态描述。可见，与干路面上不同，驱动方式决定了转向特性，后轮驱动汽车具有过度转向倾向，前轮驱动汽车具有不足转向倾向，四轮驱动汽车（前、后驱动力分配相等）在两者之间。这是纵向力对轮胎侧偏特性的影响占主要地位的表现。

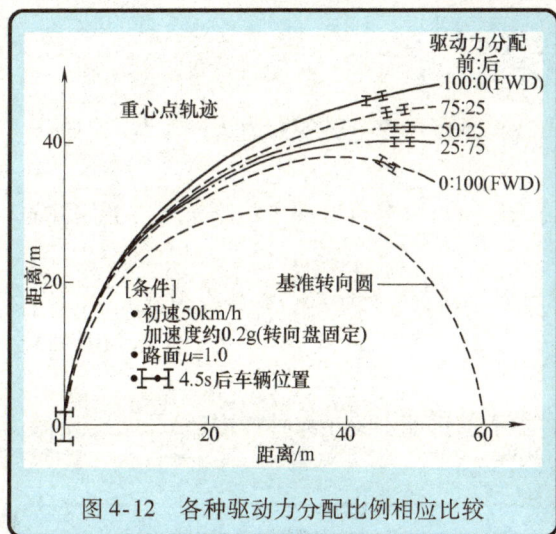

图 4-12　各种驱动力分配比例相应比较

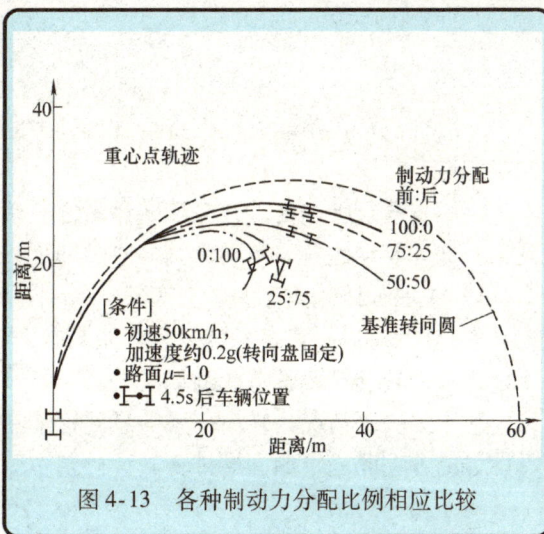

图 4-13　各种制动力分配比例相应比较

图 4-15 给出了结冰路面上前轮驱动汽车和后轮驱动汽车稳态圆周行驶过程中加速踏板放松后的减速圆周运动过程。可见，与干路面上制动情形不同，驱动方式决定了转向特性，后轮驱动汽车具有过度转向倾向，前轮驱动汽车具有不足转向倾向，这是纵向力影响占优势的又一表现。

驱动力和制动力的控制如下：

在直线行驶时，驱动力过大使驱动轮过度滑转，制动力过大使制动轮抱死

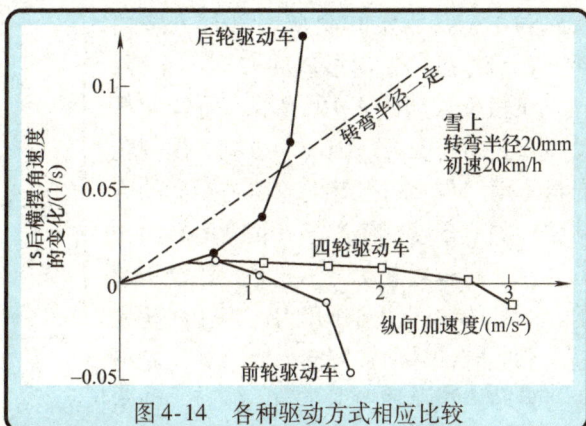

图 4-14　各种驱动方式相应比较

拖滑，这是因为轮胎与地面间作用力受制于附着极限。通过控制驱动力的大小（如 ASR）和制动力的大小（如 ABS）可以保证轮胎与地面的接触状态处于极限工况。

在汽车转弯时，驱动力或制动力的存在除了会使轮胎越过附着极限因而造成行驶稳定性丧失外，还会通过轮荷转移和纵向力使维持汽车侧向和横摆运动的侧向轮胎力受到干扰，损害转向操纵性。通过驱动力或制动力的总量控制以及左右分配或前后分配控制，可减少这种干扰对汽车转向操纵性的损害。而在四个车轮上主动施加制动力（如 VDC）可望在各种工况下改善汽车的操纵稳定性。

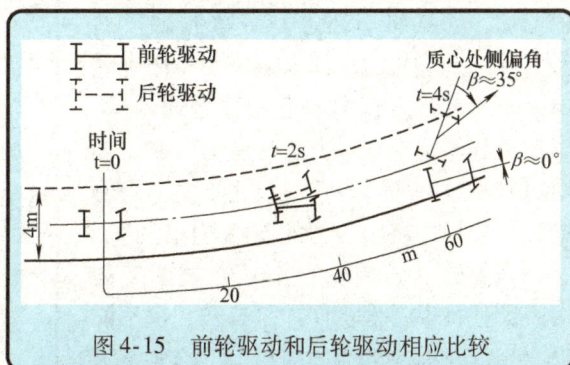

图 4-15　前轮驱动和后轮驱动相应比较

十二、制动时的方向稳定性

一般称汽车在制动过程维持直线行驶的能力或按预定弯道行驶的能力为汽车制动时的方向稳定性。

汽车直线行驶制动时，在转向盘固定不动的条件下，汽车有自动向左侧或向右侧偏驶的现象，称为制动跑偏。制动跑偏的原因如下：

1）主要原因是汽车左、右车轮，特别是转向轴左、右车轮制动力不相等造成。

2）在制动时，汽车悬架导向杆系与转向系拉杆在运动学上不协调，发生杆系间的运动干涉，致使转向轮偏转造成跑偏。

对于第二种情况，转向杆系与悬架杆系在运动上的干涉主要是设计原因造成的，引起制动跑偏的方向是固定的，通过正确设计基本可以避免。

对于第一种情况，由于各制动器摩擦副表面状态的变化，路面和轮胎状况的不同以及制动器调整不当等原因，在制动时转向轴左、右车轮的制动力总有一些差异，它们对各自主销形成的力矩不相等，且方向相反，如图4-16所示。而转向杆系中存在间隙及杆件弹性的影响，即使转向盘不动，也会引起转向轮向力矩大的方向偏转一个角度，使汽车有轻微的转向跑偏。左、右车轮制动力不相等，还会引起前、后轴的地面侧向作用力，当转向轮主销有后倾时，转向轴侧向力会对转向轮产生一偏转力矩，增大了车轮的偏转，使跑偏加强。

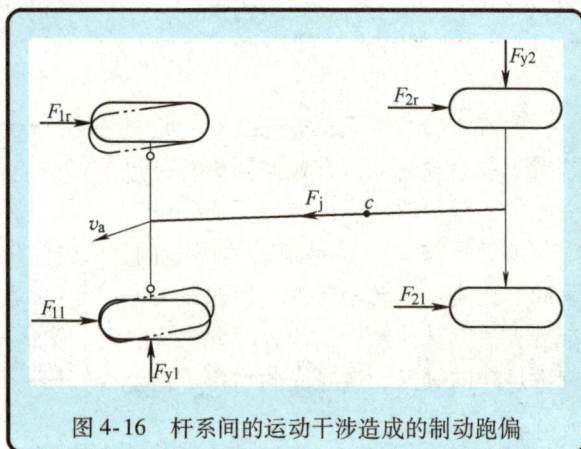

图4-16 杆系间的运动干涉造成的制动跑偏

1. 前轮抱死时的方向稳定性

由车轮与路面的附着特性可知，随着制动时地面制动力的增大，车轮的滑移率也增加，当滑移率超过一定数值后（通常为15%～20%），路面附着系数（纵向）逐渐减小，横向附着系数迅速降低。车轮滑移率达100%（车轮抱死）时，横向附着系数降为零，这时车轮不能承受侧向外力作用，将沿外力的作用方向滑移。

当前轮（转向轮）抱死并试图转向时，即使操纵转向盘使前轮偏转，也不能产生地面对前轮的侧向作用力，前轮将沿汽车纵向轴线滑移，使汽车失去转向能力。

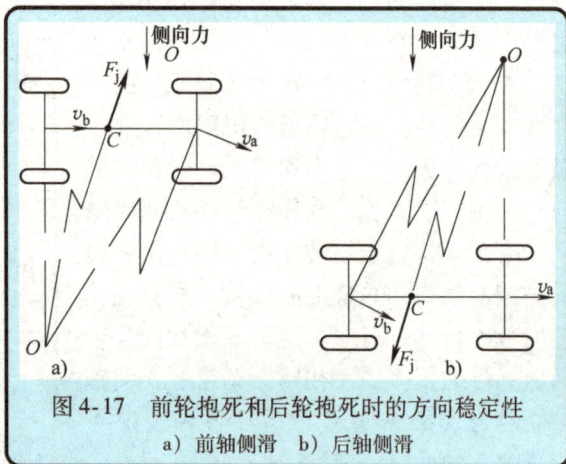

图4-17 前轮抱死和后轮抱死时的方向稳定性
a）前轴侧滑 b）后轴侧滑

另一种情况，当汽车前轮抱死并受外界侧向力作用，或由于左、右车轮制动力不等引起侧向作用力时，前轴将沿横向滑动即侧滑。前轴侧滑使汽车纵轴发生偏转形成转向运动，如图 4-17a 所示。

汽车转向中心点在前轴侧滑同侧。汽车的转向运动将产生作用于质心的惯性力，显然惯性力的方向与侧向力的作用方向相反，它将起到减小或阻止前轴侧滑的作用，汽车处于稳定状态。试验表明，当车速为 65km/h 时，前轮抱死后，汽车的纵轴转角不大于 10°，基本上维持直线行驶。

2. 后轮抱死的方向稳定性

汽车后轮抱死时，在侧向力作用下，后轮发生侧滑，并使汽车失去方向稳定性。图4-17所示为前轮抱死和后轮抱死时的方向稳定性；图 4-17b 所示为后轴抱死的制动情况。汽车的转向中心在后轴侧滑方向的另一方侧，作用于质心的惯性力将增强后轴的侧滑作用，这是一种不稳定的危险工况，严重时发生甩尾转向，失去控制汽车方向的能力。

制动初速度对后轴侧滑引起汽车的方向稳定性有较大影响。试验表明，在一般道路条件下，汽车速度在 25km/h 以内制动时，后轴的侧滑较轻微；当车速超过 65km/h 时，后轴侧滑才发生质变，成为一种危险的侧滑。

路面附着系数对后轴侧滑引起的危险程度有影响，在附着系数较低的潮湿路面上，车轮抱死后能产生的地面制动力较干燥路面要小，在相同的初速度下制动至停车所需的时间要长，因而汽车纵轴线偏转角加大，危险程度增大。

后轮抱死相对于前轮抱死的次序和间隔时间对后轴也有影响，通常通过前、后轮制动力分配和控制，使前轮先于后轮抱死，可以避免因后轴侧滑带来的危险。若后轮先于前轮抱死，且时间间隔在 0.5s 以内，汽车也基本可按直线行驶制动。

3. 前后轮同时抱死及防抱死时的方向稳定性

汽车制动时前、后轮同时抱死，可以避免后轴侧滑带来的危险，而且只有在最大制动强度下，才使汽车丧失转向能力，可以认为是一种较好的制动工况。并且，在前、后轮同时抱死及抱死以前产生的地面制动力总是等于前后轮制动器的制动力，因而在抱死时获得的最大地面制动力等于此时的制动器制动力，即产生最大地面制动力所需的踏板力（制动系统压力）最小，制动系统的效率最高，充分发挥了轮胎-道路的附着性能。

为实现前、后轮同时抱死的要求，在不同附着系数路面上制动时，前、后轮制动器制动力分配应保持合理的比例关系，即理想的制动力分配关系。对于具有固定分配比例的制动系统，即使装有制动力调节装置，也只能在一种路面即同步附着系数的路面上，才能出现前、后轮同时抱死的情况。

汽车前、后轮同时抱死并不是最理想的制动情况。从轮胎与路面附着特性看出，前、后轮抱死后，汽车失去转向能力和前、后轴同向侧滑的可能性仍然存在，同时车轮抱死状态时，轮胎与地面的附着系数比对应于最佳滑移率的附着系数小，所能提供的地面制动力比车轮滑移率为最佳滑移率时的制动力小。因此，理想的制动情况是前、后轮不抱死，控制其滑移率在最佳滑移率左右的状态下制动。这时汽车有更大的地面制动力，制动效能较高，同时有较大的侧向附着能力，制动的方向稳定性好。防抱死制动系统就是为实现上述目的的开发和应用的制动控制系统。

十三、汽车转向特性的影响因素 ▶▶

由于实际上汽车是一个复杂的机械系统，所以除了轮胎的侧偏现象以外，还有其他一些因素可以影响汽车的转向特性，这些因素主要有：

1）转向悬架系统的弹性。
2）侧倾转向效应。
3）车轮倾斜效应。
4）空气动力的影响。

就上述单个影响因素而言，一般说来，随具体的结构和使用情况不同，既可能是不足转向，也可能是过度转向。而整个汽车的转向特性表现应该是上述各个因素对汽车转向特性影响的综合效果。

近年来，由于电子控制装置的应用，如四轮转向系统、电控悬架系统、电控转向系统及驱动力和制动力控制系统，使汽车操纵稳定性有了大幅度的提高，也使汽车系统由以往的纯机械系统变为带有智能装置的机－电系统。这种系统通过电子控制装置改变了上述各种因素对汽车转向特性的影响。

十四、防抱死制动系统 ▶▶

汽车是陆地行驶车辆中机动性极强的交通工具，它既可能行驶在高附着系数的干燥路面上，也可能行驶于雨雪气候条件下的湿滑路面上。当汽车行驶在后一种路面上，或为了躲避障碍，或为了防止追尾碰撞作应急制动时，汽车有可能发生侧滑甩尾。如果左、右车轮分别行驶在雪后一侧积雪路面和一侧已经清扫露出地面的路段上，或正行驶在弯道处，汽车有可能产生急转调头，或驶入逆行车道，或滑移出路面，呈现不稳定的失控状态。

防抱死制动系统简称 ABS（Anti-Lock Break System），是基于汽车轮胎与路面之间的附着特性而开发的高技术制动系统。它从防止制动过程中车辆抱死的要求出发（抱死是指制动时车轮已停止转动，而车辆因惯性使车轮仍在路面上滑移这一现象），防止应急制动过程中出现上段所述不稳定工况，达到提高行驶稳定性和方向操纵性为目的的主动安全型装置。

试验证明，当轮胎在路面上滑动时，将改变轮胎与路面之间的附着系数，因而也改变汽车的制动力，图4-18a所示为典型路面上附着系数与滑移率的特性。从图中可以看到，当滑移率在0.2左右具有峰值特性。在峰值滑移率左侧，附着系数随滑移率作近似线增长。也就是说，路面附着力能够跟随汽车制动力矩的增加，提供足够的地面制动力（矩），并且，此时的横向附着系数也较大，具有足够的抗侧滑能力，故一般称为稳定区。在峰值滑移率右侧，由于附着系数随滑移率以负斜率变化，也就是说，随着作用于车轮制动力矩的继续增加，路面提供的制动力（矩）反而在逐渐减小。此一差值的急剧扩大，意味着车轮将迅速减速而趋向抱死停转，值得注意的是，从峰值滑移率增长到100%几乎是瞬间完成的，这一过程大约0.1s左右。在滑移率达到100%时，纵向附着系数降低1/3~1/4。更为严重的是，横向附着系数按虚线递减趋势而接近于零。从而不但将增加汽车的停车制动距离，并使车辆丧失抗侧滑能力，故一般称为不稳定区。

显然，为了使应急制动具有最大的制动效能，应当充分利用峰值附着系数产生最大的制动减速度。但是控制过程不可避免地存在压力迟滞效应。因此，应急制动过程应循环工作于峰值附着系数两侧的稳定区和不稳定区之间，这样才可能既获得最大的制动力，也具有较大的抗侧滑能力。

由此可知，根据如图 4-18b 所示的轮胎与路面间的附着特性，可以用滑移率作为参数，调节制动压力以控制车轮转速，从而达到防抱死的目的。

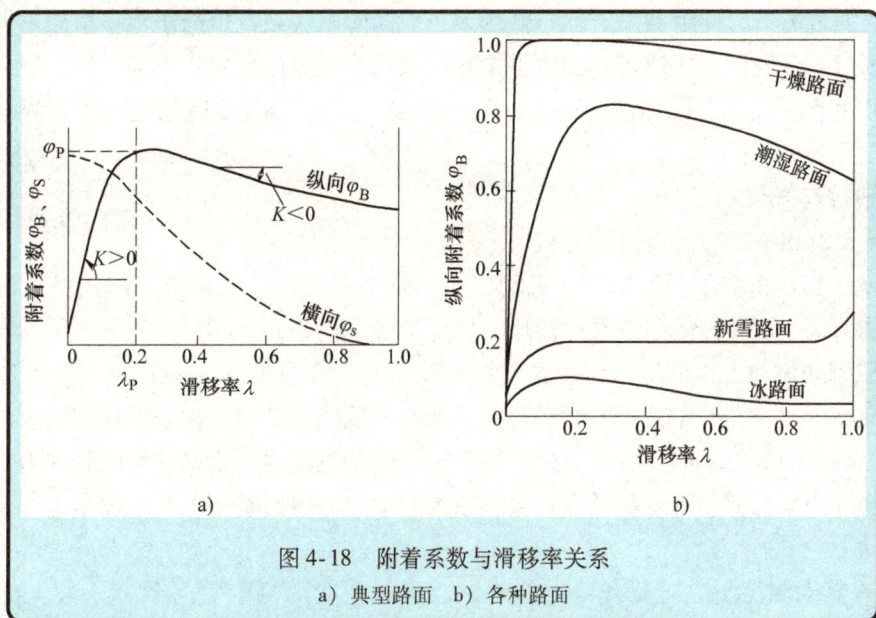

图 4-18　附着系数与滑移率关系

a）典型路面　b）各种路面

十五、驱动力防滑控制 ▶▶

1. 基本工作原理

驱动防滑控制（ASR）又称为牵引力控制（TCS），是适应发动机的高功率化，即使在打滑路面行驶，也可以限制驱动轮过度滑转来产生最佳纵向牵引力的安全控制系统，它改善了车辆的动力性、操纵性、稳定性和舒适性，是制动防抱死（ABC）基本思想在驱动领域上的应用和发展。

汽车加速或用过大的牵引力行驶，发动机发出的驱动力超过了轮胎与路面之间的附着极限，在路面和轮胎之间发生滑转现象。

从图 4-19 中可以看到，当滑转率在 0.25 左右时具有峰值特性。在峰值

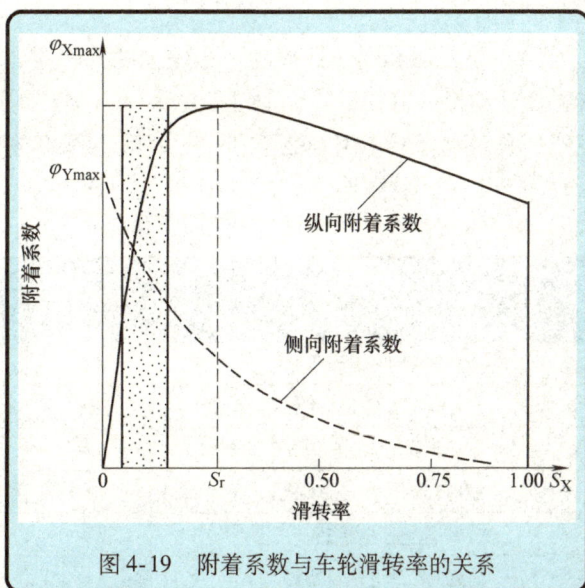

图 4-19　附着系数与车轮滑转率的关系

滑转率左侧，纵向附着系数随滑转率作近似线性增长。也就是说，路面附着力能跟随汽车驱动力矩的增加提供足够的地面驱动力（矩），并且，此时的侧向附着系数也较大，具有一定的抗侧滑能力，可保证稳定驱动。

在峰值滑移率右侧，由于侧向附着系数随着滑转率以负斜率变化，也就是说，随着发动机作用于车轮的驱动力矩的继续增加，路面提供的驱动力（矩）反而在逐渐减小。此一差值的急剧扩大，意味着车轮将迅速趋向滑转，值得注意的是，从峰值滑转率增长到100%几乎也是瞬间完成的，纵向附着系数也降低较多，而侧向附着系数也趋于零。从而不但使汽车的驱动力不能充分发挥，还使车辆丧失了抗侧滑能力，不能保证稳定驱动。

从牵引性考虑，滑转率最好在 0.08 ~ 0.30 之间；但从侧向稳定性考虑，车轮纵向滑转越小越好，故理想的控制在 0.05 ~ 0.15 之间。

2. 防滑控制方式

目前主要有以下四种防滑控制方式：

（1）发动机输出转矩调节　发动机输出转矩调节有点火参数调节、燃油供给调节和节气门开度调节等，可单独使用或并行使用，以降低转矩储备。

（2）驱动轮制动力矩调节　汽车左、右两轮行驶在不同附着系数的路面时，车轮在高附着系数侧能传递较大的驱动力，而滑转侧只能传递低的驱动力，因差速作用，总的驱动力仅为较低驱动力的2倍。如果通过传感器感知滑转的车轮，对其施以适当的制动力，使滑转率降至最佳滑转率范围，则总驱动力将会在较低驱动力2倍的基础上又增加了施加的制动力大小的驱动力。

（3）差速限制控制　对装有普通差速器而又行驶在两侧附着系数差别较大的路面上的车辆，差速器对附着系数高的一侧不发挥作用，而如果使用差速锁，则会降低车辆的稳定性，如果用限制差速，却可使左、右驱动力锁定比根据路面性质的不同而变化，总的作用力可达到高侧最大驱动力和低侧驱动力之和。这种控制多适用于要求高响应的后轮驱动汽车。

（4）离合器和变速器控制　车轮过度滑转时，减轻离合器接合程度，使之有相对滑动；或将变速器换入高档，降低驱动轮的驱动转矩，均可降低牵引力。但这种方式响应慢，变化突然，且对离合器使用寿命不利，故一般不作单独控制方式。

综合上述，将不同方式的 ASR 性能对比列于表4-6。

表4-6　不同方式的 ASR 性能对比

项　目 　　　性　能	牵引性	操纵性	稳定性	舒适性	经济性
节气门开度调节	– –	–	–	+ +	+
点火参数及燃油供油调节	0	+	+	–	+ +
驱动轮制动力调节（快）	+ +	–	–	–	–
驱动轮制动力调节（慢）	+	0	0	0	0
差速限制控制	+ +	+	+	–	– –
离合器或变速器控制	+	0	+	– –	–

（续）

性能 项　目	牵引性	操纵性	稳定性	舒适性	经济性
节气门开度调节＋驱动轮制动力调节（快）	＋＋	＋＋	＋＋	＋	－
节气门开度调节＋驱动轮制动力调节（慢）	＋	0	0	＋	－
点火参数＋燃油供给＋制动力矩控制	＋	＋＋	＋＋	＋	－
节气门开度调节＋差速限制控制	＋＋	＋	＋	＋	－ －
点火参数＋燃油供给＋差速限制控制	＋＋	＋	＋	＋	－

注："－－"表示很差；"－"表示较差；"＋＋"表示很好；"＋"表示较好；"0"表示基本无影响。

十六、操纵稳定性的主动控制

近年来，随着电子、液压与传感技术的发展，人们已有可能控制汽车在驱动、制动或转弯时的轮胎力和空气力，或改变转向系统等汽车系统内部的固有特性，从而直接或间接地改善汽车在驾驶人转向操作或其他干扰作用下的操纵稳定性。

以下是主动控制技术中有代表性的例子：

1）ABS（Antilock Braking System）控制轮胎的制动力，可以防止制动轮抱死及制动稳定性的丧失。

2）ASR（Anti-slip Regulation）控制轮胎的驱动力，可以避免驱动轮滑转，提高驱动效能和安全性。

3）4WS（4 Wheel Steering）控制轮胎的侧向力，可以改善汽车转向操纵性能并提高抗侧向干扰能力。

四轮转向系统是在前轮转向的同时，主动地控制后轮也进行适当的转向（一般最大为5°），汽车转向时若仅前轮转向，车身的前进方向与车身的中心线不一致，由于离心力的作用，将使后轮侧偏，导致车轮横摆。而且车速越高，后轮侧偏越大，在高速行驶时，四轮转向系统使后轮转动方向与前轮相同，侧滑将会减轻，使稳定性得到改善。这是4WS车设计的首要目的。而在低速转弯时，使后轮逆向转向，以减小转弯半径；中速转弯时，可减少后轮转动，以减轻转向操作的不自然感觉。

4）ARC（Active Roll Control）主动改变悬架的抗侧倾特性，可以保证车身的正常姿势，并间接地改善汽车的转弯性能。

如果把传统的由弹性元件、减振器、稳定杆及导向机构等组成的悬架称为被动悬架，那么包含发生器（或作动器）的悬架可称为主动悬架。因为它不是被动地吸收和储存能量，而是可以根据需要按照人为的控制规则消耗或释放能量，从而提高乘坐舒适性和操纵稳定性。

主动悬架可以对车身的上下振动、前后俯仰及左右侧倾三个运动自由度加以控制，这里主要把主动悬架的功能之一，即对侧倾的控制称为主动侧倾控制（通常只要求低频相应）。

汽车在转弯、路面不平或侧风干扰时，车身会发生侧倾，侧倾会改变车身的姿势，影响驾驶人的视觉和乘员的舒适性，并导致车轮定位参数发生变化，引起车轮侧倾转向及侧倾外倾（或内倾），相伴的轮荷转移干扰轮胎的侧偏特性。

在高速转弯时，通过控制外侧车轮的空气弹簧和减振器自动变硬，以减小车身的侧倾。

5）VDC（Vehicle Dynamies Control）控制四个车轮上纵向力的有无、大小、方向及分配，可以保证车辆在各种运动工况下的稳定性并提高操纵性能。

汽车动力学控制（VDC）系统是一种新型制动安全控制系统，它安装在车辆的制动系统和动力系统内，利用车辆动力学状态变量反馈来调节各轮上纵向力的大小及匹配，从而可使车辆获得优良的操纵稳定性。

ABS 和 ASR 的控制对象是车轮，而 VDC 的控制对象不仅是车轮，它扩展到整个车辆-车轮系统。VDC 所处理的工况也不局限于 ABS 和 ASR 的工作场合，还延伸到车轮自由滚动和部分制动时车辆状态进入临界范围的工况。因此，VDC 是一种更为先进的主动安全控制系统。

VDC 系统利用车辆的横摆角速度和重心处侧偏角来表征车辆的运动状态，通过单轨线形模型计算出来，在给定驾驶人操纵指令（转向盘转角、发动机力矩、制动压力）下的横摆角度和侧偏角，并以此作为车辆状态的规范值，通过控制各轮上的纵向力及分配，使车辆的实际状态与规范状态的差别限定在给定范围之内。

第三节　典型底盘电控系统及其设定

一、奔驰双重控制空气悬架浅析

1. 主动式空气悬架

汽车的操控性与舒适性一直是衡量汽车性能的两大核心标准，但两者有时很难兼顾。良好的操控性需要汽车有着较硬的悬架，但较硬的悬架必然会降低汽车的舒适性。怎样才能在两者之间寻求一种较好的平衡呢？空气悬架的产生较好地解决了这一问题。

空气悬架是用空气压缩机形成压缩空气，并将压缩空气送到弹簧和减振器的空气室中，以此来改变车辆的高度。在前轮和后轮的附近设有车高传感器，按车高传感器的输出信号，微型计算机判断出车身高度的变化，再控制压缩机和排气阀，使弹簧压缩或伸长，从而起到减振的效果。

一般说来空气悬架控制的内容包括车身高度、减振器衰减力和弹簧弹性系数三项：

1）车高的控制分标准、升高和只升高后轮三种。

2）减振器的衰减力控制分高、中、低三档。

3）空气弹簧的弹性系数分软和硬两档。

2. 奔驰的双重控制空气悬架系统

奔驰早在 1998 年就已经开始采用主动式空气悬架（Airmatic）系统。2002 年，奔驰公司研发出了双重控制空气悬架（Airmatic DC）系统。该双重控制悬架系统不仅在电子控制方面有了更为明显的进步，更是把主动控制空气悬架系统和自适应阻尼悬架系统（ADS）整合到一起，实现了双重控制（Dual Control）。

双重控制悬架系统作为奔驰新 S 系车型的标准配备，它共拥有四种工作模式：第一模式是柔软舒适的设定，用于普通路面的行驶。此时，悬架系统是行车计算机自动控制的，通过测量系统、反馈控制系统的帮助，计算机自动调节悬架的阻尼，以保证车辆在不同路面情况下，始终具备最佳的舒适性和操控性。第二模式和第三模式减振器分别采取硬压缩、软回弹和软压缩、硬回弹两种方式，这两种方式适合两种特殊路况，第二模式适合高速路况，在高速下保证了车辆的稳定性。第三模式是偏重于路面复杂的慢速行驶状况，系统可以根据不同的道路情形在一、二、三模式间自动调整弹簧的软硬度，驾驶人也可以根据自己的驾驶习惯手动固定某一种模式。第四种模式是纯粹忽略了舒适性的极端运动模式，这种模式需要驾驶人通过控制菜单进行选择，这时驾驶奔驰新 S 系轿车与驾驶一辆跑车相差无几。

主动空气悬架不仅在舒适性方面具有独特魅力，在安全性上，由于有电子系统的介入，主动悬架的极限控制能力要优于普通悬架：在高速过弯时，行车计算机控制外侧车轮的空气弹簧和减振器自动变硬，以减小车身的侧倾；在紧急制动时，电子模块也会对前轮的弹簧和减振器刚度进行加强以减小车身的惯性前倾。奔驰双重控制空气悬架还将传统的底盘升降技术融入其中：车子高速行驶时，车身高度会自动降低，从而提高贴地性能，以确保良好的高速行驶稳定性；而当汽车需要慢速通过颠簸路面时，底盘能够自动升高，以提高通过性能。

二、丰田 EPS 系统浅析 ▶▶▶

1. 丰田 EPS 系统浅析

EPS 是 Electronic Power Steering 的缩写，其意为电动助力转向、电子助力转向。电动助力转向（EPS）系统是 20 世纪 80 年代中期提出来的，是未来转向系统的发展方向，该系统由电动机直接提供转向助力，省去了液压动力转向系统所必需的动力转向油泵、软管、液压油、传动带和装于发动机上的带轮，既节省了能量，又保护了环境。另外，还具有调整简单、装配灵活以及在多种工况下都能提供转向助力的特点。正是有了这些优点，电动助力转向系统作为一种新的转向技术，将挑战大家都非常熟知的、已具有 50 多年历史的液压转向系统。

2. EPS 系统简介

EPS 系统由转向传感装置（丰田 EPS 系统中是指转向转矩传感器和电动机转角传感器）、车速传感器、助力机械装置、提供转向助力的电动机及微控单元组成。

该系统工作时，转向传感装置检测到转向轴上转动力矩和转向方向两个信号，与车速传感器测得的车速信号一起不断地输入微控单元。该控制单元通过数据分析以决定转向方向和所需的最佳助力值，然后发出相应的指令给控制器，从而驱动电动机，通过助力装置实现汽车的转向。通过精确的控制算法，可任意改变电动机的转矩大小，使传动机构获得所需的任意助力值。

该系统具有以下技术优势：

1）节能环保。由于发动机运转时，液压泵始终处于工作状态，液压转向系统使整个发动机燃油消耗量增加了 3%~5%，而 EPS 以蓄电池为能源，以电动机为动力元件，可独立于发动机工作，EPS 几乎不直接消耗发动机燃油。EPS 不存在液压动力转向系统的燃油泄漏问题，EPS 通过电子控制，对环境几乎没有污染，更降低了油耗。

2）安装方便。EPS 的主要部件可以配集成在一起，易于布置，与液压动力转向系统相比减少了许多元件，没有液压系统所需要的油泵、油管、压力流量控制阀、储油罐等，元件数目少，装配方便，节约时间。

3）效率高。液压动力转向系统效率一般为 60%~70%，而 EPS 的效率较高，可高达

90%以上。

4）路感好。传统纯液压动力转向系统大多采用固定放大倍数，工作驱动力大，但却不能实现汽车在各种车速下驾驶时的轻便性和路感。而EPS系统的转动力矩会随着车速的提高而减小，车速超过设定值时会停止工作，助力消失，高速行驶时更加安全。由于电动助力转向这样的工作特性，车辆的方向感更好，转向轻便，高速时更稳，即转向不发漂。

5）回正性好。EPS系统结构简单，不仅操作简便，还可以通过调整EPS控制器的软件得到最佳的回正性，从而改善了汽车操纵的稳定性和舒适性。

3. 丰田EPS结构

1）丰田EPS系统主要部件布置如图4-20所示。

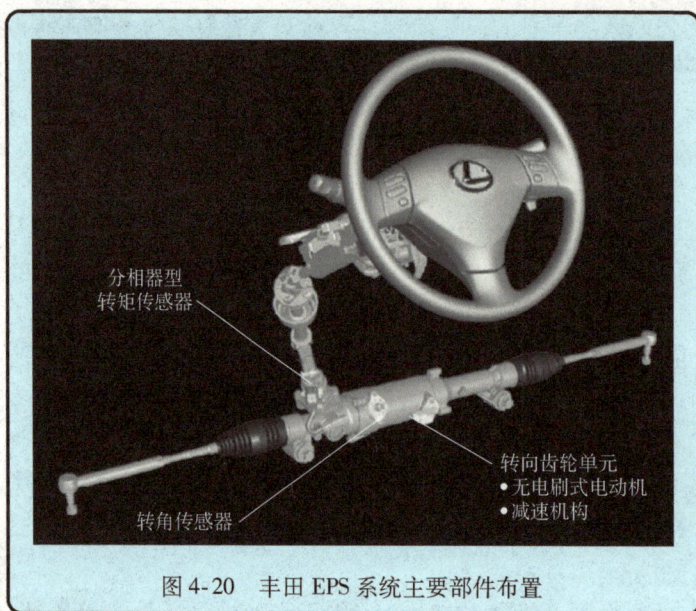

图4-20　丰田EPS系统主要部件布置

2）系统示意如图4-21所示。

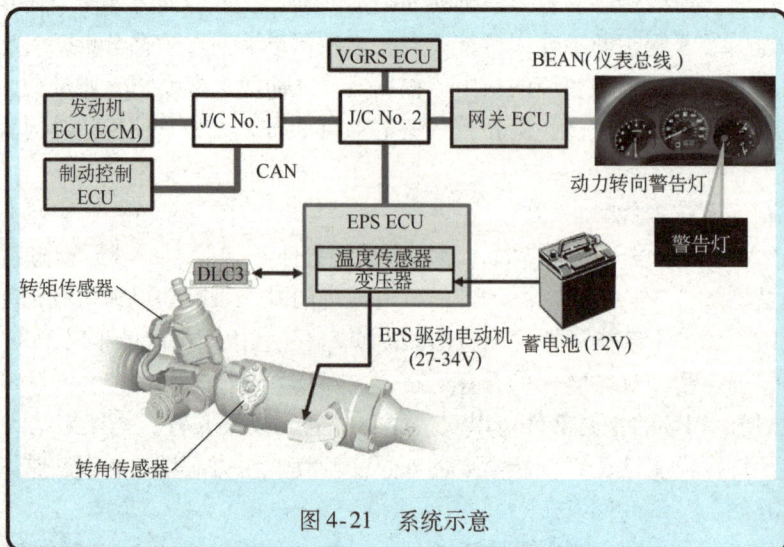

图4-21　系统示意

3）转矩传感器结构如图 4-22、图 4-23 所示。

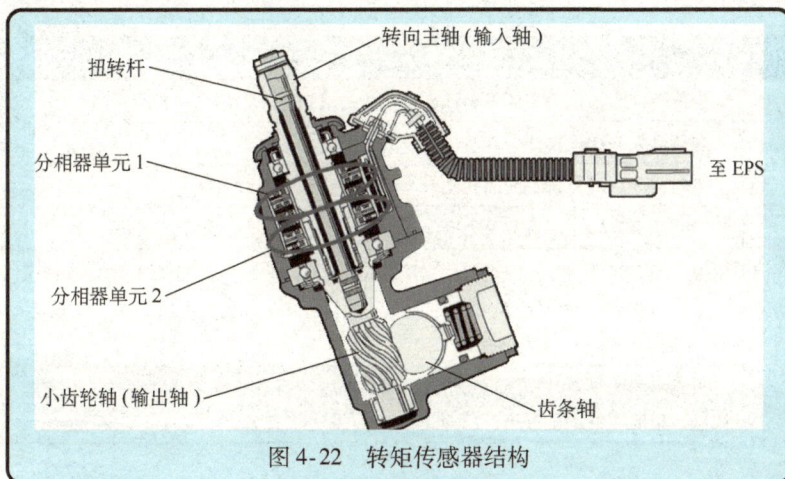

图 4-22　转矩传感器结构

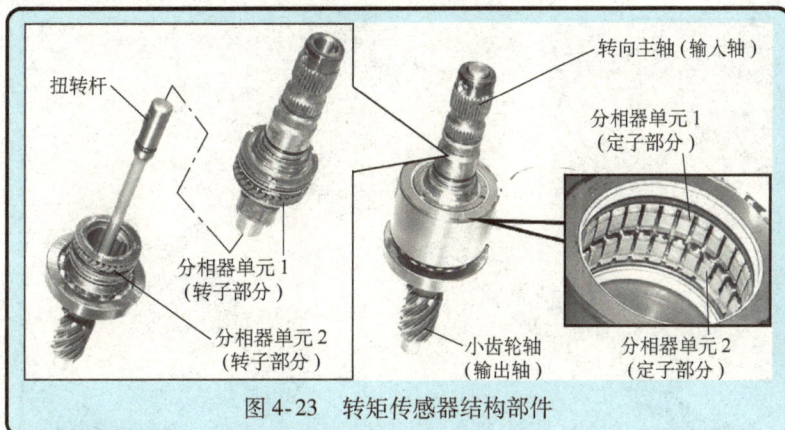

图 4-23　转矩传感器结构部件

4）电动机与转角传感器结构如图 4-24 和图 4-25 所示。

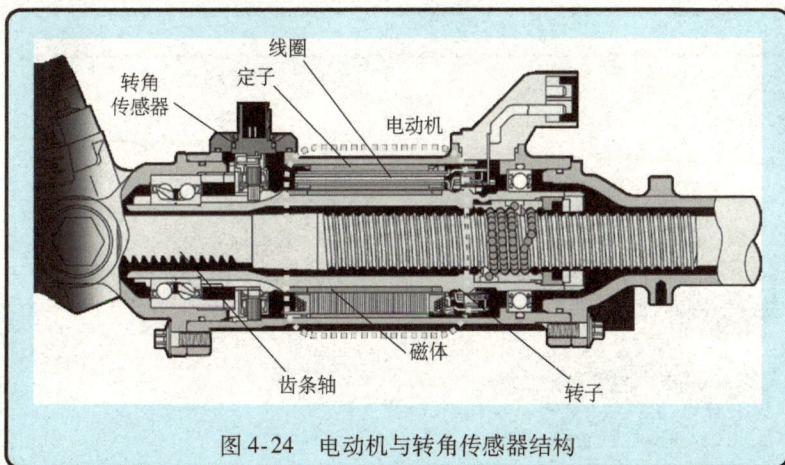

图 4-24　电动机与转角传感器结构

5）减速机构结构如图 4-26 所示。

4. 丰田 EPS 系统功能见表 4-7

表 4-7　丰田 EPS 系统功能

项　目	功　能
基本控制	根据转向力矩值及车速大小计算得到所需输出电流控制电动机运转
惯性补偿控制	当驾驶人开始操作转向盘时改善电动机的起动效果
转向复位控制	当转向盘从极限位置向回转动时，EPS 提供复位助力控制
衰减控制	当车辆高速转弯时调节助力输出，以防止车身出现较大摇摆
变压器增压控制	对 EPS ECU 的电压进行增压，当驾驶人未对转向盘进行任何操作时或车辆保持直线行驶时该电压保持在 0V。当驾驶人对转向盘进行操作时根据负载大小以 27～34V 的电压对输出助力进行可变控制
系统过热保护控制	根据电流大小及其作用时间估计电动机温度。如果温度超出规定范围系统将对输出电流进行限制，以防止电动机过热

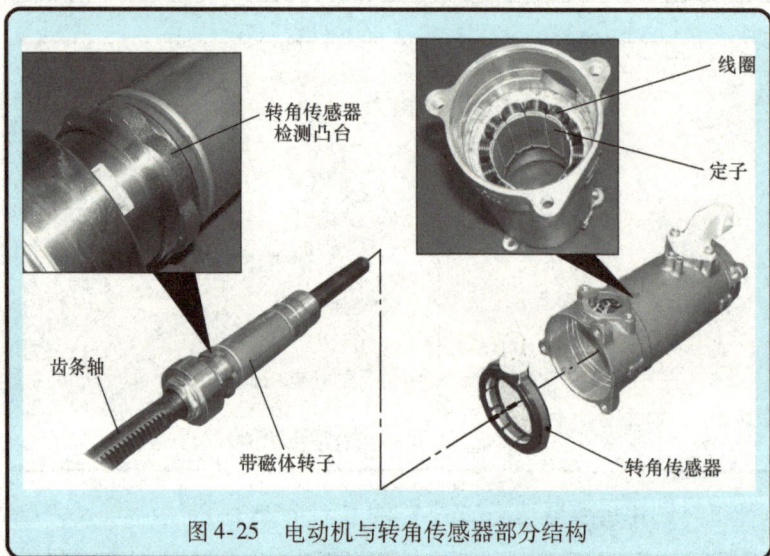

图 4-25　电动机与转角传感器部分结构

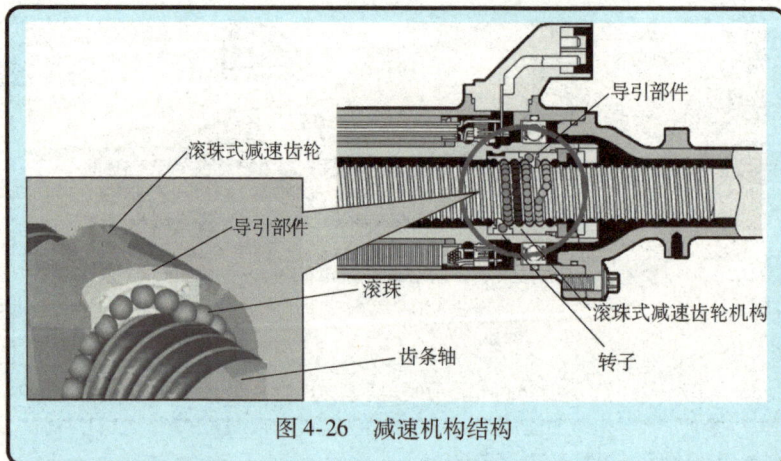

图 4-26　减速机构结构

三、丰田 VGRS 系统浅析

VGRS 是丰田公司近年推出的一项新技术，其译为可变传动比转向系统（Variable Gear Ratio Steering），多用在高档越野车上（如 LX470、LAND CRUIEF 等），已作为首选装设备在欧洲车型上使用。

转向盘转角增量与同侧转向节相应增量之比则为转向系统角传动比。传动比过大，则为了得到一定的转向节偏转角，所需的转向盘转角过大；传动比过小，则导致转向操纵过于灵敏。

在普通转向系统中，转向系统传动比主要按高速行驶模式来设置，以防止车辆相应于驾驶人操纵的转向盘转角作出过于敏感的反应。这样，在低速行驶或试图泊车时，就需要驾驶人做出较大的转向角才能达到目的。

在 VGRS 系统中，转向机构传动比可按需改变。VGRS ECU 可操纵 VGRS 执行器根据车辆行驶条件始终保证最佳转向传动比。由此，车辆在低速和高速行驶时均可获得最佳的机动性和稳定性。

1. VGRS 系统主要功能

1）该系统由 VGRS ECU 操作安装于转向传动轴上的 VGRS 执行器来控制。执行器的转角被加至转向传动轴的转角，以实现前轮转角随车辆行驶速度变化而变化。具体地说，根据由防滑 ECU 获得的车辆速度信号及由转向角传感器获得的转向角和方向信息如图 4-27 所示。VGRS ECU 选择合适的执行器工作角度数据（预先内置），控制 VGRS 执行器从而得到最终合适的转角。装于转向轴上的 VGRS 执行器始终与轴同步转动。前轮转向角是由 VGRS ECU 根据车速控制其执行器所操纵的优化后的工作角度与驾驶人操纵的转向盘转角之和，如图 4-28 所示。

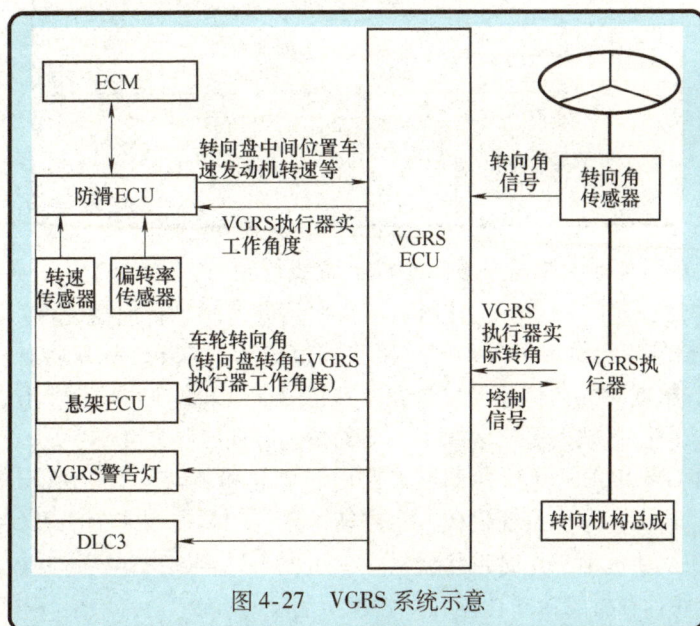

图 4-27　VGRS 系统示意

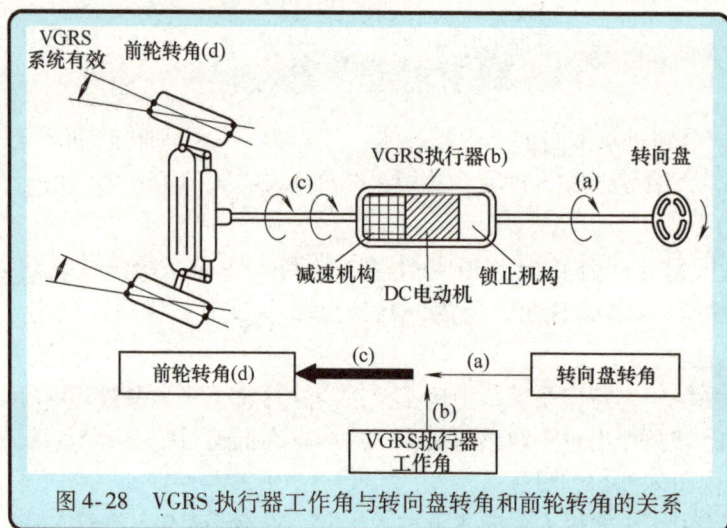

图4-28 VGRS执行器工作角与转向盘转角和前轮转角的关系

2）在极低速范围内，如驾驶人试图泊车时，此系统会将转向机构传动比设至最小以减少驾驶人操纵方向所需的转角。而在高速范围内，此系统会将转向机构传动比设至较大，以防止车辆相应于驾驶人操纵的转向角作出过于敏感的反应，确保高速行驶时车辆的稳定性。在低、中速范围内，即在城市道路或弯曲道路行驶时，此系统会根据车速将传动比设至最佳以使车辆既反应敏捷又容易操控，如图4-29所示。

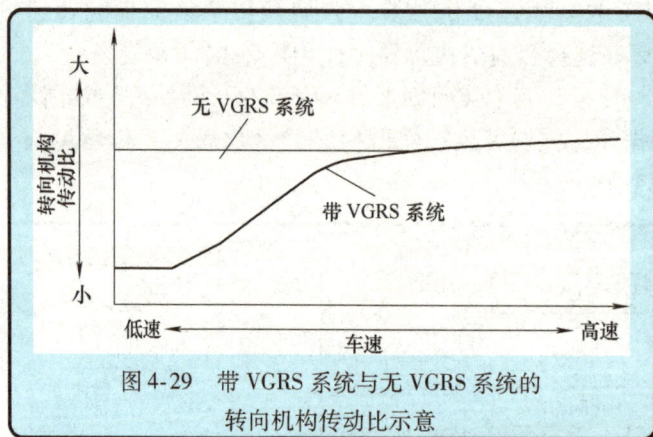

图4-29 带VGRS系统与无VGRS系统的
转向机构传动比示意

3）如果车辆在具有不同摩擦系数的路面上直线行驶时，突然制动而导致车辆姿势被破坏，VSC（车辆稳定性控制）系统工作时，就需要驾驶人操纵转向盘进行纠正。在这种情况下，防滑ECU将信号传送给VGRS ECU。接收到信号后，VGRS ECU将计算出执行器所需作出的目标转角（根据转向角传感器信号及车速信号），操纵执行器按照比正常情况小的转向传动比工作，从而使驾驶人更快地纠正汽车的偏离方向，如图4-30所示。

4）锁止功能。当VGRS ECU检测到故障时，锁止机构将会禁止执行器工作并将其锁止，防止其转动。这样，即使系统失效，常规转向系统的转向功能仍能得到保证。为保护系统，此锁止机构在发动机不工作时也将激活。

5）VGRS ECU具有故障诊断功能和失效保护功能。

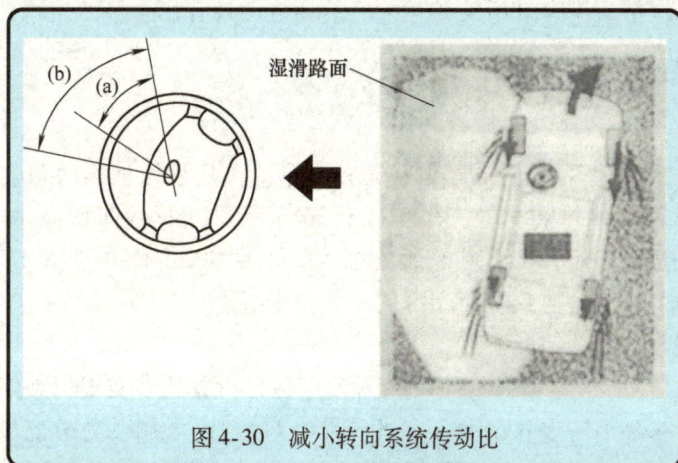

图 4-30　减小转向系统传动比

2. 主要部件位置图（LAND CRUISER）

图 4-31 所示为 LAND CRUISER VGRS 系统部件位置，图 4-32 所示为直流电动机结构。

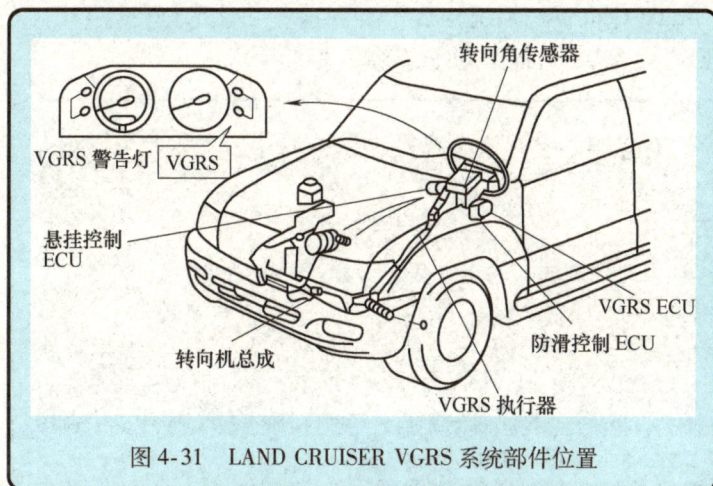

图 4-31　LAND CRUISER VGRS 系统部件位置

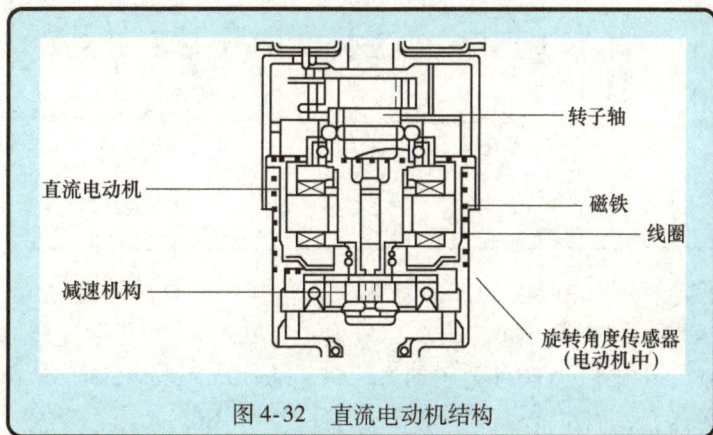

图 4-32　直流电动机结构

需强调的是，此直流电动机内设有一个旋转角度传感器，当 VGRS ECU 接收到此传感器信号时，ECU 会根据直流电动机旋转角度和旋转方向计算出 VGRS 执行器工作角度。

四、丰田 VDIM 系统浅析 ▶▶

VDIM 是丰田公司的一种先进的车辆动态控制系统，其意为车辆动态集成管理（Vehicle Dynamics Integrated Management）。丰田公司于 2005 年首次把 VDIM 技术运用到雷克萨斯 GS430 上，之后还把这一技术陆续装备到了雷克萨斯 GS300、LS460/460L、RX400h 和最新的 LS600hL 等车型上，成为雷克萨斯品牌的一大技术亮点。

1. VDIM 的概念

与车辆稳定控制系统 VSC 相比，VDIM 对汽车各种行驶状态实现了类似球面的平滑控制（图 4-33）。VDIM 综合了防抱死制动（ABS，图 4-34）、电子制动力分配（EBD，Electronic Brake Distribution，图 4-35）、陡坡起步辅助控制（HAC，Hill-start Assist Control，图 4-36）、制动力辅助控制（BA，Brake Assist，图 4-37）、牵引力控制（TRAC，Traction Control，图 4-38）和车辆稳定控制（VSC，Vehicle Stability Control，图 4-39）功能，电子制动控制（EBC，Electronic Brake Control）系统构成了实现这些功能的硬件，VDIM 的实质是以 EBC 系统（以下简称 EBC）为基础的转向协同控制（图 4-40）。

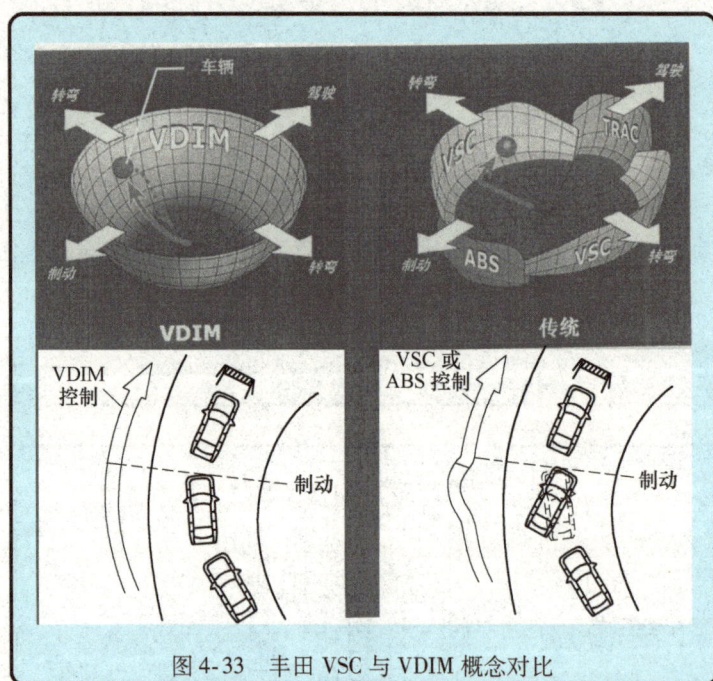

图 4-33 丰田 VSC 与 VDIM 概念对比

EBC 属于线控电子制动控制系统，传感器输入信号主要有转向盘转角、加减速、摇摆率、主缸制动液压力、制动液压缸（轮缸）压力、VGRS（可变传动比转向系统，Variable Gear Ratio Steering）控制角、EPS（电子动力转向，Electronic Power Steering）助力转矩、制动踏板行程、车轮速度、加速踏板位置和节气门位置等。EBC ECU 根据输入信号进行车辆目标和车辆状况计算，然后计算控制值，其控制目标为制动控制、转向比角度控制、转向助力转矩控制、节气门控制，也就是对制动执行器、VGRS、EPS 和发动机之间进行协同控制，以实现 VDIM 的动态稳定性能（图 4-41）。

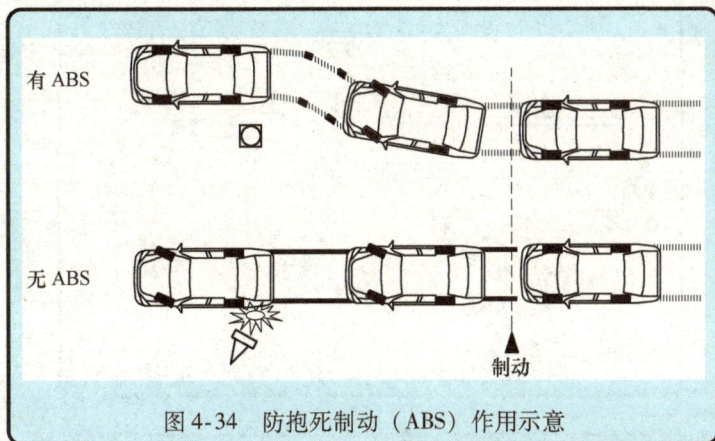

有 ABS

无 ABS

制动

图 4-34　防抱死制动（ABS）作用示意

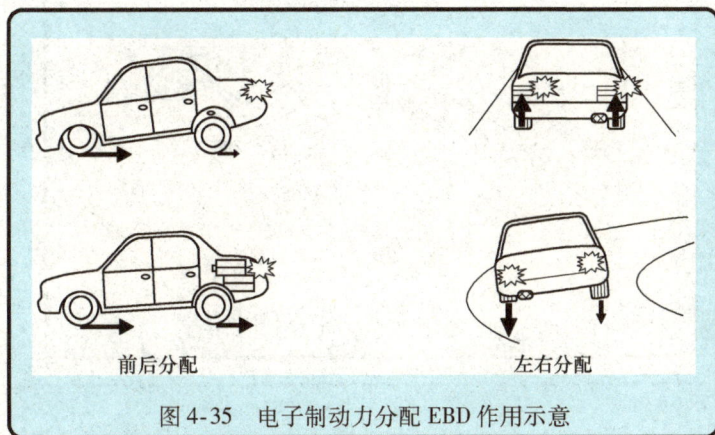

前后分配　　　　　　　　左右分配

图 4-35　电子制动力分配 EBD 作用示意

缓慢

图 4-36　陡坡起步辅助控制 HAC 作用示意

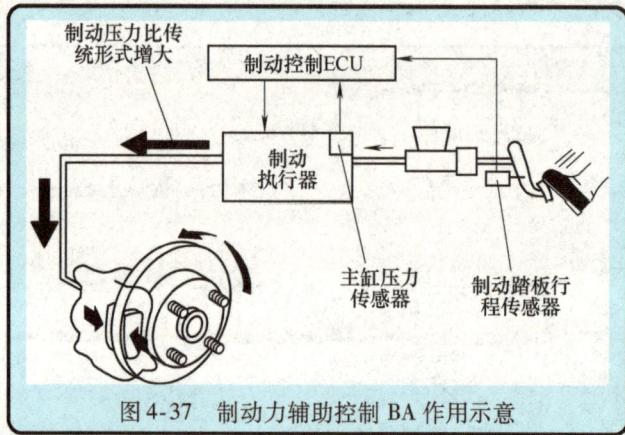

图4-37 制动力辅助控制 BA 作用示意

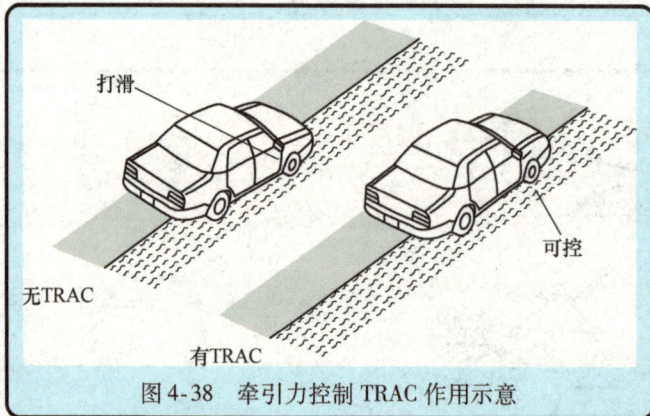

图4-38 牵引力控制 TRAC 作用示意

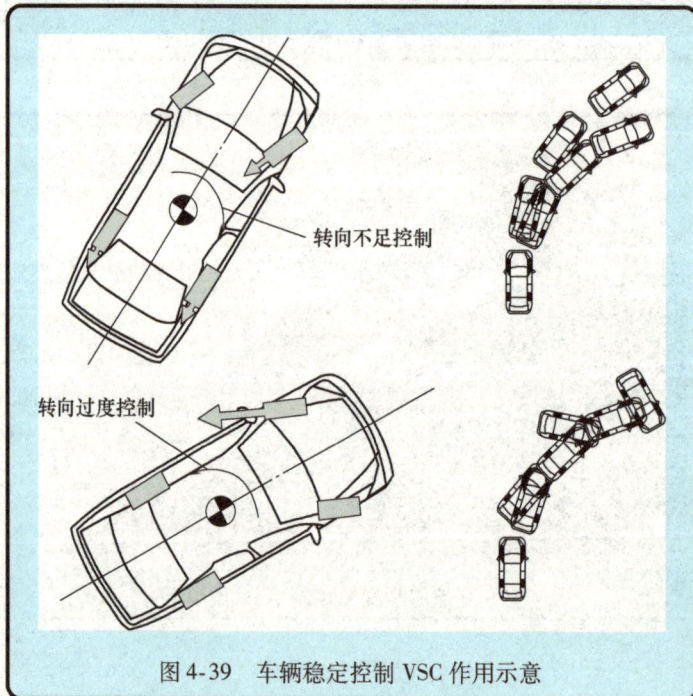

图4-39 车辆稳定控制 VSC 作用示意

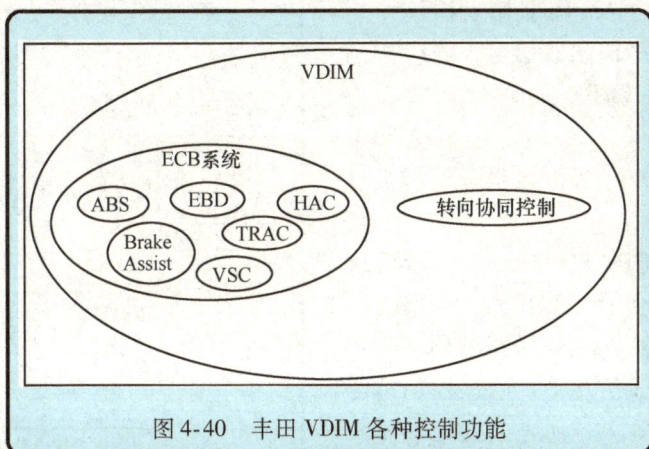

图 4-40 丰田 VDIM 各种控制功能

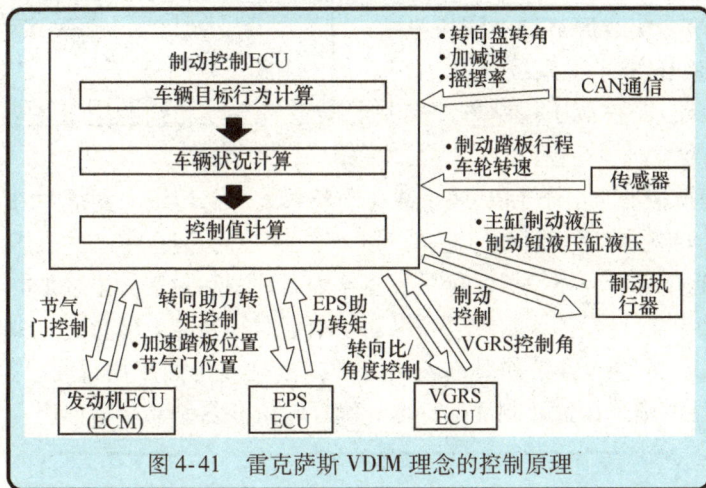

图 4-41 雷克萨斯 VDIM 理念的控制原理

2. EBC 系统的构成与工作原理

（1）EBC 系统的构成 EBC 系统主要由各种信号输入传感器、制动行程模拟器、制动执行器、制动控制 ECU 和电源备份单元等所构成，如图 4-42 所示。

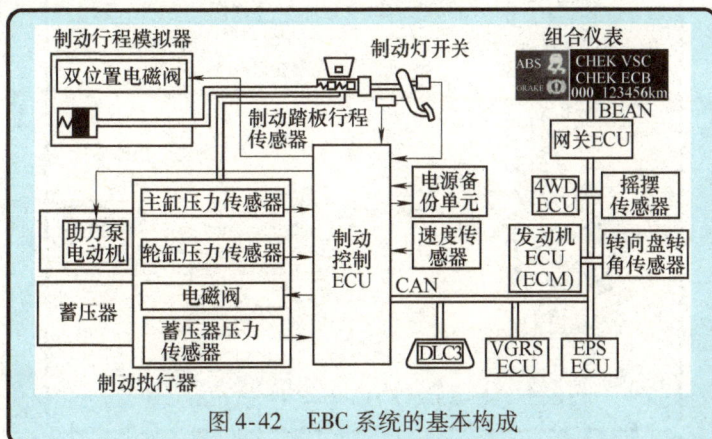

图 4-42 EBC 系统的基本构成

系统 ECU 通过 CAN 网络输入摇摆传感器信号和转向盘转角传感器信号，同时协调控制发动机、EPS、VGRS 和 4WD，DLC3 为诊断接口，通过网关 ECU 与舒适系统 ECU 进行通信，EBC 工作状态可在组合仪表上显示出来。

1）制动执行器模块。制动执行器模块是 EBC 的核心，它整合了 EBC ECU、液压控制单元、蓄压器和助力泵等。ECU 具有 VDIM 和网络 CAN 通信功能。液压控制单元的能量来源不是驾驶人，而是由助力液压泵所产生的高压油，制动执行器 ECU 根据蓄压器压力传感器信号，实时调节助力液压泵电动机，驱动助力液压泵产生系统所需油压，保证系统所需油压，输往液压控制单元控制阀，如图 4-43 所示。

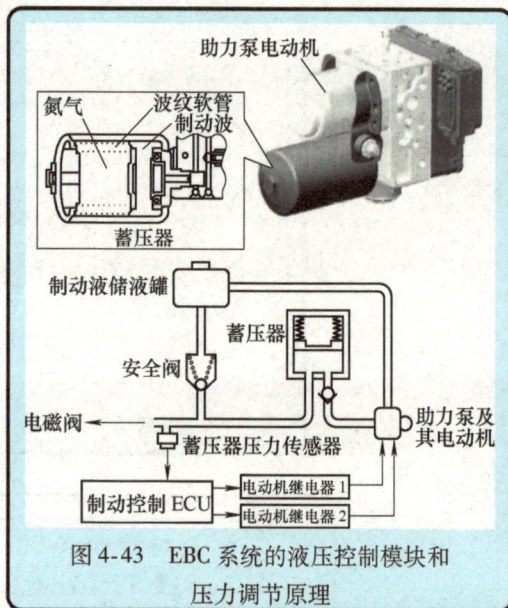

图 4-43　EBC 系统的液压控制模块和压力调节原理

2）制动行程模拟器。由于 EBC 属于线控制动系统，与传统的真空助力液压制动系统不同，EBC 在液压回路中使用了制动行程模拟器（图 4-44），液压主缸的液压油并非直接进入制动执行器，而是流入行程模拟器。行程模拟器内有柱塞和弹簧，主缸来的液压油推动柱塞并压缩弹簧，弹簧的设计模拟了驾驶人操纵制动踏板时行程与力度感觉。模拟器内带开关式电磁阀（图 4-44），系统正常工作时电磁阀打开，主缸液压油流往行程模拟器。当 EBC 关闭或失效时，液压油则直接通往制动执行器，确保轮缸获得制动所需油压。

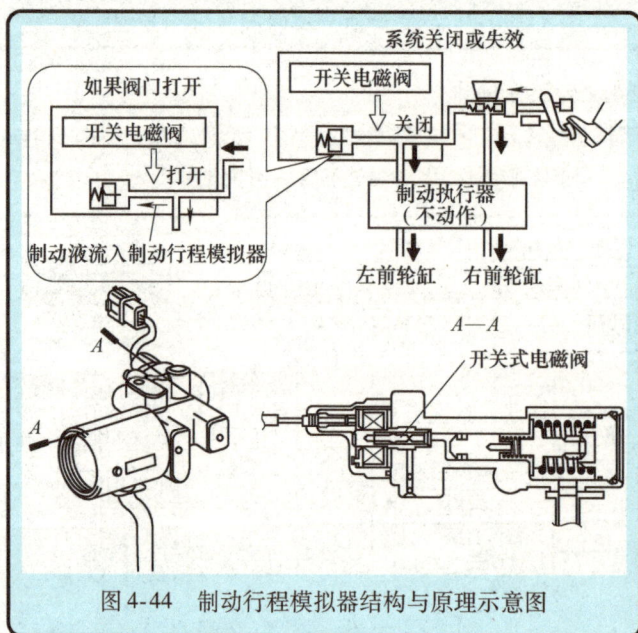

图 4-44　制动行程模拟器结构与原理示意图

3）制动踏板行程传感器和主缸压力传感器。为实现线控电子制动，制动踏板行程传感器和主缸压力传感器输出信号反映了驾驶人的意图，如图 4-45 所示。EBC 及时对液压执行器电磁阀发出制动指令，控制各轮缸制动力以满足驾驶人的制动要求。

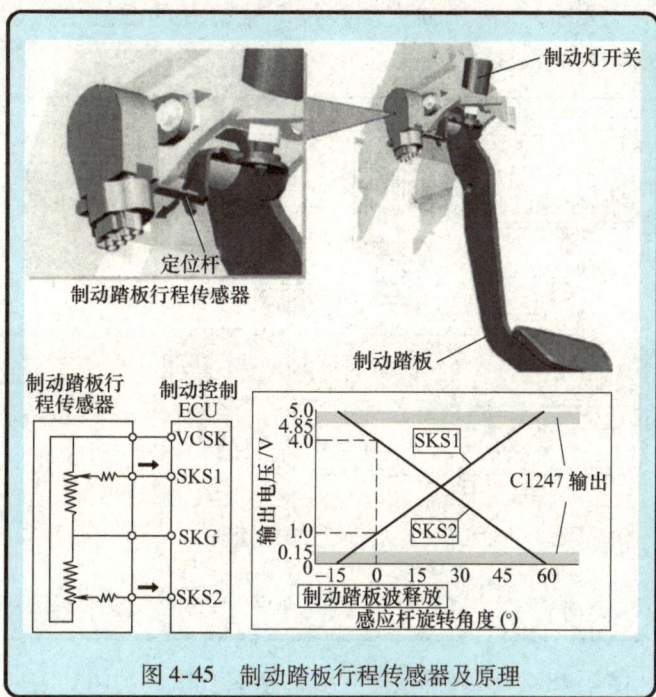

图 4-45 制动踏板行程传感器及原理

4）执行器液压控制单元。液压控制单元主要由蓄压阀、助力油泵、蓄压器压力传感器、2 个主缸电磁压力切断阀、4 个电磁加压阀、4 个电磁减压阀、2 个主缸压力传感器、4 个轮缸压力传感器和 1 个安全阀等所组成，如图 4-46 所示。

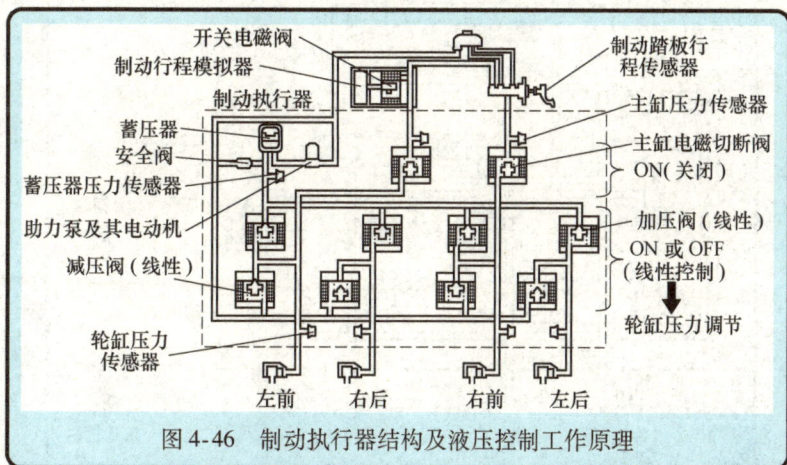

图 4-46 制动执行器结构及液压控制工作原理

正常工作时，2 个主缸电磁切断阀同时 ON，即阀关闭，油路被切断，液压油只能经助力泵、蓄压器到 4 个加压阀，它们的 ON/OFF 由 ECU 控制，同时与 4 个减压阀的 ON/OFF 状态组合，对各个轮缸进行增压、保压或减压控制。加压阀和减压阀均为线性调节，这样 ECU 可以对各个轮缸压力进行精确控制。尤其是当汽车处于不稳定状态时，系统需要对某个车轮进行制动力干预，系统便能对该车轮的制动力进行单独的控制，以使车辆恢复稳定。

当系统关闭或无电源电压提供时（图4-47），制动执行器助力电动机停止工作，蓄压器不能提供系统工作的油压，为确保汽车的制动安全，系统仍然提供了2个前轮的制动力，行程模拟器开关电磁阀OFF（关闭），液压油直接经过2个打开的主缸电磁切断阀（此时处于OFF），直接到2个前轮制动轮缸。

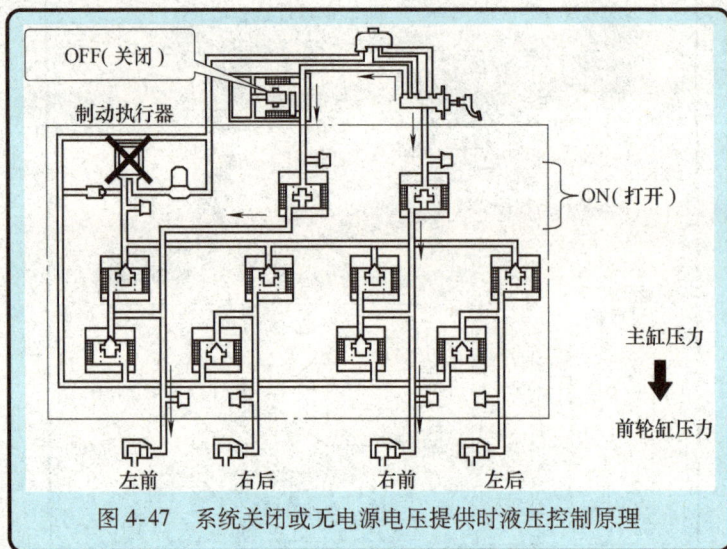

图 4-47　系统关闭或无电源电压提供时液压控制原理

前制动失效时（图4-48），行程模拟器开关电磁阀OFF（关闭），液压油直接经过2个打开的主缸电磁切断阀（此时处于OFF）直接到2个前轮制动轮缸，但两个后轮轮缸液压油仍然由蓄压器提供。

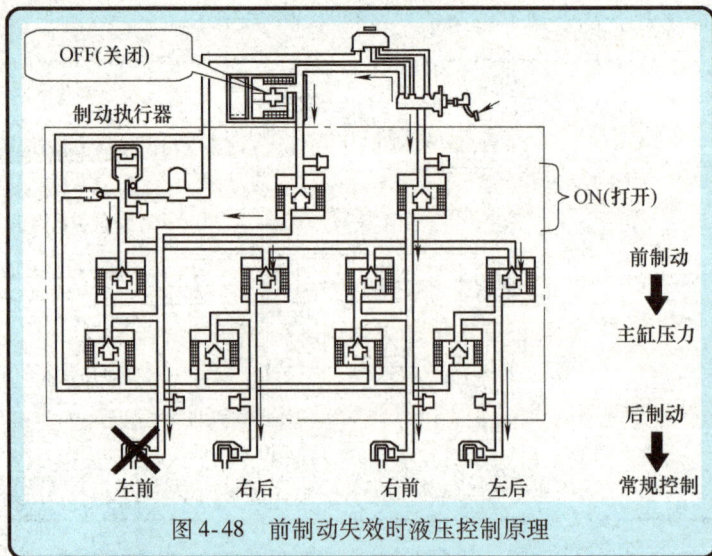

图 4-48　前制动失效时液压控制原理

5）电源备份单元。当电源电压下降时，电源备份单元向制动系统提供电压，确保系统工作可靠，如图4-49所示。

（2）EBC系统的工作原理　制动踏板位置传感器和主缸压力传感器输入驾驶人的制动意图信号，EBC对该信号进行处理，识别驾驶人对车辆制动的快慢和力度要求，同时根据车辆状态传感器（车速、摇摆率、转向盘转角、EPS 及 VGRS 等传感器）的输入及制动执行器的状态传感器（主缸、轮缸和蓄压器压力传感器），进行以下两方面控制：

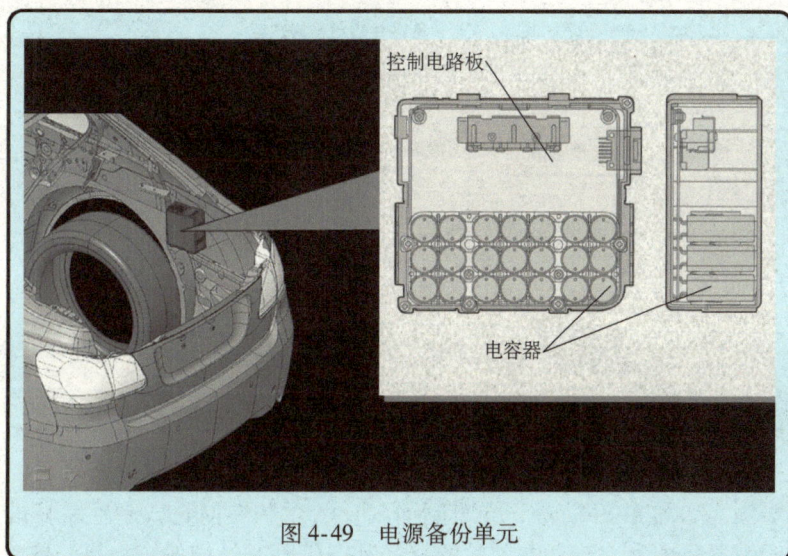

图 4-49　电源备份单元

1）对制动执行器的控制。EBC 根据主缸、轮缸、蓄压器压力传感器控制助力泵电动机和制动执行器的电磁阀。当 EBC 需要对某个车轮进行制动力干预，便对控制该车轮液压油路的相应电磁阀发出制动指令，使轮泵制动压力满足 VDIM 的控制要求。蓄压器传感器提供了液压控制油路输入端的压力，EBC 通过对助力泵电动机的控制把油压调整到能满足轮缸压力控制的要求，这种主动的压力控制形式能及时根据驾驶人意图（图 4-37），使轮缸获得比传统形式的制动系统更大的制动压力和压力升高率，大大提高了制动效能。

2）EBC 通过 CAN 网络的协同控制。当需要对汽车进行制动力控制时（如 VSC），发动机不应该输出大动力和高转速，同时也要避免发动机转速骤降对车轮的制动作用。此时 EBC 对发动机 ECU 发出控制指令（图 4-50），立即对节气门进行控制，使发动机转速与制动状态相适应。当对车辆进行 VDIM 控制时，EBC 通过 CAN 向 EPS 和 VGRS 进行协同控制（图 4-51），以便配合制动力控制对转向轮进行转向控制，修正汽车的不稳定状态。这种协

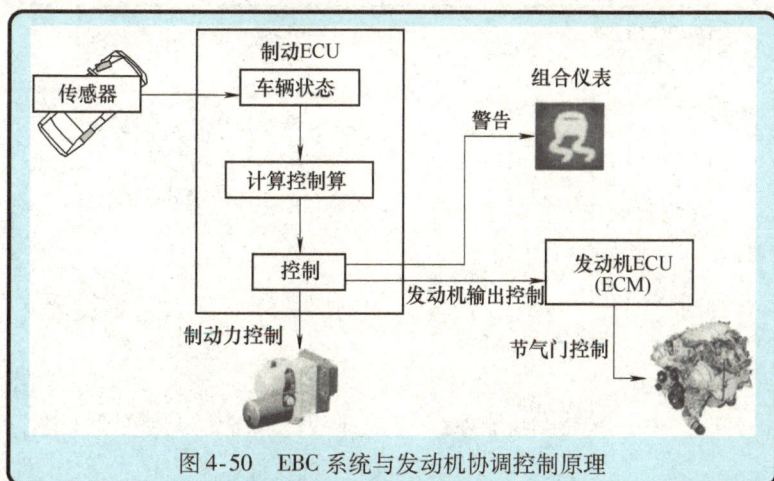

图 4-50　EBC 系统与发动机协调控制原理

同控制存在于任何行驶状态，可实现球面的平滑控制的 VDIM 效果。

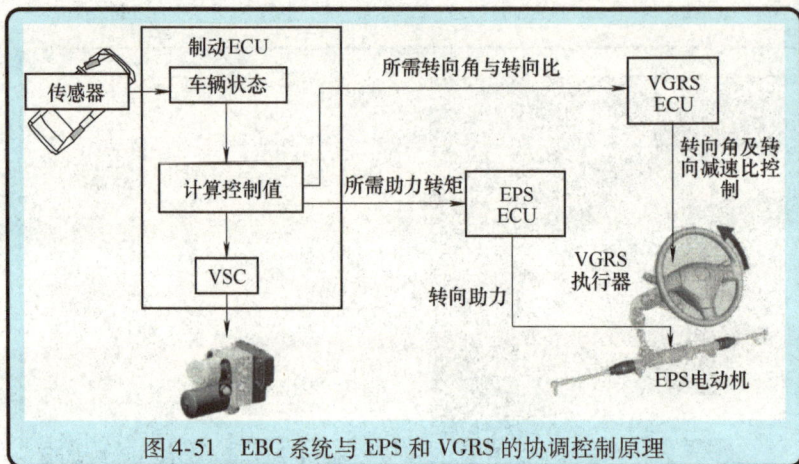

图 4-51　EBC 系统与 EPS 和 VGRS 的协调控制原理

（3）EBC 系统的 VDIM 转向协同控制功能　当汽车行驶中出现转向不足时，如果对车轮进行制动力干预，如图 4-39 所示，同时制动两个后轮和右前轮，制动后轮的目的是使汽车减速并使前轮恢复附着力，制动右前轮的目的是产生顺时针的偏转力矩，使汽车的转向不足得到纠正。当汽车出现转向过度时，由于后轮出现侧滑，因此系统对左前轮进行制动干预，产生逆时针偏转力矩，纠正汽车的过多转向特性。系统对以上两种情况的控制实质上仅仅属于 VSC 动态稳定控制功能，因为汽车行驶过程出现不稳定状况，往往都是由于驾驶人操纵转向盘不当所致，也就是当驾驶人操纵转向盘过度或不足时汽车前轮转角超出了与路面和车速相适应的稳定状态，汽车出现动态不稳定。VSC 仅仅是过后用制动力干预的方法修正了汽车行驶状态，而未对驾驶人的不当转向盘操纵进行及时的修正，在实施 VSC 控制时出现了短暂不稳定的情况。

为解决 VSC 的不足，EBC 的 VDIM 动态控制过程除了对车轮进行制动力干预外，还同时协调控制 EPS 和 VGRS。当驾驶人操纵转向盘刚开始出现操纵过度趋势时（图 4-52），传感器已经检测到后轮也将要出现侧滑趋势，EBC 立即发出指令到 VGRS 及时主动调整转向减速比，避免过度转向趋势继续。当驾驶人操纵转向盘开始出现操纵过度趋势时（图 4-52），

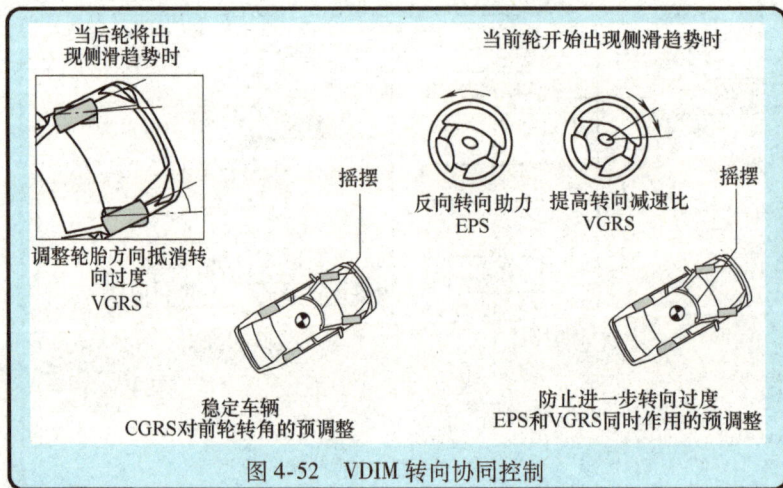

图 4-52　VDIM 转向协同控制

前轮开始出现侧滑趋势，EPS 和 VGRS 同时对前轮进行协调控制，EPS 立即产生反向转向助力，增大驾驶员操纵转向盘的阻力。也就是说，此时 EPS 的作用是阻止驾驶人继续往错误的方向操纵转向盘，另一方面，VGRS 提高转向减速比，其作用是减少前轮的实际转向角，及时纠正操纵过度趋势以减少前轮继续侧滑。

（4）VDIM 的主要优点

1）实现了先进的线控制动（brake-by-wire）方式，驾驶人操纵制动踏板时不但具有真实感，而且操作更加灵敏和准确。

2）EBC 系统的辅助制动力功能使该系统比普通真空助力液压系统具有更高的制动效能。

3）EBC 系统先进的控制技术对各个车轮制动压力进行精确的主动动态控制，实现 ABS、EBD、HAC、BA、Traction、VSC 和 VDIM 功能。

4）在驾驶人对转向盘操作不当时，VDIM 通过与 EPS 和 VGRS 的协同控制，及时进行预调节，使汽车在出现不稳定的状态之前及时消除车辆不稳定，从而实现 VDIM 的平顺驾驶操纵，大大提高了汽车在各种行驶状态下的稳定性。

五、解码器在奔驰空气悬架中的应用　▶▶

以元征 X431 为例，介绍如何利用解码器解决奔驰空气悬架中的一些问题。

在 X431 中从空气悬架中读取故障码后，可以单击帮助查找产生该故障码的原因和涉及的相关元器件，以及排查故障的方法和步骤，如图 4-53 所示。

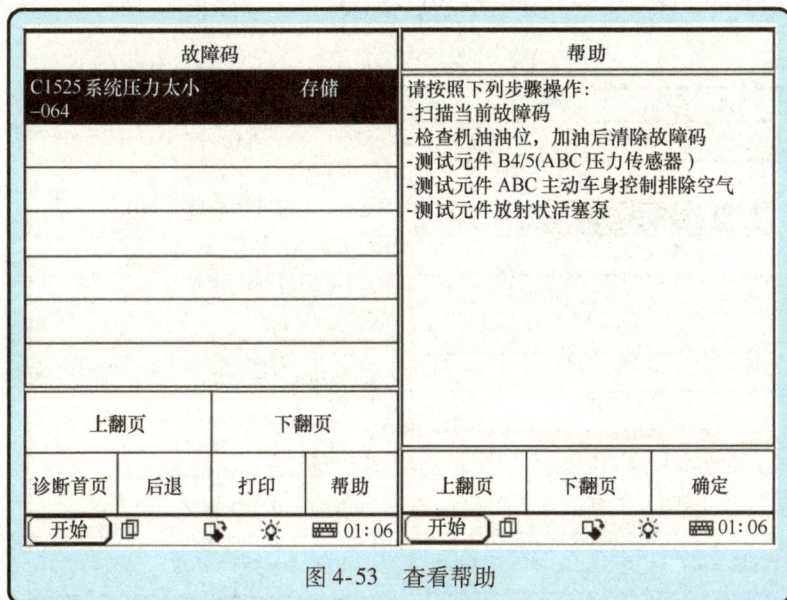

故障码				帮助		
C1525 系统压力太小　　存储 -064				请按照下列步骤操作： -扫描当前故障码 -检查机油油位，加油后清除故障码 -测试元件 B4/5(ABC 压力传感器） -测试元件 ABC 主动车身控制排除空气 -测试元件放射状活塞泵		
上翻页		下翻页				
诊断首页	后退	打印	帮助	上翻页	下翻页	确定
开始　回　　℃　☀　🔋01:06				开始　回　　℃　☀　🔋01:06		

图 4-53　查看帮助

此时结合手工检查以及如图 4-54 所示的动作测试可以检测出相关元件动作是否正常。

图 4-54 所示的"7 元件 ABC 主动车身控制"中还包含排除悬架中液压系统中混入的空气功能（在更换液压系统中导管或橡胶伸缩管时，常混入空气，导致液压不够高、空气泵充气异常等，执行该动作测试时，首先解除系统压力，然后在高怠速下逐步增加压力，直到压力达到最大预定值）。

当更换空气悬架中的水平传感器、空气泵、控制模块后或汽车水平度有误时，需要进行水平校准。此时要求汽车置于相关的底盘测量设备上，使用倾斜度测量仪测量车辆水平度。如果没有专用的倾斜度测量仪，也可将汽车置于水平地面使用精度为1mm的卷尺进行测量。

选择"控制单元编码"中的"水平校准"进行相关操作，如图4-55所示。

图4-55所示界面中F3～F10按钮用于调整车身高度，每单击一次车身相对应位置下降或上升0.5～2mm（由悬架系统设置高度决定）。调节中要保证四个水平传感器的电压值为2～3V，否则调节将失败。这样调整之后使车辆的四个角高度一致后，需要将相关数据写入计算机。单击F2按钮便显示对应车型的前轴和后轴的推荐值，一般选择最小值，如S系列前轴取4.8，后轴取－1.9，记录后按确定按钮，则进入要求输入该值的界面。在实际输入时X431会询问4个输入值，如S系列左前和右前输入4.8，左后和右后输入－1.9即可，如图4-56所示。成功后会有提示，如图4-57所示。

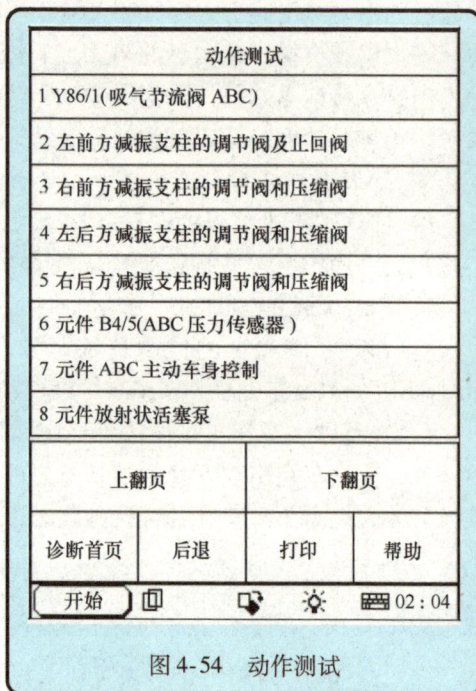

动作测试
1 Y86/1(吸气节流阀 ABC)
2 左前方减振支柱的调节阀及止回阀
3 右前方减振支柱的调节阀和压缩阀
4 左后方减振支柱的调节阀和压缩阀
5 右后方减振支柱的调节阀和压缩阀
6 元件 B4/5(ABC压力传感器)
7 元件 ABC主动车身控制
8 元件放射状活塞泵

图4-54　动作测试

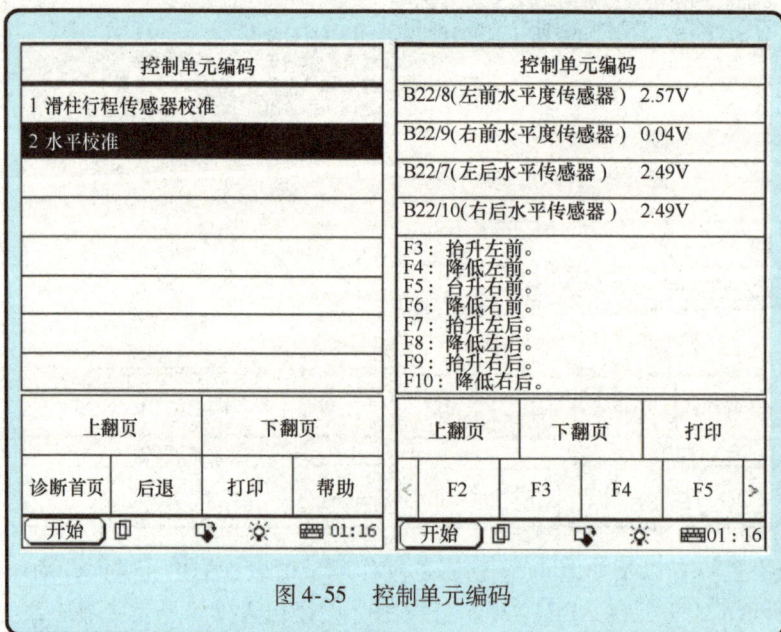

控制单元编码			
1 滑柱行程传感器校准			
2 水平校准			
上翻页		下翻页	
诊断首页	后退	打印	帮助

控制单元编码		
B22/8(左前水平度传感器)　2.57V		
B22/9(右前水平度传感器)　0.04V		
B22/7(左后水平传感器)　2.49V		
B22/10(右后水平传感器)　2.49V		
F3：抬升左前。 F4：降低左前。 F5：台升右前。 F6：降低右前。 F7：抬升左后。 F8：降低左后。 F9：抬升右后。 F10：降低右后。		
上翻页	下翻页	打印
F2　F3　F4　F5		

图4-55　控制单元编码

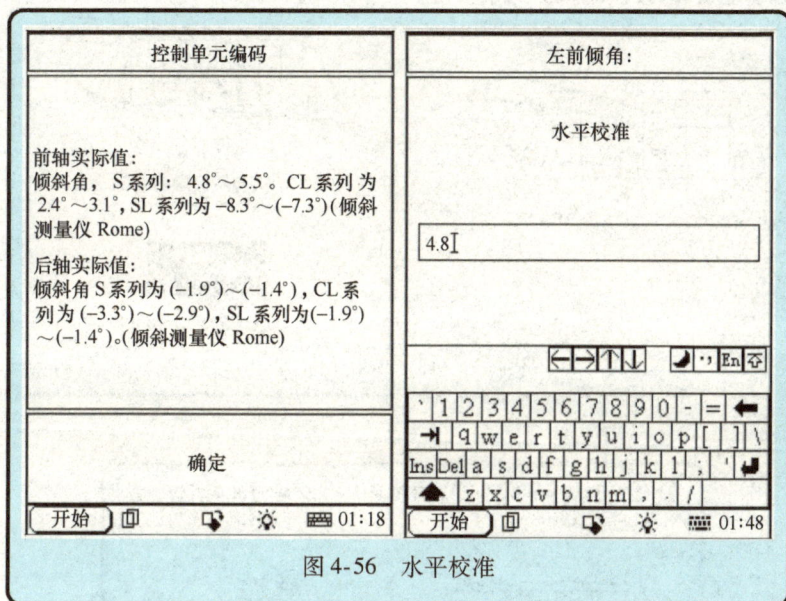

图 4-56　水平校准

六、丰田 EPS 系统初始化及设定

在拆卸、安装及更换转向盘、转向管柱总成、转向齿轮机构总成、更换 EPS ECU 等情况下，需对 EPS 系统进行初始化及设定，设定方法可用人工方法或仪器方法。但要注意的是，当有除 C1515（转矩传感器零位调整未进行）/C1525（转角传感器输出初始化未进行）以外的故障码时，不可以进行该操作。

1. 人工方法

1）EPS ECU 初始化如图 4-58 所示。

2）电动机转角传感器设定如图 4-59 所示。

3）转矩传感器设定如图 4-60 所示。

2. 仪器方法

下面介绍使用元征 X431 超级电眼睛进行 EPS 系统初始化及设定的方法。该功能在丰田软件的 EHPS/EMPS 系统的工作支持菜单中，选择 EPS 电动机转角传感器输出学习项，如图 4-61 所示。

1）EPS ECU 初始化如图 4-62 所示。

2）电动机转角传感器设定如图 4-63 所示。

3）转矩传感器设定如图 4-64 所示。

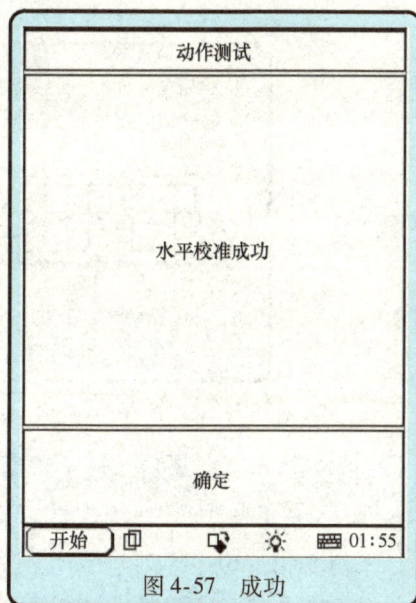

图 4-57　成功

① 连接 Tc、Ts 和 CG 端子,并将点火开关转为 ON

② 在 20s 内断开和接通 Tc 端子 20 次

③ 确认电子助力转向警告灯显示

P/S
(警告灯)

④ 将点火开关转为 OFF

图 4-58　EPS ECU 初始化

① 连接 Ts 端子和 CG 端子,并将点火开关转为 ON

② 转向盘左右两个方向转动 45° 以上

图 4-59　电动机转角传感器设定

① 设定电动机转角传感器之后连接 Tc 端子

② 确认警告灯闪烁

P/S
(警告灯)

③ 断开 SST 并将点火开关转为 OFF

图 4-60　转矩传感器设定

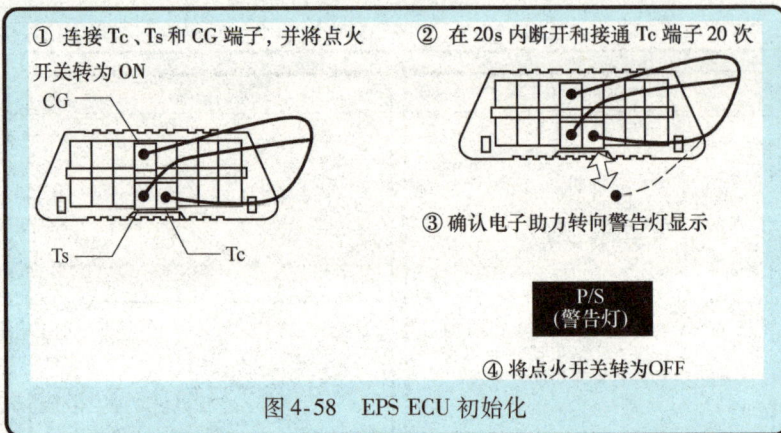

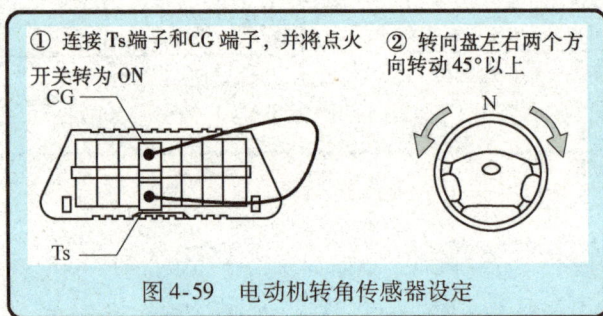

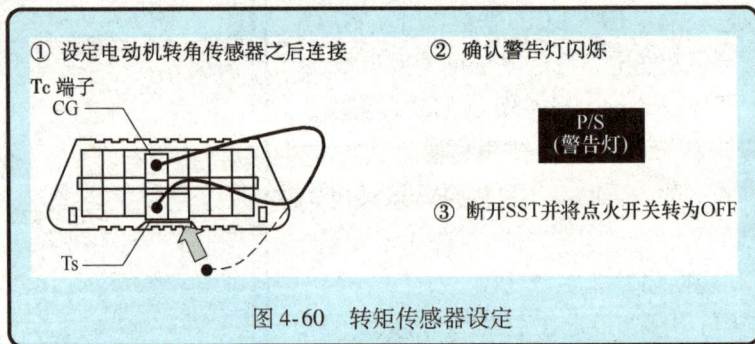

七、丰田 ECB 系统设定 ▶▶

丰田 ECB(电子控制制动)系统的初始化及设定包括三种情况:备用存储器记忆值的清除及重新设定;横摆率及加速度传感器零位的清除及重新设定;线性阀学习值的清除及重新设定。

1. 相关介绍

(1) 备用存储器　ECB 制动系统(以下称 ABS)的 ECU 软件具有主功能、自诊断功能和失效保护功能。失效保护功能为:当探测到系统有故障时,通过 ABS 失效保护继电器关

工作支持	转向角传感器输出学习
转向角传感器输出学习	

步骤 1/7
转向角传感器输出学习是在，转向执行器
或ECU更换时需要执行该操作。
注意:实施该操作前，请确认没有故障码
记忆。

上翻页	下翻页

| 诊断首页 | 后退 | 打印 | 帮助 |

开始 14:00　　　　确定　　　开始 13:57

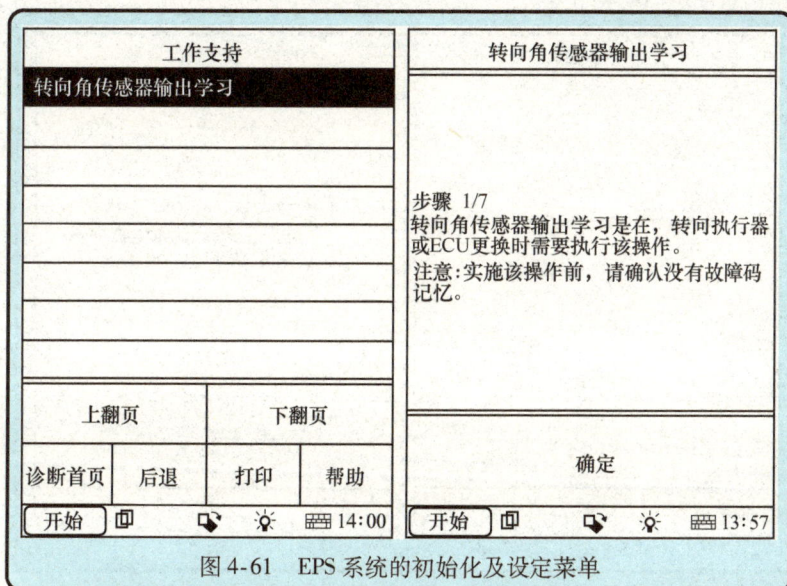

图4-61　EPS系统的初始化及设定菜单

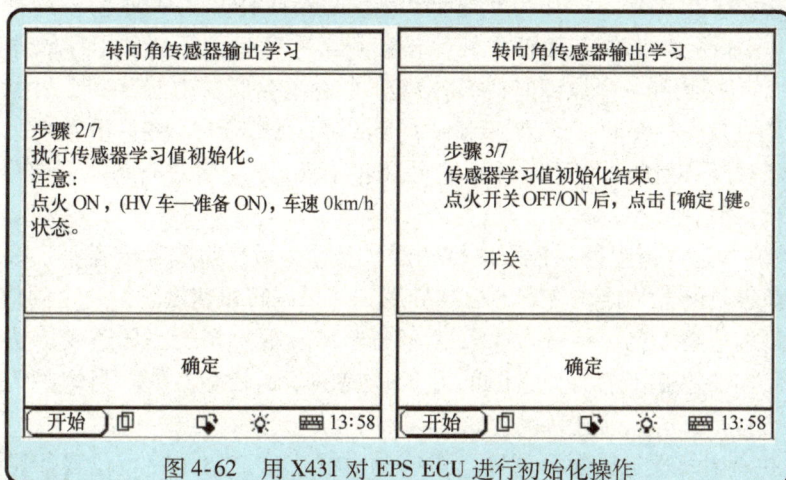

转向角传感器输出学习

步骤 2/7
执行传感器学习值初始化。
注意:
点火 ON，(HV 车—准备 ON)，车速 0km/h
状态。

确定

开始 13:58

转向角传感器输出学习

步骤 3/7
传感器学习值初始化结束。
点火开关 OFF/ON 后，点击 [确定]键。

开关

确定

开始 13:58

图 4-62　用 X431 对 EPS ECU 进行初始化操作

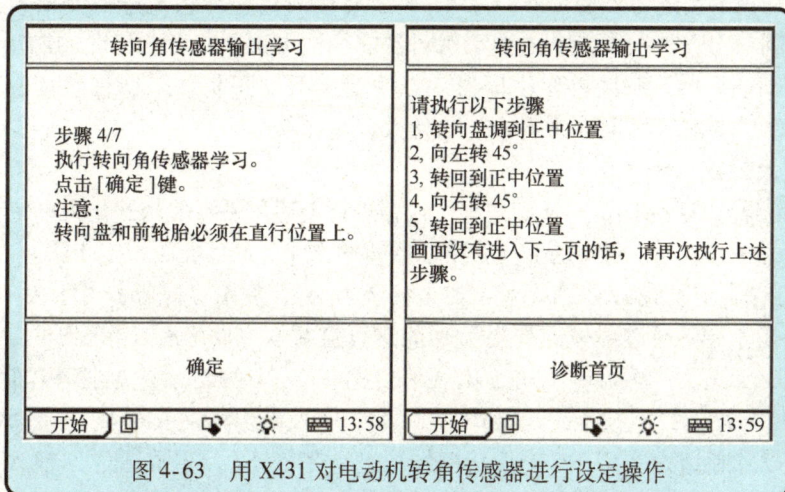

转向角传感器输出学习

步骤 4/7
执行转向角传感器学习。
点击 [确定]键。
注意:
转向盘和前轮胎必须在直行位置上。

确定

开始 13:58

转向角传感器输出学习

请执行以下步骤
1，转向盘调到正中位置
2，向左转 45°
3，转回到正中位置
4，向右转 45°
5，转回到正中位置
画面没有进入下一页的话，请再次执行上述
步骤。

诊断首页

开始 13:59

图 4-63　用 X431 对电动机转角传感器进行设定操作

转向角传感器输出学习	转向角传感器输出学习
步骤6/7 执行转矩传感器零点修正。 注意: 　　修正时请勿转动转向盘。	步骤7/7 　　转矩传感器零点修正完成。 点击[确定]键退出。
确定	确定
开始　　　　　　　　☀　　13:59	开始　　　　　　　　☀　　13:59

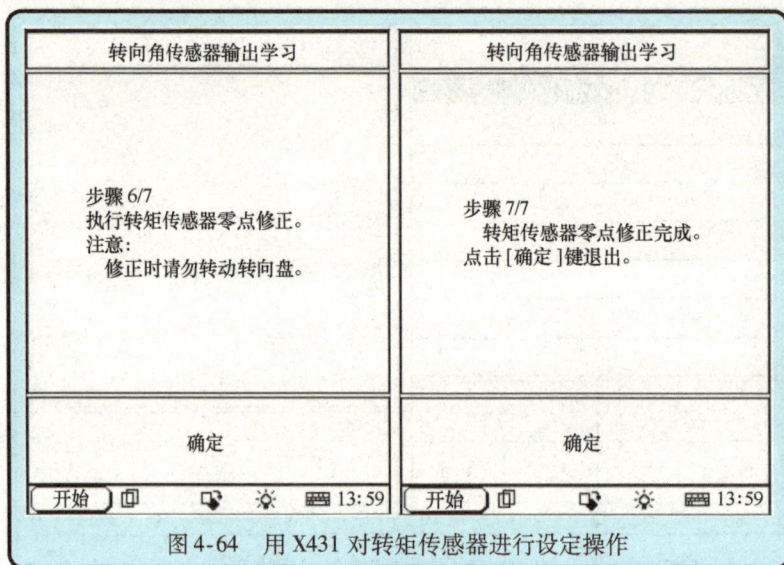

图4-64　用X431对转矩传感器进行设定操作

闭电磁阀的操作,这时ABS系统作为常规制动系统进行工作。当ABS警告灯打开时,失效保护功能接通。ABS控制模块有四种失效保护模式,这里只介绍与备用存储器有关的失效保护模式"L"。当探测到一个故障时,ABS ECU在备用存储器中储存一个故障码,ABS警告灯发亮。当点火开关打开时,如果探测到一个故障,ABS ECU将关闭系统,如果故障消失,系统将重新打开,但此时警告灯并不熄灭。这种情况就需要进行备用存储器的清除及重新设定系统的记忆值。

(2) 横摆率/加速度传感器　横摆率传感器(又称为横摆角速度传感器)检测汽车绕垂直轴的偏转,该偏转的大小代表汽车的稳定程度。如果偏转角速度达到一个阀值,说明汽车发生侧滑或甩尾的危险工况,则触发VSC(车辆稳定控制)系统。加速度传感器有纵向加速度传感器和侧向加速度传感器。它们可为VSC提供车辆状态参数。当这些传感器发生故障或更换时要进行零位清除及重新设定。

(3) 制动执行器线性电磁阀　驾驶人进行制动操作时,制动踏板位置传感器和主缸压力传感器把驾驶人的制动意图传给ECU,ECU汇集车辆状态传感器等各路信号,计算出每个车轮的最大制动力,再发出指令给制动执行器的线性电磁阀执行各车轮的制动。更换制动控制ECU、制动执行器、制动行程模拟器,更换或重新安装制动踏板位置传感器,调整制动踏板高度时,就要对线性电磁阀进行初始化及设定操作。

2. 初始化及设定

以元征解码器X431为例,讲解如何利用仪器进行上述各系统的初始化及设定。X431是在丰田软件ABS的工作支持中操作的。先介绍初始化的方法,最后介绍设定步骤。

1) 备用存储器的初始化如图4-65和图4-66所示。备用存储器初始化后,VSC/ABS/ECB警告灯发亮,需要通过"模式变更"功能进行重新学习设定后,才能熄灭。

2) 横摆率/加速度传感器零位初始化。单击图4-67中的"清除横摆率/加速度传感器零位(对ECB)"后按提示一步一步操作,如图4-68所示。做完初始化后,VSC/ABS/ECB警告灯发亮,故障存储为"C1336摇摆传感器正进行零校正",需要通过"模式变更"功能进行重新学习设定后,才能清除故障码和熄灭警告灯。

工作支持	清除备用存储器
放气	
清除备用存储器	
模式变更	注意：请确认是否要做此功能。做此功能
蓄压器压力下降到零驱动	后会引起 VSC/ABS/ECB警告灯发亮，清
清除横摆率/加速度传感器零位(对 ECB)	除故障请参考我们提供的相关技术文档或
线性阀学习值初始化	咨询售后服务。

上翻页	下翻页
诊断首页	后退	打印	帮助

| 是 | 否 |

开始 □ ⤵ ☀ ▭ 13:53　　开始 □ ⤵ ☀ ▭ 13:53

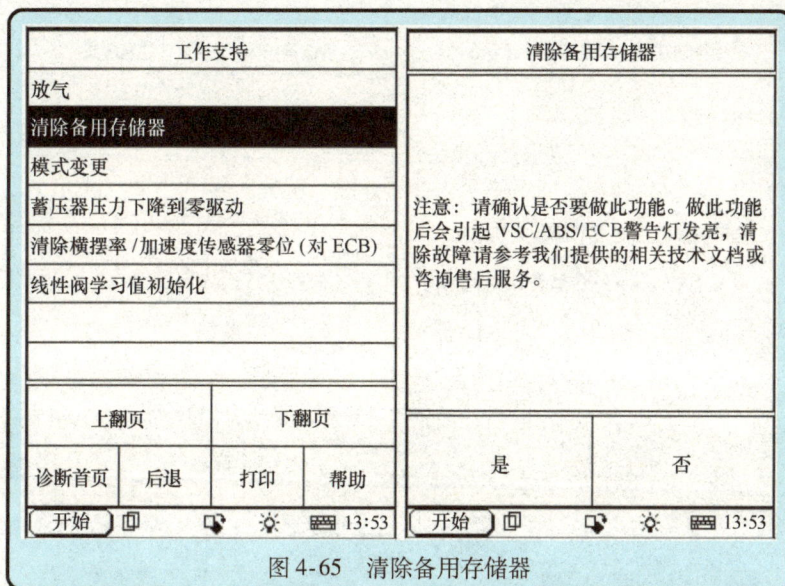

图 4-65　清除备用存储器

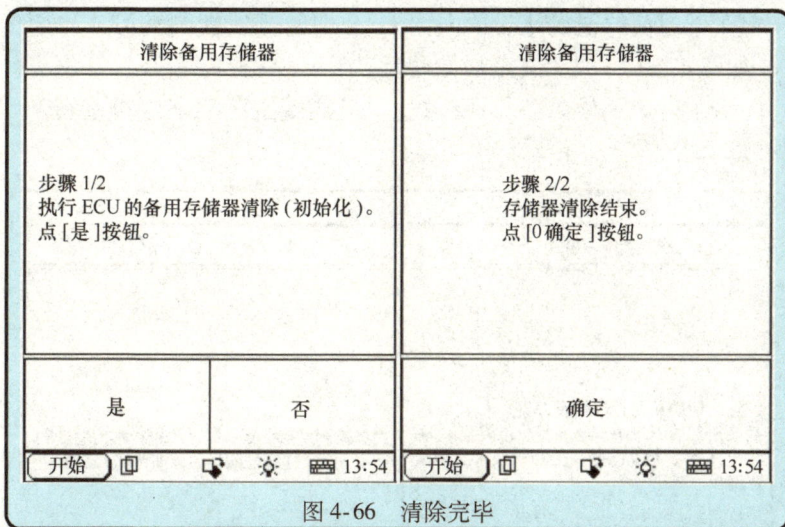

清除备用存储器	清除备用存储器
步骤 1/2 执行 ECU 的备用存储器清除(初始化)。 点 [是]按钮。	步骤 2/2 存储器清除结束。 点 [0确定]按钮。
是　　　否	确定

开始 □ ⤵ ☀ ▭ 13:54　　开始 □ ⤵ ☀ ▭ 13:54

图 4-66　清除完毕

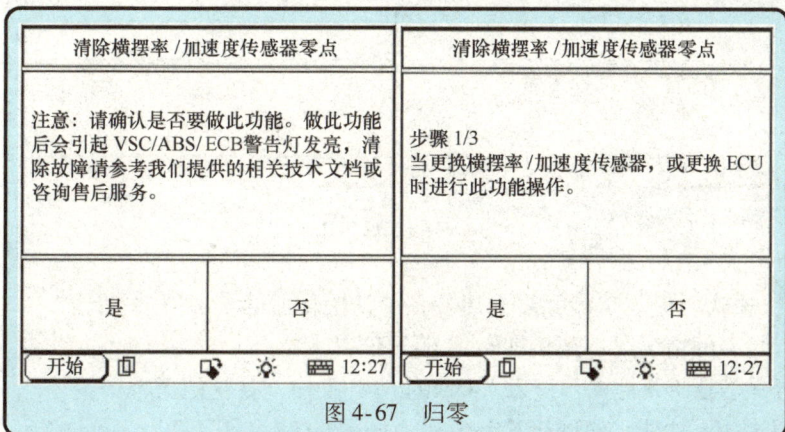

清除横摆率/加速度传感器零点	清除横摆率/加速度传感器零点
注意：请确认是否要做此功能。做此功能 后会引起 VSC/ABS/ECB警告灯发亮，清 除故障请参考我们提供的相关技术文档或 咨询售后服务。	步骤 1/3 当更换横摆率/加速度传感器，或更换 ECU 时进行此功能操作。
是　　　否	是　　　否

开始 □ ⤵ ☀ ▭ 12:27　　开始 □ ⤵ ☀ ▭ 12:27

图 4-67　归零

清除横摆率/加速度传感器零点	清除横摆率/加速度传感器零点
步骤 2/3 执行横摆率/加速度传感器零点清除。 注意: 点火开关 ON、在 P 位状态下执行该操作。	步骤 3/3 清除结束。 点 [确定] 按钮。
是 / 否	确定
开始 □ ⤺ ☼ ⌨ 12:28	开始 □ ⤺ ☼ ⌨ 12:28

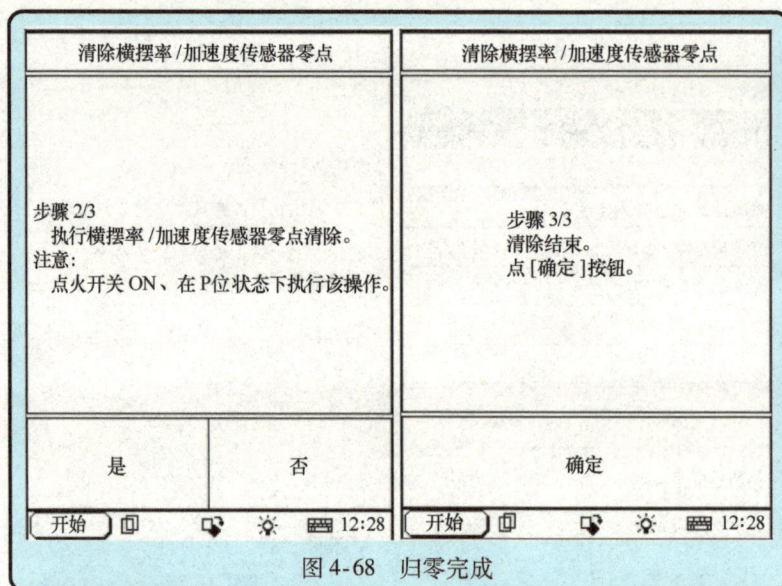

图 4-68　归零完成

3）线性电磁阀学习值的初始化。单击图 4-69 中的"线性阀学习值初始化"后按提示一步一步操作，如图 4-70 所示。做完初始化后，VSC/ABS/ECB 警告灯发亮，故障存储为"C1345 非学习性线性阀支管异常"，需要通过"模式变更"功能进行重新学习设定后，才能清除故障码并熄灭警告灯。

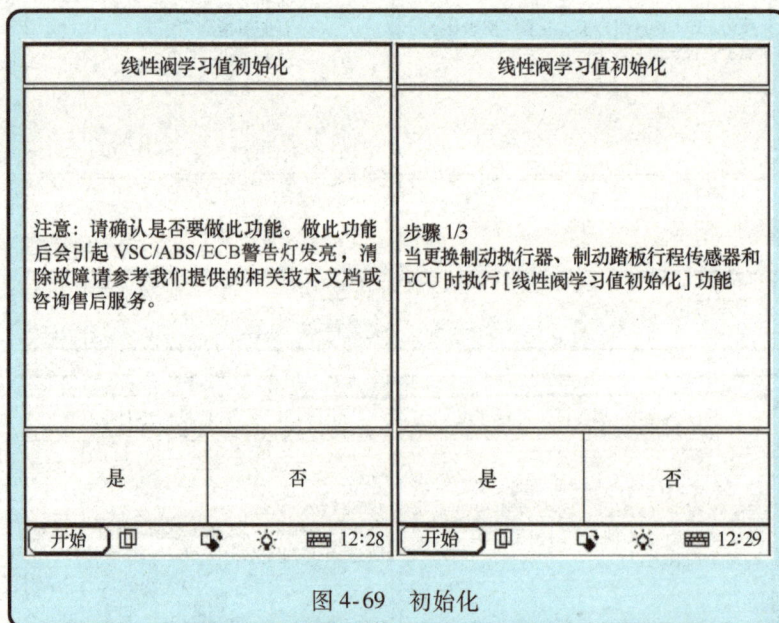

线性阀学习值初始化	线性阀学习值初始化
注意：请确认是否要做此功能。做此功能后会引起 VSC/ABS/ECB 警告灯发亮，清除故障请参考我们提供的相关技术文档或咨询售后服务。	步骤 1/3 当更换制动执行器、制动踏板行程传感器和 ECU 时执行 [线性阀学习值初始化] 功能
是 / 否	是 / 否
开始 □ ⤺ ☼ ⌨ 12:28	开始 □ ⤺ ☼ ⌨ 12:29

图 4-69　初始化

4）通过"模式变更"功能实现上述各系统初始化后的学习值的设定。

a. 在警告灯亮的情况下，把钥匙转到 OFF 位置。

b. 点火开关置于 ON 位置，进入 X431 的 ABS 工作支持功能菜单中。

c. 选择模式变更功能，使处于检测模式，如图 4-71 和图 4-72 所示。

```
┌─────────────────────────────────────────────┐
│  线性阀学习值初始化        │  线性阀学习值初始化    │
│                          │                      │
│ 步骤 2/3                  │ 步骤 3/3              │
│ 执行线性阀偏离学习值初始化。  │ 初始化结束。          │
│ 点[是]按钮。              │ 点[确定]按钮。        │
│ 注意:                    │                      │
│ 在点火开关ON、P位的状态下执行该操作。 │            │
│                          │                      │
│   是        否           │      确定            │
│ 开始 ▯  ▱ ☼ ▦ 12:29    │ 开始 ▯ ▱ ☼ ▦ 12:29 │
└─────────────────────────────────────────────┘
```

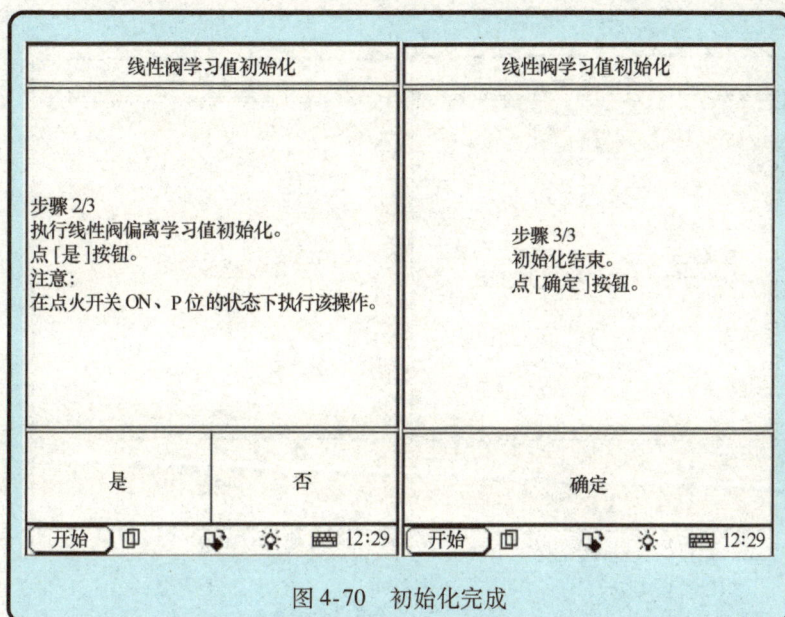

图 4-70　初始化完成

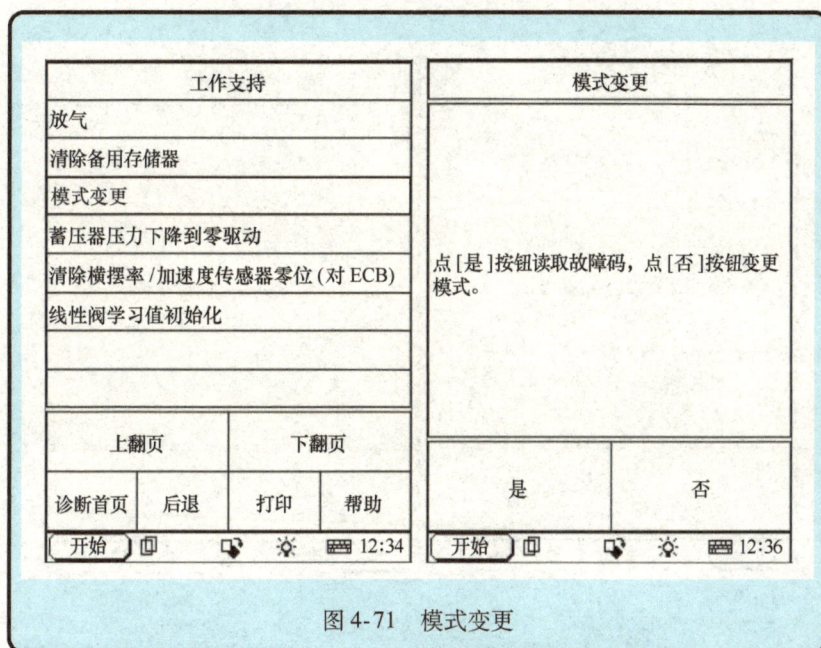

```
┌─────────────────────────────────────────────┐
│  工作支持                │  模式变更            │
│ 放气                     │                      │
│ 清除备用存储器           │                      │
│ 模式变更                 │                      │
│ 蓄压器压力下降到零驱动    │ 点[是]按钮读取故障码,点[否]按钮变更 │
│ 清除横摆率/加速度传感器零位(对ECB) │ 模式。        │
│ 线性阀学习值初始化       │                      │
│                          │                      │
│  上翻页       下翻页      │                      │
│ 诊断首页 后退 打印 帮助   │    是        否       │
│ 开始 ▯ ▱ ☼ ▦ 12:34     │ 开始 ▯ ▱ ☼ ▦ 12:36 │
└─────────────────────────────────────────────┘
```

图 4-71　模式变更

d. 这时 DSC/ABS/ECB 警告灯开始闪烁,等待一直到闪烁频率从 1Hz(表示正在设定)变为 4Hz,此过程大概需要 1min 左右,根据车辆的不同稍有差别。

e. 这时继续操作 X431,进入普通模式(或者把钥匙转到 OFF 位置可自动切换到普通模式),即可熄灭警告灯,如图 4-73 所示。

模式变更	信息
模式变更。 变更为检查模式，点[是]按钮。	变更为检查模式。
是　　否	确定
开始　□　　▱　☼　▦ 12:36	开始　□　　▱　☼　▦ 12:36

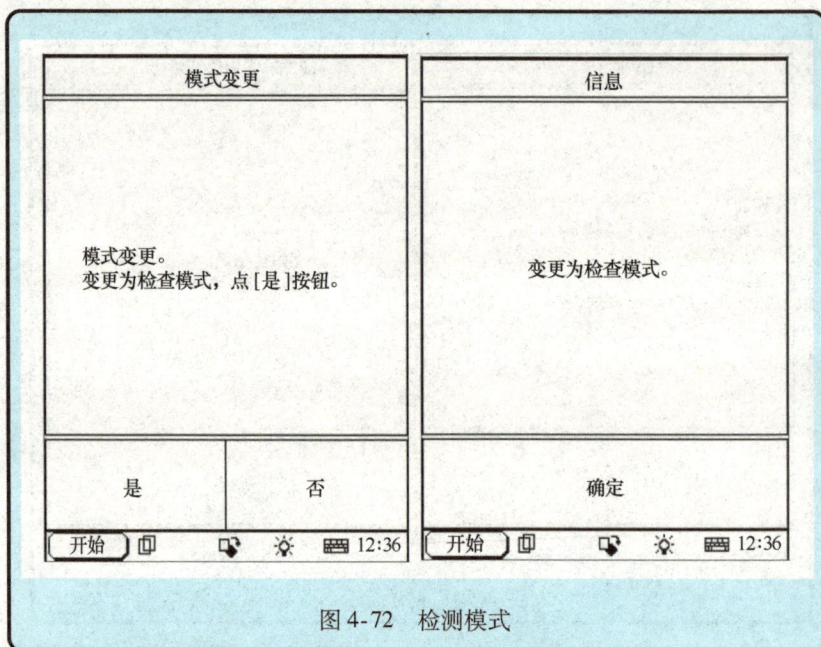

图4-72　检测模式

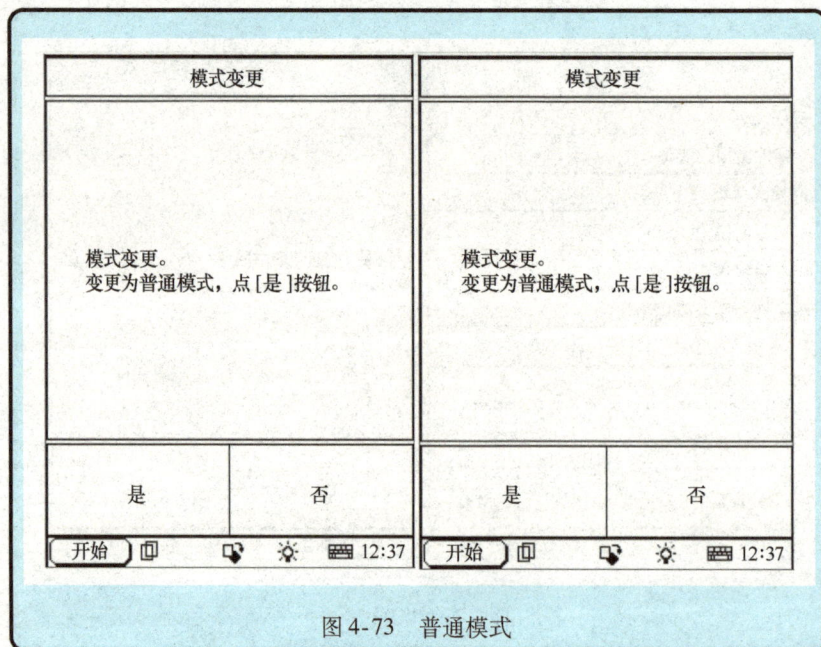

模式变更	模式变更
模式变更。 变更为普通模式，点[是]按钮。	模式变更。 变更为普通模式，点[是]按钮。
是　　否	是　　否
开始　□　　▱　☼　▦ 12:37	开始　□　　▱　☼　▦ 12:37

图4-73　普通模式